羅馬人的故事 II

# 漢尼拔戰記

塩野七生 著
張惠君 譯

三民書局

# 作者介紹

## 塩野七生

一九三七年七月生於東京，畢業於學習院大學文學部哲學系，一九六三～一九六八年間遊學義大利。一九六八年開始寫作，於《中央公論》發表〈文藝復興的女性〉。一九七〇年，首部長篇作品《凱撒波吉耳抑或優雅的冷酷》獲頒每日出版文化賞，之後長住義大利。一九八二年以《海都物語》得到三多利學藝賞。一九八三年，獲頒菊池寬賞。自一九九二年起，以羅馬帝國千年興亡為題，著手寫作《羅馬人的故事》系列，並以每年一部作品的速度發表。一九九三年《羅馬人的故事I》獲頒新潮學藝賞。一九九九年再獲司馬遼太郎賞。二〇〇一年發行《塩野七生文藝復興著作集》共七冊。二〇〇二年榮獲義大利政府頒授國家功勞勳章。二〇〇五年獲日本政府頒贈紫綬褒章，二〇〇七年再獲文部科學省評選為文化功勞者。

# 三十周年經典紀念版序

## 《羅馬人的故事》新版發售之際，作者送給臺灣讀者的話

這部既不算是研究歷史的專業書籍，也不是歷史小說，在歐洲稱之為「歷史散文」的作品，我持續執筆了半世紀多，最在意的其中一件事情就是，為什麼這個國家能在完全認同個人思想與表現的同時，維持歷時長久的獨立與繁榮。

因而執筆了《羅馬人的故事》與《海都物語》兩部作品。《羅馬人的故事》是為了想知道大國發生過什麼事。另一部《海都物語》則是因為想了解，為何即使是小國，在確保個人思想與自由表達下，同時也能達成國家的獨立與繁榮。

其次，舉例古羅馬帝國與中世紀文藝復興時期的威尼斯共和國作為代表大國與小國的典範，也是有原因的。因為這兩國即使國家規模大小有所不同，卻都有能享逾千年長壽的共同點。有些國家在鎖國的情況下也維持了長治久安。像是古希臘的斯巴達或江戶時期的日本。然而，持續開國方針而能長命百歲的國家卻很少。羅馬與威尼斯在這部份也有相同點。

我同樣建議目前居住在臺灣的各位讀者也務必閱讀《海都物語》。因為日本也是小國，而

臺灣也是小國之一。小國自有小國的生存之道，只要正視這個事實，也有付諸實行的強烈意志，就會讓國家邁向獨立與繁榮。

還有，如果可以的話，再推薦各位閱讀我的另一部「文藝復興小說」（暫譯，原名「小説イタリア・ルネサンス」）全四集，我會感到十分榮幸。在這部作品中我創造了兩位虛構的主角穿插在這段真實的歷史中。希望能讓讀者領會，個人的思想與表達的自由如何能成為創新的泉源。幾乎也可以換句話說，在那種無法保證絕對自由的社會下不會產生創新。因為正是這種自由，誕生了達文西與米開朗基羅為首的義大利文藝復興。而佛羅倫斯、威尼斯，無論在地理、人口規模上都只能算是小國。

儘管如此，大國的磨難也並未比小國少。羅馬與威尼斯相比的話，無論「磨難」的種類或數量，都令人感到十分類似吧。我覺得這才是閱讀歷史真正的樂趣。因為畢竟可以說「歷史總是一再重演，只是表現的型態不同」。

二〇二二年春天，於羅馬

塩野七生

# 修訂二版說明

《羅馬人的故事》不是一部正統的羅馬史。

塩野七生說：

> 我以「羅馬人的故事」為題，如果將日文的書名譯為拉丁文，故事與歷史的意義幾乎是相通的。……使用"Gestae"這個字，所謂"RES GESTAE POPULI ROMANI"，可直接翻譯為「羅馬人的各種行徑」。

換句話說，這是一部詳盡蒐羅史籍與資料，進而細膩描繪人物的經典作品。當我們隨著作者富有文學性的筆調，逐冊閱讀《羅馬人的故事》時，便會發現比起事實的陳述討論，塩野七生在這部作品裡更著重於「人」的故事。羅馬人在面對各種挑戰時如何解決？在面對強敵的進逼時，羅馬人是如何逆轉取勝？平息內憂與外患後，又如何迎向和平？羅馬著名的公共建設，其目的是「使人過得像人」？偉大的建築背後，隱含怎樣的思考邏輯？

無論思想或倫理道德如何演變，人類的行徑都在追求無常的宿命。

隨著作者的引導，我們得以像羅馬人一樣思考、行動，了解身為羅馬人，言行背後的思想與動機。羅馬從義大利半島上的一個小部族發跡，歷經崛起壯大，終致破滅衰亡的過程，不僅是歷史上一個橫跨歐亞非三洲的輝煌帝國史，或許也可在其中發現「羅馬人」的群體生活史。

《羅馬人的故事II——漢尼拔戰記》以三次布尼克戰役為主軸，敘述羅馬與迦太基爭奪地中海霸權的歷史。其中，被稱為「漢尼拔戰爭」的第二次布尼克戰役，決定了地中海世界的走向。堅毅嚴肅的天才將領漢尼拔，立誓終生與羅馬為敵，率領象群橫越阿爾卑斯山的創舉，成為後世稱頌的傳奇。而開朗大膽的羅馬小將西比奧，朝氣蓬勃，帶領羅馬逆轉戰局，在最終的扎馬會戰擊敗漢尼拔，取得「非洲征服者」的稱號。且跟隨英雄們的腳步，一起見證羅馬稱霸地中海的過程。

希盼本系列能與您一同思考：羅馬何以成為羅馬？羅馬的千年興衰，對世界有何影響？更重要的是，羅馬人留給現代哪些珍貴的遺產？期待在讀完本書之後，能帶給您跨越時空的餘韻。

編輯部謹識

# 給讀者的話

有關對於歷史的處理，除了專門研究個別事件的學者外，大致可分為兩大流派。一是馬基維利 (Machiavellism) 型流派。訴求的是一種使用歷史為主的方式。

馬基維利的代表作為《君王論》及《政略論》。所謂《政略論》，其原本的題目是「提圖斯・李維斯 (Titus Livius) 的《羅馬史》論考」。從該書可知馬基維利不僅研究提圖斯・李維斯，也研究波力比維斯 (Polybius) 及普魯塔克 (Plutarch)。他選擇以提圖斯・李維斯的《羅馬史》歷史事件為中心，並加以使用。這種選擇「使用歷史」的人，以最近的例子來說，還包括有《大國的興亡》一書的作者保羅・甘迺迪 (Paul Kennedy)，以及著有《文明衰亡時》的作者高板正堯。

處理歷史方式的另一流派，僅限於羅馬史的領域，特別是集中在古典作品的作者上，如德國的毛姆森 (Mommsen)，從羅馬建國起寫到凱撒 (Julius Caesar) 逝世為止；又如英國的愛德華・吉朋 (Edward Gibbon)，從五賢帝（一至二世紀支配古羅馬的五位皇帝）寫起，到一四五三年東羅馬帝國滅亡為止。

這兩個人所代表的歷史處理方式，總括來說就是「敘述」二字，對他們而言，歷史的敘述是目的而非手段。

在此，個人無意針對第一種或第二種處理方式作優劣價值評斷，只想強調「兩者是不同的」而已。

由於第一種及第二種處理方式不同，所呈現出來的份量差距相當大。採用第一種方式的著作，通常寫個一、二冊即結束。而採用第二種方式的著作，一套有個十冊都算稀鬆平常。為何份量上會有如此大的差距產生，主要的原因在於採用第二種方式的作家，以敘述歷史過程為考量重點。

如果只想知道事件始末，只要讀一本考生必讀的參考書或是有名的歷史精華著作即可，在日本高中所使用的世界史教科書中，有關羅馬史的記載可能不到十頁。一旦涉及到過程，內容的份量馬上暴增數千倍。寫這麼多並非想寫長，但惟有追述歷史的過程，才能窺得歷史的真貌，我自己也是屬於第二種流派的。雖然如此，即使屬於同一派，但做法上不見得相同。

以毛姆森為例，這位出生於啟蒙時代的德國人，將「剪裁歷史」認為是「剪裁歷史學家」。壯年時期所完成的《羅馬史》，在發刊初期獲得好評，但只寫到凱撒逝世為止就停筆了，連帝政羅馬時期都沒有寫進去。當時的讀者覺得十分惋惜，而毛姆森本人也沒有說明理由。但只要讀過他的那本《羅馬史》，自然可以明白其中的道理。

啟蒙時代之子毛姆森在敘述時，不忘加上批評。他善意的「剪去」共和政體時代的羅馬，當然也沒有寫到帝政羅馬時期。

然而個人很贊成馬基維利的訴求，他認為人類及人類所想出的制度必須配合時代改變。如果說我要有所「剪裁」，那只有一個理由，就是要因應時代的需求。

在這系列作品中，我以「羅馬人的故事」為題。如果將日文的書名譯為拉丁文，故事與歷史的意義幾乎是相通的，因此不想以歷史為題。因為解釋相同，所以使用“Gestae”這個字，所謂“RES GESTAE POPULI ROMANI”，可直接翻譯為「羅馬人的各種行徑」。無論思想或倫理道德如何演變，人類的行徑都在追求無常的宿命。

因此，如果以歷史為過程，戰爭這樣的題材肯定不受歡迎，因為從戰爭中看不到人民生活的真實面貌。

這本第II冊《漢尼拔戰記》，係針對西元前二六四年至前一三三年為止的一百三十年的歷史加以描述，以羅馬人與迦太基人（Carthage）間的布尼克戰役為主，並擴及希臘、敘利亞等地對外戰爭的狀況。

第I冊《羅馬不是一天造成的》中的希臘，在這一冊的最後滅亡，第II冊迦太基正式登場，至於它的滅亡是二千年後出生的我們都知道的事情。

知識優越的希臘人與經濟、軍事力量強大的迦太基人，為何最後會敗給羅馬人，只要想到這其中一步步的發展過程，我就會覺得滿心歡喜。第II冊將有機會對第I冊所敘述羅馬人建構的制度，檢視其中的意義。

西元前三世紀到前二世紀，史料極為豐富。使用同一時代的人所寫的史料，比較容易呈現登場人物的真面目，儘管漢尼拔、西比奧等人與我們相距二千二百年的歲月。我寫這本書的心情是十分愉悅的，讀者也有充分享受這種愉悅的閱讀權利。它不是一本高中課本，而是以過程來看歷史，這是何等快樂的事。

在一年的時間內，不可能把世界的歷史教授完畢，而我在這冊所寫的內容，在日本的高中歷史教科書中只有下列四行：

統一義大利半島後，企圖征服海外的羅馬與握有地中海制海權及商權的腓尼基人殖民都市迦太基發生戰爭，歷史上稱之為布尼克戰役。迦太基人被滅亡後，羅馬掌握西地中海的霸權，向東一一征服馬其頓、希臘等城市，更征服敘利亞王國 (Syria)，將小亞細亞納入版圖，地中海就此成為內海。

高中生如果沒有熟記以上內容，很可能考不上大學，這是結果的歷史。以過程為素材，才是能令人愉悅的「大人」的歷史。

塩野七生

一九九三年春天，於羅馬

# 序言

有如一隻長靴的義大利半島，西西里島正好位於鞋尖，而西西里至今依然存在。橫跨義大利本土及西西里間的海峽，以西西里最東邊的城市墨西拿 (Messina) 為名，稱為墨西拿海峽。海峽兩岸的最短距離只有三公里。從義大利本土駛出的聯絡船，從聖荷尼村到墨西拿港，全程不到七公里。搭乘這種聯絡船，點一杯咖啡慢慢喝完便抵達終點。

從聖荷尼村出發到對岸墨西拿的聯絡船，讓人、車等上船的光景，至今還浮現在眼前。雖然現在已有建造大橋的計畫，但這與日本的瀨戶內海不同，因為墨西拿海峽上沒有可建立橋墩的小島，如果用架空的方式，只能建造吊橋。一九九八年預定完成的明石海峽吊橋，中央間隔二公里，完成後將是全世界最長的吊橋。如果技術加以改良達到三公里時，也許可在墨西拿海峽上造橋，讓日本的技術得以揚名世界。但是，此地現在仍只能以船舶來接駁。

由於只能以船舶聯繫，因此二千二百年前墨西拿海峽的狀態與現在沒什麼兩樣。從義大利本土眺望西西里的情形，也是大同小異。這樣的距離、這樣的間隔、這樣的想法，造成了羅馬與迦太基間對決的開端。

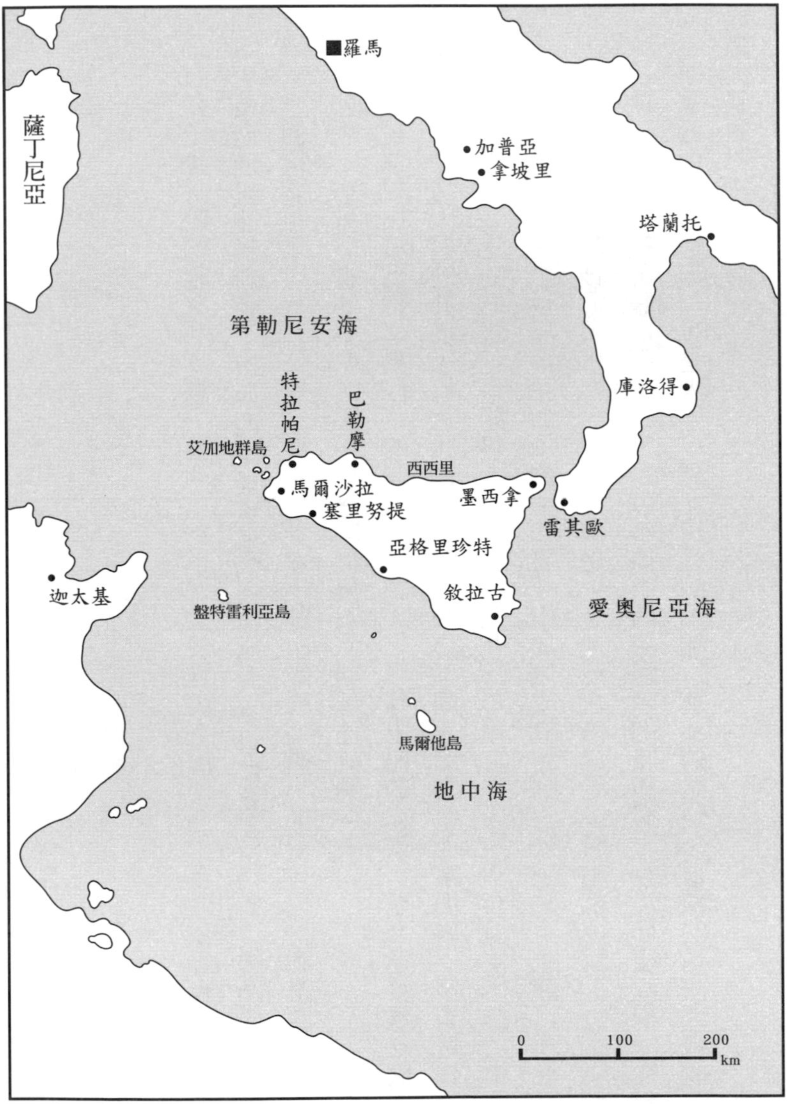
羅馬
薩丁尼亞
加普亞
拿坡里
塔蘭托
第勒尼安海
特拉帕尼
巴勒摩
艾加地群島
西西里
馬爾沙拉
塞里努提
墨西拿
庫洛得
雷其歐
亞格里珍特
迦太基
敘拉古
盤特雷利亞島
愛奧尼亞海
馬爾他島
地中海
0
100
200
km

# 目次

## 第一章

# 第一次布尼克戰役

（西元前二六四年～前二四一年）

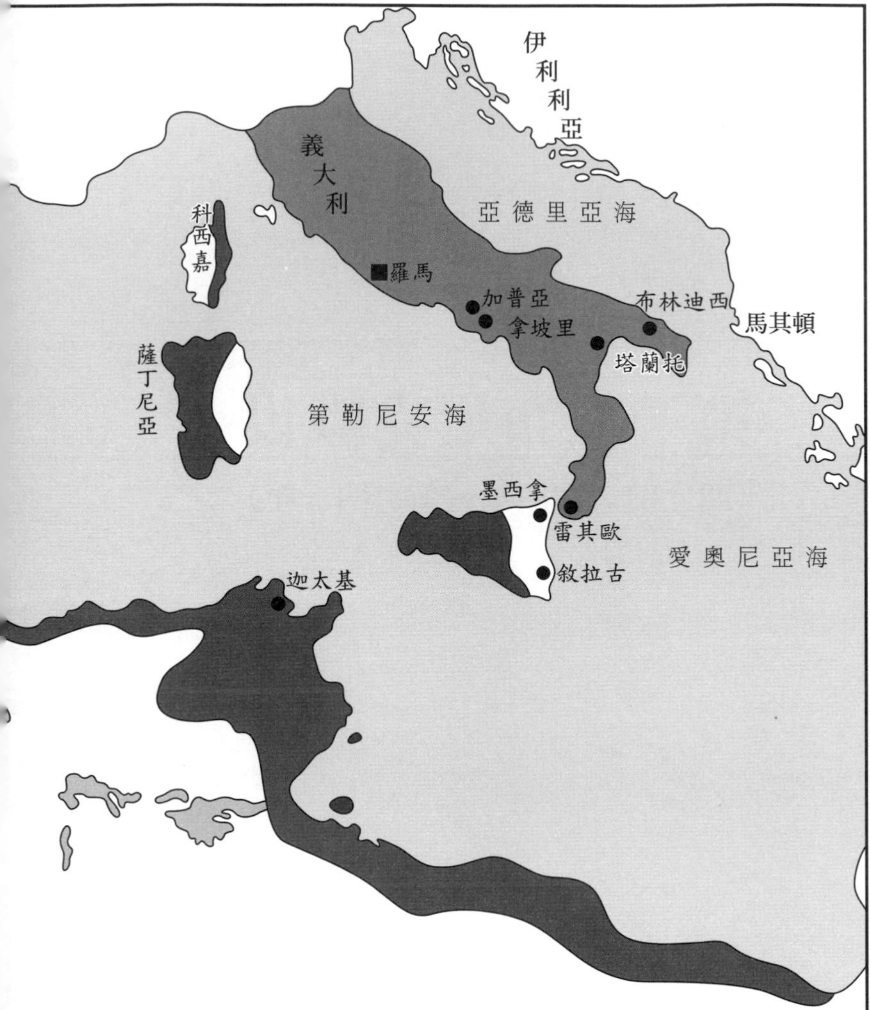
伊利利亞
義大利
亞德里亞海
科西嘉
羅馬
加普亞
拿坡里
布林迪西
馬其頓
塔蘭托
薩丁尼亞
第勒尼安海
墨西拿
雷其歐
愛奧尼亞海
迦太基
敘拉古

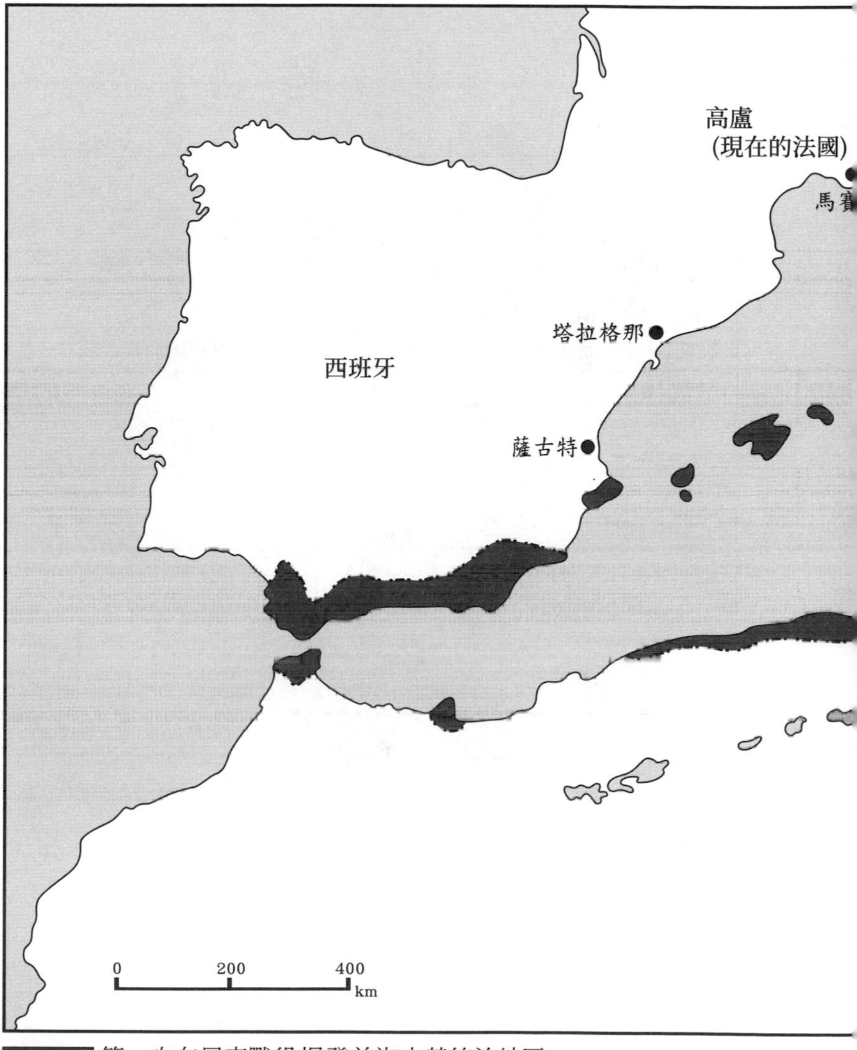


第一次布尼克戰役爆發前迦太基統治地區
羅馬統治地區

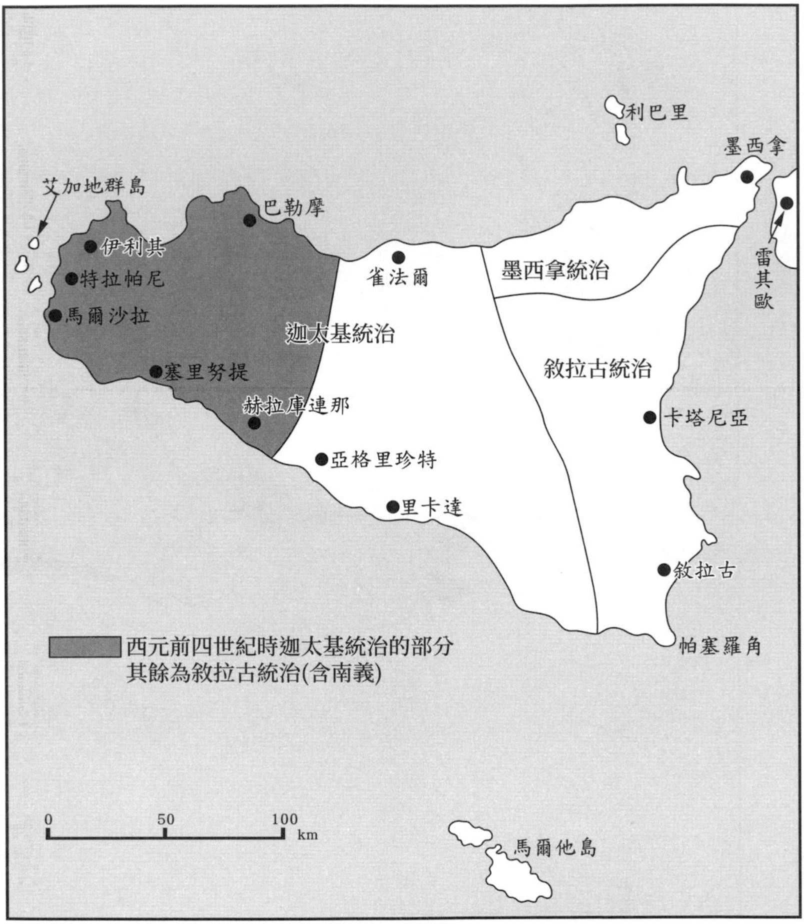


第一次布尼克戰役前西西里的勢力分布圖

西元前二六五年，羅馬的元老院遭遇前所未有的難題——對前來乞求救援的墨西拿居民代表，必須儘速作出回應。

墨西拿面對西西里第一強國敘拉古 (Siracusa) 的進攻，他們知道自己不是對手，無法化解這個危機，必須向迦太基或是羅馬求援。然而兩派意見分歧，最後由羅馬派取得優勢，原因是雷其歐 (Reggio) 近在眼前。

現在卡拉布里亞的地方政府所在地——雷其歐，就隔著海峽與墨西拿遙遙相對。雷其歐、墨西拿及敘拉古，一樣都是希臘殖民所建的城市。從羅馬完成北到盧比孔河 (Rubicun)、南到墨西拿海峽的義大利半島統一大業時起，雷其歐就已加入「羅馬聯盟」，成為同盟城市，充分享有自治權。墨西拿與雷其歐隔海相望，因此決定與其向迦太基求援，不如選擇羅馬。

雖然如此，受託的羅馬卻猶豫不決。羅馬人尊重法律，如果是有同盟關係的友邦前來求援，當然有出兵的義務，但是羅馬與墨西拿間並不具有同盟關係。

雖說兩地只隔著狹窄的海峽，但是到墨西拿仍需渡海，羅馬的軍隊未曾有渡海的經驗，甚至沒有軍艦及運送船隊。需要船的時候，皆由同盟城市——港都拿坡里或塔蘭托 (Taranto) 支援，到目前為止也沒有發生什麼大問題。因此，羅馬人對於要涉水過海一事，當然會有所猶豫。與揚帆航行於海上的希臘人相比，羅馬人算是農牧民族。

然而羅馬如果拒絕墨西拿的要求，就會眼睜睜地看著墨西拿投向迦太基。何況在西元前三世紀中葉，當時的迦太基已盤踞了西西里的西半部。截至目前為止，西西里的歷史可說是希臘殖民城市間的抗爭史，讓迦太基坐享漁翁之利。至於位於西西里東半部的墨西拿及敘拉古，則在羅馬及迦太基之間扮演緩衝的角色。

如果連墨西拿也落入迦太基手中，那情況又大不相同。在雅典衰退的時代，迦太基已是地中海的第一海運國，如果讓迦太基的勢力延伸到墨西拿，南義周圍海域的制海權將是迦太基的囊中物。如此一來，不僅緩衝地帶消失，對於以羅馬為盟主的「羅馬聯盟」各城市的安全問題將十分堪慮。

就擁有地中海最強軍艦隊伍的迦太基而言，要渡過羅馬人猶豫不前的墨西拿海峽，可說是輕而易舉。如果墨西拿落入迦太基手中，對羅馬人來說，無疑是在義大利本土和西西里之間，架起了一座肉眼看不見的橋梁。

但元老院的態度仍然曖昧，最後交由公民大會來決定。公民大會是審核通過元老院政策決議的機關，是羅馬最高的決策單位，由擁有公民權的人，也就是有兵役義務的人所組成。結果公民大會答應墨西拿的請求。

換句話說，就是決定參戰。但這次參戰光是第一次戰役就持續了二十三年，這是當初羅馬人與迦太基正面對決時所料想不到的。

羅馬的目的，是希望不讓近在眼前的墨西拿落入敘拉古或迦太基等強國手中。如果墨西拿加入「羅馬聯盟」，則由羅馬架起這座「橋」。決定後就立即付諸行動的羅馬人，僅派遣一位執政官率領兩個軍團，支援墨西拿。如果羅馬人能事先料到會與迦太基發生激烈衝突的話，這個陣容顯然不夠。

第一次布尼克戰役是自西元前二六四年開始，率領羅馬軍團的執政官是阿庇尤斯．克勞狄斯。鋪設阿庇亞大道(Appian Way)的阿庇尤斯出身於克勞狄斯家族，自共和政體成立以來，就是羅馬的名門望族。傳統上，克勞狄斯家族對平民階級主張採取強硬路線，他們一向集高傲、倔強、不妥協、先入為主、固執、強烈責任感於一身。如果是在民主政體下，這些人根本不可能當選；但羅馬是少數領導制，也就是寡頭政治的國家，執政官是由公民大會所選出，兩位執政官中，有一位是完全由民意選出，但另一位只要能力好，即使不孚人望也可能出線。事實上，柯爾涅留斯及華雷利烏斯都是頗負重望的名門貴族，從產生執政官人數方面作比較，柯爾涅留斯家族最多，其次是華雷利烏斯家族，克勞狄斯家族則排名第三。在率領軍隊方面，克勞狄斯家族人的缺點反而成為優點。

西元前二六四年三月十五日，執政官任期開始時，克勞狄斯率領羅馬軍從首都羅馬出發，以墨西拿海峽為目標，日夜兼程趕路。羅馬軍到達雷其歐時，南義友邦城市所提供的運輸船隊，已在雷其歐港下錨等著。在眼前的海峽上，可以看到迦太基艦隊前來監視墨西拿的動向。執政官克勞狄斯一刻也沒閒著，命令一位副官帶領少數士兵，利用黑夜橫渡海峽。

小隊順利登陸，以搖動火把為訊號告知，克勞狄斯決定在白天率領全軍堂堂地渡海。隔天，載有一萬七千名士兵的船隊橫渡海峽，而迦太基艦隊只能在一旁乾瞪眼。

抵達墨西拿之後，執政官把握時間，與前來迎接的市民代表締結羅馬和墨西拿間的同盟協定，才能名正言順地以軍事行動介入援助墨西拿。

羅馬軍不僅使正在進攻墨西拿的敘拉古感到威脅，駐守在西西里的迦太基軍隊也同樣感受到威脅。長年處於敵對關係的希臘民族敘拉古國及腓尼基民族迦太基國，至此結為同盟。敘拉古軍隊從南邊，迦太基軍隊從西邊，包圍在墨西拿的羅馬軍隊。

執政官當然不會坐視這種情況下去，首先他向敘拉古國王希耶隆提出和談條件，但被希耶隆拒絕。在軍事上，拒絕和談等於是下令出兵。克勞狄斯指揮下的羅馬軍，攻擊人數上占優勢的敘拉古軍隊。

以傭兵為主的敘拉古軍隊，自然不是羅馬公民兵的對手，很快就被擊退，希耶隆王逃到南方。但執政官並未乘勝追擊，反而以迦太基進攻同盟國墨西拿作為宣戰的名義，向西襲擊迦太基軍隊。迦太基軍隊不過是一支迦太基駐守在西西里的防衛軍，當然和敘拉古一樣不堪一擊。

第一戰成功後，執政官克勞狄斯繼續閃電作戰。只留下鎮守墨西拿的必要士兵，全力向南進攻，目標是西西里第一強國敘拉古的首都。進入敘拉古國境後行軍速度仍不減緩，一口氣攻到首都的城牆下。

但是冬天到了，即使是南方的西西里，也依照當時的習慣在冬天休兵。羅馬利用冬天休兵的期間，召開公民大會，選出第二年擔任戰線的執政官。西元前二六三年，馬留斯．華雷利烏斯和奧大其里伍斯．克拉蘇亞兩人獲選擔任執政官。

馬留斯出身於貴族華雷利烏斯家族，而克拉蘇亞這個名字在羅馬史上則是首次登場，自然沒什麼名氣，是出身於薩謨奈（Sammium）族的平民。從西元前三二六年到前二八四年為止，即使中間有休戰季節，但在長達四十年的期間，薩謨奈族一直與羅馬交戰。薩謨奈族投降成為「羅馬聯盟」的一員，不過是最近二十年左右的事。雖說羅馬人熱衷於同化降服的部族，但二十年後，竟然利用公民權的方式，使原本的敵人變成自己國家的最高領導人，實在值得加以讚揚。羅馬人的這種性向，在布尼克戰役中發揮了很大的優點。

西元前二六三年，也就是第一次布尼克戰役的第二年，元老院將華雷利烏斯及克拉蘇亞兩人送到西西里前線。所謂執政官軍團，是指一位執政官指揮兩個軍團，而派遣兩位執政官意味著羅馬以二倍的戰力，也就是四個軍團投入戰場。

一個軍團的平均戰力，是由羅馬公民兵組成的四千二百名步兵及三百名騎兵，加上相同或稍微多一點人數的加盟「羅馬聯盟」城市士兵。所以一個「執政官軍團」的戰略單位規模，約是一萬八千到二萬名兵。如果兩位執政官皆出戰，羅馬軍隊的戰力大概是三萬五千到四萬左右。隨著前任執政官克勞狄斯的卸任，旗下的士兵也隨之返國。當時的羅馬，每年進行總司令官及士兵的輪調，因為是公民兵，不能離開市民生活太久。

敘拉古的國王希耶隆之所以取得王位，並非世襲的緣故，而是憑藉實力。此時的他三十五歲左右，具有敏銳的洞察力。

希耶隆認為敘拉古位於要塞，只要有萬全的防衛就不易被攻陷。他擔心的是如果與羅馬兵交戰，會讓迦太基坐享漁翁之利。希臘民族和腓尼基民族自古便交惡，希耶隆和墨西拿一樣，被迫要在羅馬和迦太基之間作選擇。

希耶隆派遣的和平使者拜訪羅馬軍的陣營，兩位羅馬執政官得到意外的收穫，因此羅馬方面提出的和談條件，不僅簡單，而且十分寬容。這對兵臨城外、本應俯首投降的敵人而言，是完全無法想像的。

第一，兩國同盟關係以十五年為期限，如無異議則無限期延長。

第二，羅馬尊重敘拉古完全的自治權及獨立。

第三，敘拉古負有優先出售小麥給羅馬的義務。

第四，敘拉古無提供士兵予「羅馬聯盟」軍的義務。

第五，敘拉古支付一百泰連羅馬幣（*古希臘羅馬的貨幣單位）作為賠償金，簽署和談協定時支付二十五泰連羅馬幣，其餘於十五年內分期償還。

希耶隆決定與羅馬結盟，只要他還有一口氣在，就會堅持下去，即使羅馬陷入苦境也會全力支援。希耶隆之所以選擇與羅馬結盟，並非出於被迫，而是冷靜的政治抉擇。敘拉古也因此在往後的五十年，充分享受和平與繁榮。

到此，羅馬方面認為讓戰爭結束也好。

墨西拿既是「羅馬聯盟」的一員，也就不必在意海峽的寬度如何。墨西拿及敘拉古是西西里東部的兩個主要城市，也都是羅馬的同盟國，兩國締約後，西西里的海岸線就視同義大利本土的海岸線一樣，因為羅馬的友邦情誼而更加鞏固，確實做到防衛南義，算是達到羅馬當初的目的。事實上，與敘拉古締結和平協定後，羅馬在西西里只留下兩個軍團，另外兩個軍團則回鄉去，戰力逐漸縮減。

另一方面，迦太基深感危機重重。羅馬與敘拉古的結盟，不只阻撓迦太基擴大現有的勢力範圍，同時在西西里的所有既得權益也可能被侵犯。於是迦太基決定在西西里布下戰線，海陸四萬大軍從西西里南邊的亞格里珍特登陸。與迦太基隔海相對的亞格里珍特，成為對抗羅馬的前線基地。

至此，羅馬與迦太基開始發生正面衝突，進入「布尼克戰役」時期，而所謂「布尼克戰役」係指與腓尼基人打仗。

羅馬與迦太基間的第一次布尼克戰役在西元前二六四年爆發，但雙方事先並非完全沒有進行交涉談判。

歷史上留存的第一份協約，是在羅馬進入共和政體後的西元前五〇八年時締結的。根據該份協約，迦太基允許羅馬的船隻可在西西里西部及非洲北岸停靠，至於其他港口，即使是躲避風浪也一律不准停泊。另一方面，羅馬只能決定迦太基船可否停靠在羅馬附近區域的港口，其餘均無權過問。

顯然這是一份不平等條約。但是如果將當時羅馬及迦太基兩國實力相比較，一個是剛進入共和政體、面臨許多問題的羅馬，另一個已是泱泱大國的迦太基，就不難了解其中的道理。

歷史上留存的第二份協約，是在羅馬稱霸義大利中部時期的西元前三四八年所締結的。迦太基禁止羅馬及所有「羅馬聯盟」加盟城市，在薩丁尼亞及科西嘉兩島以西的整個西地中海地區通商。只認可羅馬主權可行使於這兩島與義大利之間的第勒尼安海、托斯卡那及坎帕尼亞間的港口，並明白記載迦太基的通商權為迦太基的自由行為。

這也是不平等條約。當時的迦太基人曾說：「沒有迦太基的許可，羅馬人連手都不敢放到海裡洗。」充分反映了當時兩國的實力差距。

當時的羅馬人過的是農牧生活，只須在陸上經營，沒有出海的必要，也沒有所謂的船隻。

羅馬的元老院從第一次布尼克戰役的第三年——西元前二六二年起，才領悟到與迦太基對決並非易事。羅馬以為將墨西拿及敘拉古收歸勢力範圍後，就不需要擔心西西里的防備問題，然而迦太基卻派遣四萬軍隊登陸西西里，而羅馬駐紮在西西里的兵力只有一萬五千人。

和拿坡里、塔蘭托、敘拉古及墨西拿一樣，位在西西里南部的亞格里珍特是希臘人在西元前八世紀的殖民時期所建設的城市，現在還留有宏偉的神殿遺蹟。它的勢力不如敘拉古，在第一次布尼克戰役當時，雖然已過全盛時期，但仍是個擁有五萬人口的城市國家。雖是個獨立國，但在迦太基轄下有一段時間。當時西西里島分為兩邊，東部希臘色彩濃厚，西部則受迦太基統治。亞格里珍特隸屬於西半部，且接近分界線，迦太基將西半部視為自己的地盤，亞格里珍特也就成為對抗羅馬的前線基地。

元老院知道大軍登陸亞格里珍特後，決定再次派遣四個軍團到西西里。兩位執政官率領羅馬軍包圍亞格里珍特，但情勢發展並不順利。兩位執政官領導無方，他們對於地勢一無所悉，使糧倉受到攻擊。如果不是敘拉古希耶隆王的援助，在攻打困守亞格里珍特的迦太基軍之前，羅馬軍險些被斷糧。

羅馬軍固然失策，但迦太基軍的無謀反而幫了羅馬。傭兵組成的迦太基軍缺乏有能的武將，因此戰況逐漸演變成對羅馬軍有利的情勢。

該年的十二月，對戰況感到不耐煩的迦太基士兵，趁著夜裡祕密逃出亞格里珍特，到安全的馬爾沙拉，幾天後亞格里珍特只剩下百姓，羅馬軍於是開進城去。以勝利者的姿態入城後，大肆掠奪財物，俘虜二千五百名居民作為奴隸。這些俘虜請求敘拉古的市民把他們買去，然後再借錢償還，以便回到亞格里珍特。原本尚在羅馬及迦太基之間猶豫的其他城市，看到羅馬軍隊的囂張行為，讓他們作出了決定。一位出生於亞格里珍特的記述者，名叫費利努斯，在記載第一次布尼克戰役時，曾提到羅馬軍的蠻行引起反羅馬的意識。

長期在迦太基轄下的亞格里珍特，一旦落入羅馬手中，羅馬是再也不願交還回去。迦太基

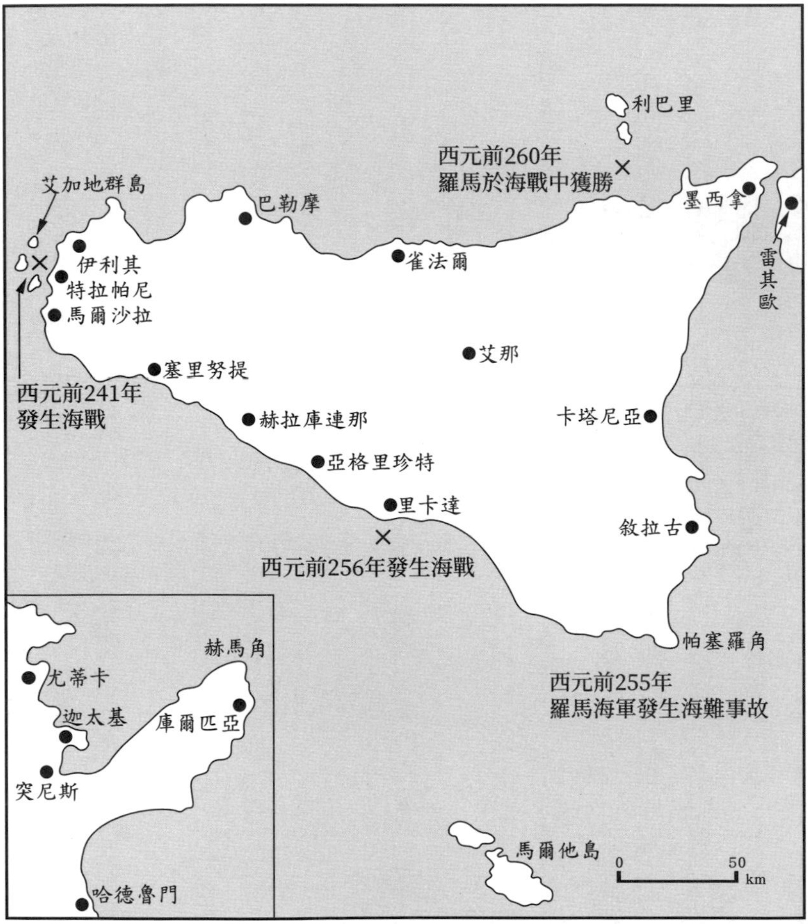
利巴里
西元前260年
羅馬於海戰中獲勝
艾加地群島
巴勒摩
墨西拿
雷其歐
伊利其
特拉帕尼
馬爾沙拉
雀法爾
艾那
塞里努提
西元前241年
發生海戰
赫拉庫連那
卡塔尼亞
亞格里珍特
里卡達
敘拉古
西元前256年發生海戰
帕塞羅角
西元前255年
羅馬海軍發生海難事故
赫馬角
尤蒂卡
迦太基
庫爾匹亞
突尼斯
馬爾他島
0
50
km
哈德魯門

從未考慮放棄在西西里的既得權益，而迦、羅雙方皆欲完全稱霸西西里，所以兩國只有一戰，這是永不中止的宿命戰，因此第一次布尼克戰役就在西西里揭開序幕。

第二年，西元前二六一年，羅馬和前一年一樣派遣兩位執政官、四個軍團投入戰場。這一年，羅馬軍趁著攻下亞格里珍特之勢，順利取得幾個迦太基在西西里的城市。但是，僅限於西西里內陸地區，只要幾個海岸城市繼續獲得迦太基本國的支援，即使內陸方面遭到攻擊，還是可以維持一定的勢力範圍。

羅馬深知如果不能截斷從迦太基本國來的補給，就無法稱霸西西里。身為農牧民族的羅馬人，這才了解到制海權的意義。

羅馬人在陸地的攻略，向來是戰勝後，將當地建設成殖民都市，作為要塞，再鋪設銜接的道路，架起防衛網，然而他們算是很早就警覺到制海權的重要性。

但是要獲得並維持制海權，沒有海軍是無法實現的。當時羅馬連一艘能與迦太基匹敵的五層軍艦也沒有。加盟「羅馬聯盟」的海港城市，頂多擁有三層軍艦。因為希臘人的軍艦，連全盛期的雅典也只有三層。划船手一人一支槳，坐在船艙內平行的三層階梯上，因此稱為三層，所謂五層軍艦則有五層階梯。

雖然是同類型的有槳帆船（Galley，古希臘羅馬的軍艦），古代的軍艦也與中世紀的軍艦不同。第一，古代的划船手為一人一支槳，而中世紀軍艦的划船手則是三人一支槳。

第二，古代的划船手坐在甲板下，但中世紀的划船手並排坐在甲板上。人手不多的中世紀軍艦當兩軍接近時，划船手便捨槳加入戰鬥。中世紀軍艦的戰鬥人員數目，每艘船至多四十人。

古代並未要求划船手參加戰鬥，因此搭乘軍艦的戰鬥要員人數較多。

三層軍艦需要一百位划船手。加長船身及船高的大型五層軍艦，需要三百位划船手，戰鬥要員的人數則有三百人。

特拉帕尼以前的海戰，一向是以肉搏戰來決勝負，從高處向低處攻擊當然較為有利。五層軍艦的划船手分五層階梯坐，船高也變高。相對於三層軍艦只有一百位划船手，五層軍艦則有三百位。同時五層軍艦也比三層軍艦多配有三倍的動力。

迦太基擁有一百二十艘五層軍艦，當然是地中海的海軍第一強國。如果要與迦太基在海上一戰，羅馬需建造五層軍艦。因為「羅馬聯盟」的海港城市只有三層軍艦，不可能委託他們造艦，羅馬必須自力建造軍艦。

毫無造艦技術可言的羅馬，開始仿效迦太基。第一次橫渡墨西拿時曾捕獲迦太基的五層軍艦，於是羅馬人加以解體，逐一模仿，建造軍艦。

船艦造好了，但卻未訓練乘船的人。羅馬市民頂多有乘河船的經驗，在拿坡里等海港城市市民的指導下，他們在陸地上的模型練習聽號令划船，就好像現在大學裡的划船社團訓練新生一樣。這種訓練是否成功沒人知道，至少確保人員會使用槳。至於操帆掌舵的人員，就靠同盟城市的支援了。

羅馬急著在第二年的早春出海，只能說是無謀之舉。即使是這樣，一百艘五層軍艦及二百艘三層軍艦正式下海啟用，羅馬第一支海軍就此誕生。

負責指揮的是名將西比奧(Scipio Africanus)的祖父——古涅伍斯．柯爾涅留斯．西比奧，陸戰經驗豐富，但指揮海戰則是頭一次。應該說在沒有指揮軍艦經驗的羅馬，無論誰領軍都是第一次。這年，羅馬派執政官西比奧指揮海軍，派執政官多意里指揮陸軍，將兩位執政官同時送上西西里戰線。

但是海運王國不是一天造成的，陸軍從陸路南下順利抵達墨西拿，海軍從海路南下，卻是歷經一趟亂七八糟的航行。

帶頭的執政官西比奧想利用等待友船的時候整軍，率領十七艘先到的軍艦攻占利巴里島(Lipari)，只要取下這個島，就能確保羅馬到西西里海路通暢。

利巴里只是個小島，很容易就攻占下來。迦太基是個海運國家，當然知道利巴里在戰略上的價值。在巴勒摩的迦太基海將知道了這個消息，立即派遣二十艘軍艦前去收復利巴里。

迦太基人熟知海上戰略，夜裡抵達利巴里海邊的迦太基艦隊先封鎖港口。第二天清晨，停泊在港口的羅馬兵才發覺已被包圍，沒有抵抗就投降了。僅少部份人逃向山裡，而執政官及許多羅馬兵都被俘虜。

被俘虜的執政官在之後羅、迦兩國交換戰俘時返國，幸好羅馬有不處罰敗將的規定，六年後獲選為執政官，再度回到戰場。

雖然總司令官被俘虜，但後到的船艦毫髮無傷，全部抵達墨西拿港。迦太基艦隊逮捕了羅馬的執政官，這是敵方的重要人物，須先遣送回巴勒摩，因此對利巴里周邊海域的監視較為寬鬆。

負責陸軍的執政官多意里只好兼任指揮海軍的工作。他與西比奧一樣，對海戰一無所知。但因為較早抵達西西里，所以有時間蒐集前線的情報。

執政官多意里認為，羅馬雖然擁有和迦太基一樣的五層軍艦，但在海上的活動能力比不上迦太基。為彌補自己的缺點，於是發明新武器設置在船上，這項新武器從未有人將它用在船上，羅馬兵稱它作「卡拉斯鐵鉤」。

將「卡拉斯鐵鉤」以繩索固定在離船頭最近的桅竿上，形成一種棧橋。當船頭接近敵船時，從桅竿上放下「卡拉斯鐵鉤」，落在敵船的甲板上。「卡拉斯鐵鉤」的前端有一個銳利的鉤子，可以利用下墜的力量刺穿甲板加以固定，好讓羅馬兵蜂擁而上。不擅掌舵的羅馬人，藉由「卡

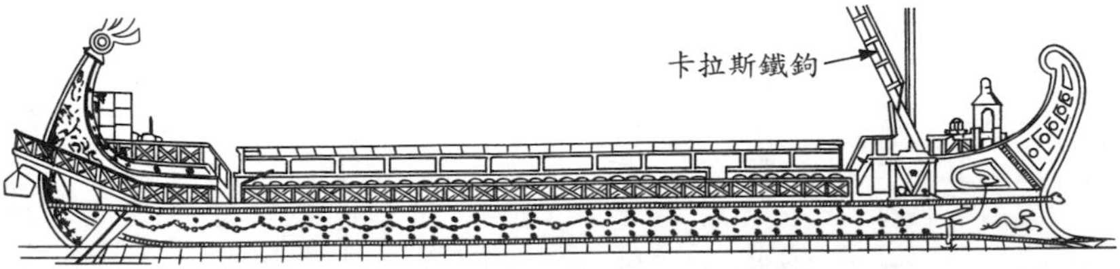

羅馬的軍船

拉斯鐵鉤」把海上戰鬥變為陸上戰鬥。此外，「卡拉斯鐵鉤」可作一百八十度的回轉，敵船無論在左或右，只要能接近敵船就能發揮威力。

之所以會有「卡拉斯鐵鉤」的發明，是因為羅馬人沒有海運的傳統。如果是海運國，不僅對掌舵很有信心，也會顧及船隻的美觀。為海賣命的男人永遠以揚帆的船為傲，對他們而言，把「卡拉斯鐵鉤」這種奇怪的物體裝在桅竿上，是對海與船的褻瀆。但對生活與海無關的羅馬人來說，毫不在乎。

執政官多意里率領裝有「卡拉斯鐵鉤」的船隻離開墨西拿，並得知有一百艘五層軍艦的迦太基艦隊已從巴勒摩出發，正向墨西拿前進中。

羅、迦間第一回合的海戰是發生在米拉澤海上。就軍艦的數目，迦太基是羅馬的一．五倍，但連外行人都可以看出兩軍控船能力有明顯的差距。

迦太基軍早已嚴陣以待，看到羅馬軍艦連並排成一線都做不來時，不禁訕笑起來。兩軍愈接近，笑聲愈大。羅馬船桅竿上像蟬一樣的奇怪物體，更是讓迦太基軍笑翻了。

好不容易歪歪扭扭地排好一直線的羅馬軍艦，突然向迦太基軍突擊，讓迦太基兵收起了笑容。

羅馬船不惜衝撞船頭，降下「卡拉斯鐵鉤」鉤住對方的甲板。藉著「卡拉斯鐵鉤」登上船的羅馬兵，都是重裝步兵。雙方進行肉搏戰，迦太基的傭兵自然不是對手。羅馬軍把海上戰鬥

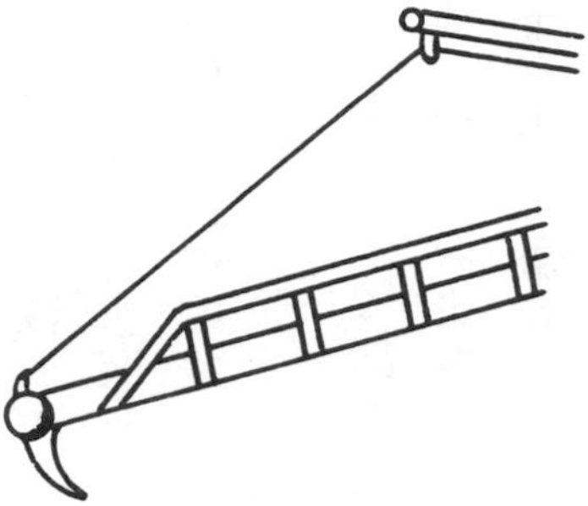

卡拉斯鐵鉤

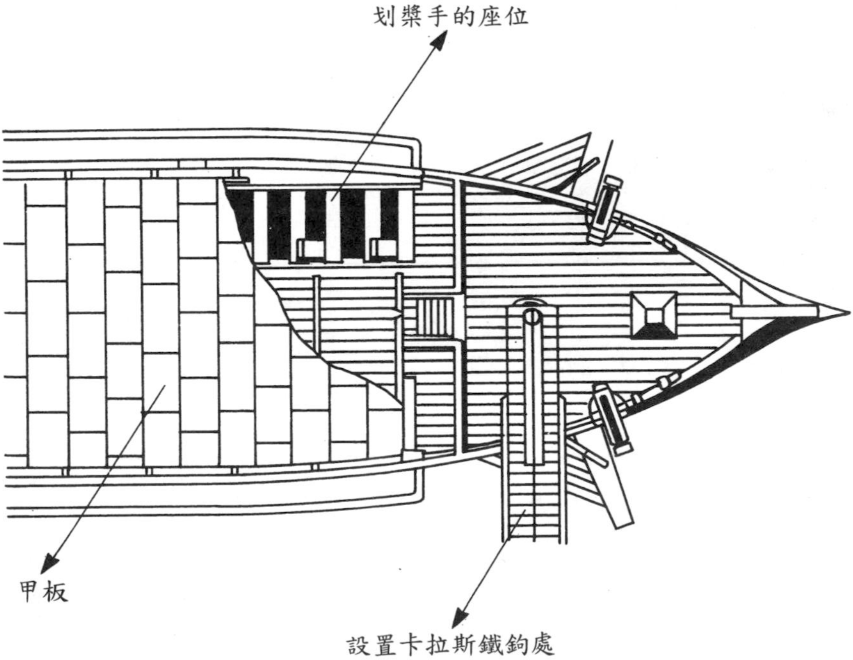

變成陸上戰鬥，讓迦太基引以自豪的控船能力毫無用武之地。將敵人的主要戰力加以非戰力化的戰術，也可在海上運用。

這一戰，羅馬軍一直保持優勢。迦太基沉船十五艘，被捕獲三十艘，其中包括迦太基海軍總司令所乘坐的船隻在內。總司令逃到傳令用的快速船，才逃過被俘虜的命運。迦太基方面死亡三千人，被俘虜七千人。而羅馬方面的損失不大。迦太基派遣到西西里的海軍，有三分之一在此次戰爭中犧牲。

接到勝利喜訊的首都羅馬，舉國歡騰。倉促成軍的海軍，竟可擊敗地中海最大、最強的迦太基海軍。勝利將軍多意里將捕獲的迦太基船頭置於白色大理石石柱左右兩側，製成勝利紀念碑，立在羅馬廣場中央。羅馬與迦太基間的戰爭到第五年終於結束。

戰爭雖然持續好幾年，但並非一年到頭都在打仗。冬天是自然休兵期，此外還有種種理由，使戰線暫時沉寂。第一次布尼克戰役，從西元前二六〇到前二五九年，羅馬在米拉澤海戰獲勝。第二年，也就是西元前二五八年，沒有特別的行動，和平度過。但羅馬方面仍處於備戰狀態。西西里全島則呈三分天下的局面，敘拉古在東南部，羅馬在東北部及中央，迦太基在西部。與布尼克戰役前相比較，迦太基勢力衰退的情形最為明顯。之後，西元前二五七年，羅馬又取得第二次的勝利。

當時的戰場，在西西里的北邊海面，離巴勒摩很近。現在是西西里地方政府所在地的巴勒摩，與西西里西部的特拉帕尼、馬爾沙拉，都是迦太基在西西里的據點。接近敵人的據點作戰，使羅馬海軍的行動範圍變大，甚至羅馬還打贏海戰。迦太基方面的損失雖不得而知，但數目少於米拉澤海戰。雖然如此，還是讓羅馬人充滿自信。羅馬決定把戰場從西西里移到迦太基本國，因為要進攻非洲，海軍是不可或缺的。加上前兩次的勝利，讓羅馬人自認為已是一個不弱的海運國了。

那年冬天，無論是羅馬的外港奧斯提亞，或是拿坡里、雷其歐、墨西拿等，造船工人都不眠不休地工作，他們必須建造比目前多二倍的軍艦。迦太基也很清楚羅馬的意圖，造船廠也不停趕工。背負海運王國名譽的迦太基，決不讓羅馬人踏上非洲的土地。

西元前二五六年的春天，羅馬有二百三十艘的新船下水，迦太基則有二百五十艘船出海，雙方幾乎都是五層軍艦。如此的戰力投入同一海域，地中海因而掀起前所未有的海戰。

當時每艘五層軍艦的搭載人數為三百名划船手，加上一百二十名作戰人員，人數從一百人躍升為五百人。將此人數乘以二百三十艘船，則將近十二萬人。此外，還外加運輸船隊。西元前二五六年，兩位執政官都指揮海軍，羅馬首次的遠征非洲，可說是傾巢而出，全力以赴。

只有划船手的羅馬艦隊從墨西拿出港，士兵則從陸路前進。繞過西西里南端的帕塞羅角，士兵在艾克農莫斯（現在的里卡達）登船。

為阻止羅馬軍進攻，迦太基艦隊此刻已經全數抵達馬爾沙拉。他們明知羅馬艦隊開往里卡達，仍從馬爾沙拉出港，朝東南方的航路前進。想在羅馬戰鬥員在里卡達上船前，攻擊船員較少的羅馬艦隊。然而，羅馬方面的行動較早。

士兵完成上船，羅馬艦隊正準備以西南航路直攻非洲，擺好陣形的迦太基突然出現在眼前。相對於羅馬的二百三十艘，迦太基有二百五十艘軍艦，分左、中、右，連成一線，顯示迦太基控船能力高超，完全採用海戰戰術，成弓形陣形。

指揮羅馬艦隊的兩位執政官，面對迦太基艦隊，擺出空前的陣形。

執政官雷古拉斯（Regulus）乘船領頭，以相當於全軍三分之一強的八十五艘五層軍艦，成圓錐形排列，圓錐尖端的二艘軍艦與敵人相對。位在圓錐形底部的海域，則配置無戰鬥人員且速度慢的運輸船隊。運輸船隊的後面則為第三船隊，作為守備之用。後衛船隊大約配有七十艘船。

羅馬第一及第二船隊領頭，正對敵人中央攻擊，和受到突擊的迦太基船隊對峙了一會兒，迦太基的中央船隊

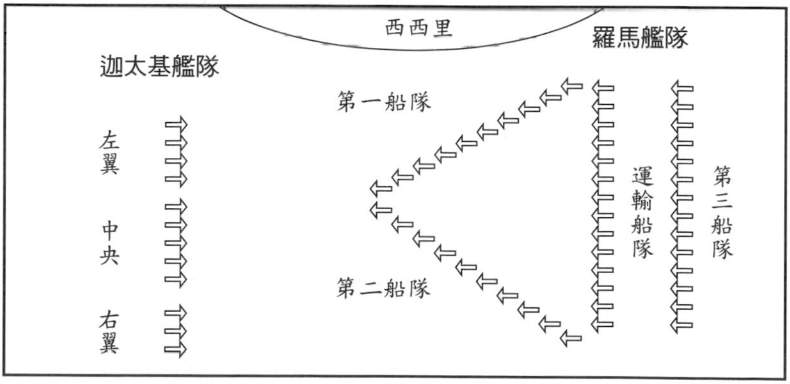

開始撤退。但迦太基的左翼船隊，卻向出擊較遲的羅馬運輸船隊展開攻擊。右翼船隊則逼近羅馬第三船隊，目的在於讓羅馬艦隊分散，再各個圍剿擊破。迦太基憑藉優越的控船能力，採用此一戰術。在里卡達海上進行的海戰，戰場分為三部份，在迦太基所預想的情況下結束上半場戰爭。

但是羅馬第一及第二船隊的砲火猛烈，超出迦太基方面的估計，同時受到兩個船隊攻擊的迦太基中央船隊，徹底被摧毀。羅馬軍並未繼續乘勝追擊，第一船隊的八十艘船再折回，支援正被迦太基左翼船隊攻擊而陷入苦戰的運輸船隊。第二船隊的八十艘船也回到第三船隊的海域中，使迦太基的左、右兩翼船隊遭到前後夾攻，陷入困境。右翼船隊在開放的海域中還容易逃脫，而比較接近陸地的左翼船隊則無逃生之路。受到羅馬船隊包圍的迦太基海軍左翼，不是沉沒就是遭到俘虜，全軍覆沒。

羅馬軍方面共有二十四艘船沉沒，迦太基軍方面的損失更多，三十艘船隻沉沒，被俘虜船隻六十三艘。

迦太基在第三回合的海戰仍是敗給了羅馬。迦太基一百五十七艘倖免於難的船隻，在首都前的海上進行配備，準備背水一戰。但羅馬方面不想再打海戰，羅馬軍隊直逼非洲北岸，避開滿布敵艦的迦太基灣，從庫爾匹亞海邊登陸，並很快攻陷庫爾匹亞，作為非洲戰線上的基地。由三度擊敗迦太基艦隊的羅馬海軍，負責確保從西西里到此地的補給線，並攻陷西西里及非洲間的馬爾他及盤特雷利亞島。

那一年，羅馬軍隊登上非洲大陸後所向無敵，庫爾匹亞周邊的迦太基軍隊皆棄械投降，從迦太基本地送出的軍隊也一一被擊退，共俘虜二萬人，送回羅馬。

大概是戰況十分樂觀，入秋之後，羅馬元老院命令一位執政官率領半數以上的軍隊回國。在冬季召開的公民大會為了選出隔年的執政官，通常都會召集現任的執政官回國。這也是考慮到羅馬軍團是由公民兵所組成，希望每年輪調士兵。羅馬人即使進行第一次的海外遠征，也採用過去的作法。

執政官雷古拉斯率領一萬五千名步兵、五百名騎兵、四十艘軍艦及船員，在非洲過冬。冬天的營地靠近現在的突尼斯(Tunis)，準備第二年春天援軍到達時，攻打首都迦太基城，因此冬天營地從安全的庫爾匹亞遷移到離迦太基較近的突尼斯。

敵人在首都附近紮營，讓迦太基政府備感威脅，因而派出和談的使節。執政官雷古拉斯也接受，但提出以下數項條件。

第一，迦太基從西西里及薩丁尼亞兩島撤軍。

第二，解散海軍，把軍艦交給羅馬。

迦太基政府拒絕接受如此嚴苛的條件，雖然敵軍已逼近首都，迦太基仍有陸海軍，而且第二年春天勢必要打一場硬仗，因此僱用在埃及、敘利亞戰鬥經驗豐富的斯巴達(Sparta)人傭兵隊長庫山提朋。

迦太基軍隊連士兵及中隊指揮官都依賴外國傭兵，只有總指揮是由迦太基貴族擔任。即使是僱用頗負盛名的庫山提朋為傭兵隊長，整體而言，仍是沿用過去的作法。這位斯巴達武將抵達後立即視察迦太基軍隊，如果要與此軍隊並肩作戰，在接受酬勞之前，須先考量自己及部下的生命安危問題。當場他向迦太基政府進言，認為敗給羅馬軍隊並非士兵的責任，而是指揮官的責任。喪盡自信的迦太基貴族們回答，果真如此，那只有靠自己了。

第二天起，庫山提朋開始訓練迦太基軍隊，同時組成大象隊，並招募努米底亞的騎兵，以靈活運用戰術。在春天的戰期來臨時，已經準備好與羅馬軍隊會戰。

執政官雷古拉斯未等援軍到達即接受敵人的挑戰，是他犯下的一大錯誤。

寡頭政體除了未經選舉過程外，大致與議會制民主政體類似，組成指揮階層的人員都盡可能平等，並給予在國政的第一線上發揮的機會。若非如此，無法發揮寡頭政體的功能。

這個制度雖然優點很多，但也有不少缺點。其中執政官兼軍隊總司令的設計，使執政官全力想在自己的任期內呈現戰果。有戰果才能以凱旋將軍的身份返國。對羅馬人而言，在首都舉行凱旋式是市民無比的榮譽。然而如果只是在任期中善盡司令官的職責，但戰勝的成果延至下一任執政官在隔年三月十五日上任後才開花結果，就變成了新任執政官的戰績。這種羅馬執政官偏好短期決戰型態的情形，在布尼克的長期抗戰中成為不可忽視的缺點。執政官雷古拉斯同樣也是希望在下一任執政官抵達非洲前，趕快拿出戰果來。

非洲的春天來得比義大利早。西元前二五五年，初春的戰場上，迦太基軍隊先出兵，共有步兵一萬二千人、騎兵四千人，加上一百頭大象，以軍隊的規模來說，只能算是中等，由斯巴達人庫山提朋擔任總指揮。接受挑戰的羅馬軍隊方面，有一萬名步兵及五百名騎兵。步兵是羅馬軍隊的重心成員——重裝步兵，皆是精銳步兵，但沒有大象。

試著把古代的大象想像成近代的戰車，坐在象頭上的是駕馭大象的「車伕」，背上坐著三、四名士兵負責攻擊。雷古拉斯指揮的羅馬軍隊，不僅步兵人數少，而且騎兵兵力只有敵軍的八分之一。此外，連一臺「戰車」也沒有。

如果總指揮的戰術能力超強，戰況也許會有所不同。然而雷古拉斯是個完全的武人，一心想堂堂正正地對決，使出全力。

結果羅馬軍隊在第一次布尼克戰役中的第十年，首度嘗到失敗的滋味。成功逃到庫爾匹亞的士兵不超過二千人。八千多名士兵陳屍在戰場上，執政官雷古拉斯及五百多名士兵被迦太基俘虜。

兩位接任的執政官知道戰敗的消息，是在前往非洲的途中——敘拉古。兩位執政官明知情況有所改變，仍率軍繼續向非洲前進。他們不能讓七千多名羅馬兵及四十艘船留在庫爾匹亞不管。

迦太基方面知道羅馬軍隊正在逼近，趁著陸戰的勝利，想在第四次海戰中放手一搏。如果戰勝，迦太基可再度奪回西西里與非洲間的制海權。

雙方在迦太基灣東北方突出的赫馬角附近，進行第四次迦、羅海戰。但這次還是羅馬軍隊贏了。迦太基軍隊的一百四十艘軍艦不是沉沒就是燒燬。號稱擁有地中海世界最強海軍的迦太基，在競爭對手希臘衰退後，就不曾再遇到實力相當的敵人。長期沒有實戰經驗的軍隊，實力減弱是無可避免的。西元前三世紀的迦太基，即使被稱為海運王國，卻算不上是海軍王國。

第四次的海戰勝利，並未蒙蔽羅馬兩位執政官的眼睛，停靠在庫爾匹亞港的羅馬艦隊，讓剩餘的士兵全部上船，駛向西西里，從前線基地撤退，等於是承認進攻非洲的作戰失敗。

羅馬軍隊快抵達西西里南岸時遇到暴風雨，這附近的海岸都是岩岸，沒有避風港，靠海岸線太近，反而容易受到暴風雨襲擊。

掌舵的是來自「羅馬聯盟」海港城市的船員，他們知道如何讓風浪所帶來的損害減至最低，但不擅航海的羅馬將軍反對由這些人掌舵。

羅馬人不能忍受看不到陸地，在海上任風浪翻弄，他們命令將船接近海岸，並要求不得離開太遠。船員們雖然加以反駁，但對這些沒有經驗的人，再怎麼解釋都沒有用。而且沒有經驗的又居領導地位，因此，只好讓二百三十艘羅馬艦隊在咆哮的風浪中被翻攪。

結果地中海發生有史以來最大的海難。船隻有的撞擊岩壁，有的互撞，二百三十艘船隻當中，最後能夠平安回到敘拉古港的只有八十艘船，據說屍體都埋在附近的海邊。這次海難，羅馬共損失了六萬人。兩位執政官生還，因為他們所搭乘的船艦是由老手掌舵。贏了海戰但贏不了海上暴風雨的羅馬人，還是一個沒有海運傳統的民族。

羅馬人知道消息後莫不悲戚，而迦太基人狂喜慶祝。

那年冬天，迦太基的和談使節訪問羅馬，他們認為現在應是以有利的條件來談判的時候。但是前來和談的不是迦太基人，而是被迦太基政府遣返的俘虜前執政官雷古拉斯。雷古拉斯的任務是要說服羅馬的元老院，而迦太基所提出的條件是要求羅馬全面放棄西西里。無論雷古拉斯的說服是否成功，雷古拉斯都須回到迦太基。

儘管有迦太基的監視員在場，雷古拉斯在元老院議員面前，卻作出與迦太基期待完全相反的行為，不是要羅馬與迦太基和談，而是說服羅馬不要與迦太基締約。

在進攻非洲失敗，加上遇到空前的海難後，元老院議員正是意志消沉時，十分理解雷古拉斯的善意。如果就此和談，以前的犧牲都將白費，而且不可忽略的是，如果與迦太基隔墨西拿海峽相對，將招致極大的危險。

元老院拒絕和談。雷古拉斯依約回到迦太基，被迦太基人關入圓形的籠中，被當作是大象的足球踢來踢去，以此方法處死。

迦太基認為目前的條件相當有利，士氣為之一振。斯巴達的傭兵隊長庫山提朋已無用處，便將他解僱。迦太基決定以軍事稱霸西西里，並將顯示威力的一百四十頭大象送上西西里陸地。

西元前二五四年的春天，迦太基方面把象群從西西里西部的馬爾沙拉送上陸地；羅馬方面則由兩位執政官及兩位前執政官率領軍隊，分由海陸兩路前進。

其中一位執政官是西比奧，他在羅馬剛成立海軍的那年，在利巴里島被俘虜，後來經交換俘虜才返國。而兩位前執政官都是西西里南岸海難的督導者，因為不聽船員的忠告而發生事故，他們都有責任。起用曾被敵人俘虜的人及海難事故的責任者，並非讓他們有挽回名譽的機會，而是讓他們有知錯能改的機會，這種想法十分有趣。之前懼怕海洋的這兩位，再以前執政官的名義，指揮海軍。

那一年，羅馬僅用三個月的時間就造好二百二十艘船下水，很難想像這是一個十年前連一艘軍艦也沒有的國家。兩位前執政官率領包括之前在暴風雨倖存的八十艘船，駛向西西里北邊。

兩位執政官率領的四個軍團，從墨西拿開始行軍，海陸同時作戰，向迦太基的根據地巴勒摩展開攻擊。

迦太基軍方面士氣旺盛但戰果不佳，以海陸同時作戰的方式，無法發揮長處。相反的，對羅馬軍隊而言，卻是如虎添翼。羅馬必須及早攻下墨西拿及巴勒摩間的雀法爾，如此一來，就可確保從墨西拿來的補給線，而另一條從羅馬同盟國敘拉古來的補給線，可經由西西里中部的艾那銜接過來。

巴勒摩現在仍是西西里的首府，當時是迦太基在西西里的根據地，不是那麼容易被攻陷，羅馬軍隊攻下巴勒摩是第二年以後的事了。巴勒摩的居民中，親羅馬派占了多數，經由他們的指引，羅馬軍隊進入市區。親迦太基派的一萬四千名居民被捕，要付錢贖身才可保留自由之身，如果不付錢就賣作奴隸。結果共有一萬三千人淪為奴隸。親羅馬派的二萬五千名居民，當然是以自由之身繼續住在巴勒摩。

這項政策讓西西里西部重鎮帕諾爾幕斯（現在的巴勒摩）慌了手腳，並在周圍城市的居民間起了連鎖反應。居民們在羅馬軍隊進攻之前，就選擇自動打開城門投降。

西西里中尚屬迦太基勢力範圍的，只剩下南岸的赫拉庫連那及在西邊的西利努斯（現在的塞里努提）、利利巴耶伍姆（現在的馬爾沙拉）、多連帕奴姆（現在的特拉帕尼），都是西西里西部的海港城市，位在可以得到迦太基本國支援的地點。

西元前二五三年，自巴勒摩被攻陷起，西西里戰線呈現迦太基軍隊不斷後退、羅馬軍隊不斷前進的局面。第二年的春天，迦太基軍隊攻下馬爾沙拉，以取代巴勒摩作為補給基地。

利用冬天休戰返國的羅馬艦隊，從西西里出發，沿著義大利西岸北上途中，遇到猛烈的暴風雨，這次總算聽從船員的忠告。這附近的海域，就像荷馬 (Homeros) 在英雄奧德修斯 (Odysseus) 的漂流記所描述的，有幾處危險的地方。然而羅馬海軍仍有犧牲者，損失將近一百五十艘船及許多人員。

西元前二五五年及西元前二五三年連續發生海難，讓羅馬人意志非常消沉。第二年沒有人再主張組成海軍，頂多是派遣六十艘軍艦，以維護西西里及北非間的制海權。

相反的，迦太基知道羅馬遭遇第二次海難後，認為這是奪回巴勒摩的絕佳時機，於是增加一百五十頭象作為前導，向巴勒摩進攻。

羅馬人並不是第一次見識到大象的破壞力。頭一個利用大象攻擊羅馬的是伊庇魯斯的皮拉斯國王。羅馬軍隊與皮拉斯的第三次對戰中，即戰勝了大象，但這已經是二十五年前的事。看到象讓羅馬人想到的是四年前雷古拉斯的敗戰。當時的戰鬥，有八千名羅馬士兵被象群踩死。為避免面對數目更多的象群，羅馬軍隊絕口不提攻略馬爾沙拉之事。

在平原會戰幾乎已是不可能，羅馬軍隊看到大象便不再前進。無論將官們如何斥責，他們仍待在壕溝裡死也不出來。在海上害怕暴風雨，在陸上害怕大象，那一年完全不見羅馬軍隊的蹤影。

但是當迦太基軍隊趁勝逼近巴勒摩時，羅馬軍隊不再逃避。

在執政官選舉期間，防守巴勒摩的工作交給執政官梅他爾斯，他認為首要工作是去除士兵對大象的恐懼。

原本圍繞巴勒摩市街的城牆外側，有壕溝來防衛。梅他爾斯命令再挖深一點，並將底部挖成連人都無法步行的寬度，同時打破傳統，將大部份的士兵配置在城牆內側。迦太基軍隊知道僅有一位執政官留守的消息，挾以旺盛的氣勢，在巴勒摩城外布陣，蓄勢待發。

面對迦太基軍隊，梅他爾斯執政官不用重裝步兵，改派輕裝步兵，以標槍為主要武器，等待迦太基軍隊的象群越過巴勒摩附近的小河。然後，當象群後方的敵軍主力部隊過河時，再朝象群射出標槍，射完之後拼命跑入城牆內。

大象一旦開始跑便很難停下來，而此時的象群因身受羅馬士兵的標槍而發怒，在煙塵彌漫中往前衝的象群，很多都正好掉進壕溝裡。即使是在壕溝前停下來的大象，也因傷口疼痛而不願再聽「車伕」使喚，使象群後方的迦太基軍隊被憤怒狂亂的大象踐踏。

此時，梅他爾斯下令重裝步兵團攻擊慌亂的敵人，跑回城內的輕裝步兵則出現在城牆上，向壕溝裡的大象發射標槍。

巴勒摩的攻防戰由羅馬軍隊獲勝，除捕獲十頭大象外，其餘皆加以射殺。迦太基軍隊方面戰死二萬人，只有極少數與指揮官逃回馬爾沙拉。

指揮這場戰鬥的迦太基將軍，被召回本國後處以死刑，這是第一次布尼克戰役開打以來，第二位因戰敗被究責處死的迦太基武將。第一位是戰役開打的頭一年，容許羅馬軍隊渡過墨西拿海峽的指揮官。與不問戰敗責任的羅馬人相較之下，迦太基民族的作法完全不同。

成為勝將的梅他爾斯發行刻有大象圖案的紀念銀幣，能克服對大象的恐懼，比成功防衛巴勒摩更值得紀念。

克服對大象的恐懼之後，羅馬也跟著忘了海的可怕。西元前二五〇年，從義大利各地造船廠來的二百艘軍艦下水，這個新艦隊及四個羅馬軍團都投入攻打馬爾沙拉。

迦太基方面也很積極，迦太基在西西里的勢力範圍只剩馬爾沙拉及特拉帕尼兩個城市。這兩個海港城市都位在西西里西岸，兩地距離三十公里。有馬爾沙拉，才能確保特拉帕尼，兩者失其一，都會讓迦太基的勢力退出西西里。

為了防衛馬爾沙拉，迦太基送出一萬名傭兵，並派遣大艦隊到特拉帕尼，同時在迦太基本國募集了十萬名傭兵。

由於迦太基本國投入大量軍力，使羅馬軍隊更難攻下馬爾沙拉。

羅馬軍隊攻打要塞的海港城市尚不得要領，在特拉帕尼港的迦太基艦隊也想從海上封鎖馬爾沙拉，用以阻擋羅馬海軍。由於當天可以來回，迦太基船身輕，容易發揮操船技術。此外，從特拉帕尼當天來回的迦太基騎兵隊，阻擋了從陸上來的羅馬軍隊，於是無法由海港城市切斷從迦太基本國運送糧食、武器的補給線。結果以馬爾沙拉為主的這條戰線，陷入膠著，接著就進入冬天的休戰期。

第二年，西元前二四九年，是第一次布尼克戰役的第十六個年頭。羅馬已出現疲態。那一年派出的其中一位執政官克勞狄斯．普魯克斯，與戰爭第一年勇敢攻擊的阿庇尤斯．克勞狄斯屬於同一家族。

執政官普魯克斯率領二百二十艘軍艦從海面向特拉帕尼攻擊，而另一位執政官宙里負責攻擊馬爾沙拉。羅馬的元老院將打開僵局的決戰，託付給具有大膽勇敢氣質的克勞狄斯家族。普魯克斯率領所有羅馬軍艦，向北方三十公里的特拉帕尼前進。

那一年，防守特拉帕尼的迦太基將軍，即使面對二百二十艘五層軍艦進攻，也面不改色。他深知羅馬海軍雖善於與人作戰，但不善於與海打交道，於是根據這個弱點擬訂作戰計畫。

依照傳統的戰術，應該背對特拉帕尼港而迎敵作戰。但他卻打破傳統，當獲知羅馬艦隊接近的消息時，他命令所有迦太基軍艦出港，到達特拉帕尼北邊的海上，等待從南邊來的羅馬艦隊。當羅馬艦隊接近特拉帕尼港附近海域時，再從水平線上出現。羅馬艦隊原本打算包圍停留在港內的迦太基艦隊，反而變成背後是山崖連連的海岸線，自己陷入被包圍的局面。

指揮迦太基軍隊的將軍了解羅馬兵在肉搏戰上的厲害，因此採用分開個別搏鬥的方式，讓善於控船的迦太基軍隊處於有利的位置。

因此迦太基軍艦刻意與羅馬軍艦保持距離，而且追到讓羅馬軍隊無法使用長槳的海域深度，像漁夫收網一樣，漸漸向中心靠近。

結果羅馬軍隊戰敗，二百二十艘軍艦有九十三艘被俘虜，三十艘沉沒。除了少部份的士兵及船員游回羅馬陣營外，約有二萬人喪生。原因不僅是盔甲沉重，而且當時的羅馬人不太會游泳。執政官普魯克斯率領剩下的軍艦，向南逃逸。

成了敗將的普魯克斯被召回首都，處以罰金一萬二千狄納利斯銀幣。羅馬海軍是不追究戰敗責任的，但對指揮官的不當態度，則會加以處罰。

在出兵攻打特拉帕尼之前，執政官普魯克斯依照慣例，進行占卜事宜。他們是以雞啄食的方式來占卜吉凶。羅馬軍隊的策略操之於一隻雞，對指揮官而言可說是不勝其擾，因此軍隊中的占卜師通常會讓雞處於絕食的狀態。

但那天不知為什麼，雞就是不吃餌。士兵們在一旁看了乾著急，但是雞卻到處走來走去。倔強沒耐心的執政官普魯克斯一氣之下抓起雞，大叫「看你喝不喝水」，便叫人把雞丟到海裡。士兵們心裡都想「這麼做妥當嗎？」出發時不免擔心起來。

宗教信仰是個人的問題，但當信徒居領導者地位時，就不只是個人相信與否的問題了。如果特拉帕尼港外的海戰沒輸，他可能也不會被處以罰金。然而在違背宗教信仰後出戰，羅馬軍隊鎩羽而歸。但執政官克勞狄斯．普魯克斯不只是戰敗，而且作出一個領導者所不容許的「有欠思考」行為，因此被罰。即使他是羅馬少數的名門貴族，為了支付龐大的罰金，幾乎賠去現有的家產。

西元前二四九年，羅馬正值多事之秋。到了第二年，在西西里的羅馬軍隊仍無具體行動，只有一項好消息，就是敘拉古國王希耶隆無條件續簽同盟條約，讓羅馬無後顧之憂，只要好好應付馬爾沙拉和特拉帕尼即可。

二年後，西元前二四七年，羅馬進行五年一度的普查。針對擁有羅馬公民權的十七歲至六十歲男子，調查人數及財務狀況。向來成年男子人數都會增加一成左右，但該年反而減少百分之十七。雖然不致影響「羅馬聯盟」軍的主要戰力，但來自「羅馬聯盟」加盟城市的戰力，多少受到波及。陸戰犧牲加上海難事故，除了人員損失外，尚有軍艦及運輸船的耗損，導致羅馬國庫所剩無幾。戰爭進入第十八年，羅馬已消耗殆盡。

而迦太基方面，雖在戰場上損失不少，但所幸沒有發生大海難。戰死的士兵是他國來的傭兵，不影響本國國民人數。以消耗的程度來看，羅馬似乎是處於劣勢。自西元前二四七年起，迦太基開始派遣有才能的年輕武將到西西里戰場。

武將漢米卡，他的姓氏巴卡 (Balka) 在腓尼基語是雷電的意思。正值三十出頭的漢米卡是漢尼拔 (Hannibal) 的父親，後來漢尼拔成了羅馬人的夢魘。漢米卡開始指揮西西里戰線的那一年——西元前二四七年，正是歷史上最佳戰術家漢尼拔出生之年。

但是布尼克戰役中的迦太基人不善於利用機會，當時雖派遣有能力的司令官，但國內卻不能提供強力支援，甚至政府內部還發生分裂的情形。

古代迦太基以經濟人才治國，這方面與文藝復興時期的佛羅倫斯相似，而寡頭政體的制度也相仿。但兩者最大的不同在於佛羅倫斯全力投入與外國的貿易及國內的手工業，但迦太基自古以來便持續經營農業。

現在的北非一帶雨水少，不易於種植。然而古代的北非完全不是如此，迦太基人擅長經營農業，而環境也能讓他們發揮長才。

另一方面，迦太基人也繼承腓尼基民族的傳統，是個優秀的商業民族。

掌握迦太基國政的經濟人才，分裂為「重視國內派」及「對外發展派」。如果以哪一方的生產力低、發言權就小的方式運作，也許還可能統合意見。問題就是兩派生產力都很高，分裂情況不易解決。

「重視國內派」積極主張擴張在北非一帶的統治範圍，反對向國外拓展迦太基的勢力，認為此舉不會帶來直接利益。「對外發展派」主張稱霸西西里，「重視國內派」認為應先確立在非洲的統治。迦太基常遇到好的機會但表現消極，原因在於「發展派」被「國內派」扯住後腿。「國內派」的領導者是漢諾 (Hanno) 家族，而漢米卡、漢尼拔所屬的巴卡家族是「發展派」的領導者。

在羅馬人力、物力被掏空的西元前二四七年，在西西里前線的漢米卡因為國內沒有足夠的兵力，無法掌握先機。他只帶著兩個軍團的戰力，想從目前僅占有的西海岸一舉光復，幾乎是不可能的。漢米卡在西西里戰線陷入膠著的情況下，打算等著和消耗殆盡的羅馬進行和談。如果能如此，那麼迦太基在西西里的勢力至少可回復到布尼克戰役前的狀態，然而漢米卡這項預測只對了一半。

在西西里上的迦太基勢力範圍包括馬爾沙拉及特拉帕尼，沒有充分戰力的漢米卡並沒有設置軍隊的根據地。無論將軍隊布置於何處，都有被羅馬軍包圍的危險。他不喜歡行動設限，認為主導權應掌握在我方。只要擁有馬爾沙拉及特拉帕尼，迦太基就可掌握西西里西岸及迦太基本國間的制海權。

漢米卡的軍事基地設於巴勒摩近郊，這個地方現在位於蒙地．帕林古利諾的山上。站在這個山上可瞭望巴勒摩的市街及港口，只要迦太基艦隊看到羅馬軍隊南下出現在水平線上，就立即下山朝海岸方向往西行，可以在不驚動停泊於巴勒摩港羅馬船隊的情況下，到達防守山崖的海灣。

在山上紮營的漢米卡，雖然沒有便道到海岸，但可以確保與特拉帕尼之間的補給線。這一帶都是平地，這座伊利其山是唯一可以監視平地的地方，但伊利其山離海岸線太遠。結果造成羅馬兵固守伊利其山，但迦太基軍隊卻能自由來去。

漢米卡不光是隱居在山上，有時也領軍下山，正在攻打馬爾沙拉的羅馬軍隊偶爾會從背後偷襲，但不曾挑起會戰，原因是兩方戰力相差甚大。

漢米卡的游擊戰法不只適用於陸上，也可在海上發揮，以加盟「羅馬聯盟」的南義希臘城市及義大利中部伊特魯里亞人的商船作為誘餌。

漢米卡的戰術巧妙奏效。西元前二四七年至前二四三年間的四年，布尼克戰役在漢米卡的預期下開打。羅馬軍隊對蒙地．帕林古利諾的攻擊終告失敗，完全與漢米卡的預測相吻合，但與他所預測不同的是，羅馬始終沒有派遣和談的使者。

羅馬試圖打破長期陷入膠著的西西里戰線，希望切斷迦太基本國與漢米卡間的補給線，這必須先取得西西里西岸及迦太基本國間的制海權。迦太基深知失去這個海域的制海權等於失去西西里的嚴重性，務必要派遣艦隊前去防守，所以讓漢米卡完全自由發揮。羅馬軍隊無法攻下馬爾沙拉及特拉帕尼，只好與迦太基艦隊進行海戰，如果能贏得勝利，漢米卡、馬爾沙拉及特拉帕尼都將孤立無援。布尼克戰役開打以來，羅馬第四次重整艦隊。目前的軍艦都已老朽，必須全部換新。

迦太基不容許艦隊的規模低於二百艘，凡不是五層的船都不能算是軍艦。西元前二四二年羅馬重新打造二百艘五層軍艦後，國庫已所剩無幾。

元老院不認為增稅是最好的方法，而且誰也沒想到要打破慣例向各同盟城市要求分攤戰爭費用。元老院的議員們決定發行戰時國債。

戰時國債所提供的條件是，在戰爭結束後可以還債時開始付錢。當時被要求購買戰時國債的對象不是全體羅馬市民，而是有產階級、元老院職員及政府高階官員。羅馬在覓得財源後，開始製造五層軍艦，在執政官加圖拉斯指揮下出海。

然而艦隊的抵達並未立即改變西西里西岸的情勢，到該年年底，迦太基一直沒有出動艦隊。但有好消息傳出，羅馬艦隊從海上攻下馬爾沙拉港，羅馬艦隊因而可以使用這個天然良港。迦太基聽到這個消息，當然不會再猶豫不決。

西元前二四一年，也許是壓制了國內派的聲音，迦太基在三月出兵，算準了此時正是羅馬軍隊的輪調期間。羅馬新任執政官的任期是從三月十五日起，因此該年羅馬軍隊抵達西西里最快也要四月底。迦太基趁羅馬軍隊守備鬆散時，補充軍糧；但是羅馬深知戰況隨時會有變化，因此陸軍部份雖減半，但執政官加圖拉斯與海軍全軍留下。

迦太基方面的誤判不僅如此，迦太基認為羅馬軍隊在八年前海戰失利及海難的多重打擊下，不會輕易挑起海戰。因此在西元前二四一年春天出動的迦太基艦隊，其實應該算是運輸船隊，滿載半年份的糧食及武器到西西里。

之後，從首都迦太基出發的艦隊朝東北方前進，到了馬爾沙拉及特拉帕尼間的海域，在馬連地摩下錨，尋找接近西西里西岸的機會。

艾加地群島最西邊的島嶼是馬連地摩，迦太基艦隊在特拉帕尼北邊的伊利其山附近海岸登陸。特拉帕尼海邊有羅馬軍隊的監視，十分危險。

執政官加圖拉斯並未在特拉帕尼港防守，他正等待敵軍出動的通報一來，立即命令所有的船隻北上。以艾加地群島之一的法比尼那島，作為集合地點，此與迦太基艦隊所在的馬連地摩相距不到十公里。加圖拉斯在法比尼那島上伺機而動。

實在很難想像迦太基艦隊完全不知道羅馬艦隊正停留在法比尼那，這附近到了三月已進入捕魚季節，漁夫不可能沒看到有二百艘五層軍艦進出。然而等到知道羅馬艦隊正在十公里外的不遠處，迦太基艦隊也沒有更改原定的計畫。

三月十日早晨，風向轉為西風，而且是強風。以馬連地摩東邊的伊利其山為目標，是最好的順風。加圖拉斯在馬連地摩東南邊的法比尼那島上，判定敵軍一定會出兵，但對是否迎戰則有些猶豫。

如果要阻擋以伊利其山為目標的迦太基艦隊，變成要從正面迎接西風。對迦太基艦隊是順風的話，對羅馬艦隊就是逆風。風大且浪高，對羅馬艦隊頗為不利。

但是執政官加圖拉斯明知不利仍決定放手一搏，對羅馬艦隊而言，優勢在於對方船隻滿載兵糧，船身很重；相較之下，羅馬艦隊的船隻負擔較輕。

加圖拉斯命令將帆全部降下，只靠長槳的力量全速西進的羅馬艦隊出現在迦太基艦隊面前，迦太基艦隊看到備戰狀態的羅馬艦隊，也將帆降下。海戰中只靠長槳撐船是一種慣例，而收帆也表示接受挑戰之意。

西風依舊吹得猛烈，即使把帆降下，強風也推著大船。大風大浪中的迦太基艦隊擺出陣勢，朝羅馬艦隊進攻。船隻互撞的聲音響徹雲霄，而士兵藉著船隻互撞跳入敵船，到處傳來廝殺的呼喊聲。

戰況激烈，但很快就分出勝負。迦太基方面有五十艘以上的船隻沉沒，七十艘以上的船遭到俘虜，其餘的因借助於風向改變，得以逃回本國。

勝利的羅馬艦隊也無力繼續追擊，大部份的船都需要修理。史料上並未明載雙方的死傷人數。逃回的迦太基艦隊總司令被追究責任，處以極刑。第一次布尼克戰役開打以來，這是第三位因戰敗而被處死的迦太基司令。

迦太基政府沒有等到冬天的休戰期，就命令漢米卡進行和談的交涉。執政官加圖拉斯也對漢米卡有所回應，對現實不抱幻想的兩人展開和談的工作，也因此結束了第一次布尼克戰役。

這裡是馬基維利十分讚賞的地方。在共和政體下的羅馬，執政官身兼軍隊總司令，一旦賦予任務派遣出去後，連元老院也不過問，前線的戰略完全由執政官全權決定。由於事後不追究敗北的責任，可讓執政官心無旁騖。此外，有關提出或接受和談、條件等，都賦予執政官完全作主的權限。

執政官所負責的和談，最後由中央最高決策機關——公民大會投票決定是否贊成，和談才能生效。而和談期間，則視為休戰。

加圖拉斯和漢米卡達成協議的內容如下：

一、迦太基從西西里撤退，永遠放棄西西里的領有權。
二、迦太基約定不與包括敘拉古在內的羅馬聯盟國作戰。
三、兩國皆無償釋放俘虜。

四、迦太基賠償二千二百羅馬幣，加上年利，分十年償還。

五、羅馬尊重迦太基的自治與獨立權。

但這份協議內容在公民大會上，多數人投下反對票。二十三年的長期戰爭中，羅馬方面的損失較多，既然是勝利者，卻要和談，讓羅馬公民無法接受。

此時，由十位元老院議員組成的調查團來到西西里，反而很快就和加圖拉斯意見一致。他們稍微變更和談的條件，將賠償金額從二千二百羅馬幣提高到三千二百羅馬幣。增加的部份不是用分期付款，而是簽署協議後立即支付。其他如艾加地群島、馬爾他島、盤特雷利亞島等附近島嶼，皆劃為羅馬領土。

迦太基光靠經營農業，每年就有十三萬二千羅馬幣的收入。至於將馬爾他島、盤特雷利亞島劃為羅馬領土，不過是承認現況而已。

羅馬訂下對方容易接受的條件和談，羅馬公民聽取調查團的報告後，這次全都投下贊成票。

西元前二六四年起的第一次布尼克戰役，於西元前二四一年結束，長達二十三年。加圖拉斯在該年六月凱旋歸國，羅馬人沉浸在和平的夢境中。西元前六七三年打開的雅努斯(Janus)神殿（古羅馬的戰神）大門，隔四百三十二年之後關閉，原因是要讓戰神雅努斯休息。

羅馬與迦太基間的第一次布尼克戰役，以西地中海及部份西西里為戰場，形式上是一場地方性的戰爭。但是大國迦太基及新興國羅馬對決，雙方投入大量的戰力，不能只視為地方戰。投入如此戰力及長時間的規模，在當時的地中海世界沒有其他國家可以匹敵。戰鬥雖告一段落，但地中海世界的未來，並非取決於埃及、敘利亞或馬其頓，而是由羅馬和迦太基決定。

加圖拉斯駕著四匹白馬，在羅馬舉行凱旋式時，特拉帕尼及馬爾沙拉的迦太基勢力開始撤退。不論是迦太基送來的傭兵，或是在當地進行殖民地經營的迦太基人，都必須離開西西里。也許是因為漢米卡指揮得當，並未造成混亂，也沒有發生難民騷動的情形。對占有西西里大半人數的希臘人而言，迦太基撤退的意義，只不過是統治者從迦太基轉變為羅馬而已。

迦太基四百年來在西西里的權益就此全部喪失，也失去了地中海西半部的制海權。

第二章

# 第一次布尼克戰役後

（西元前二四一年～前二一八年）

戰爭結束後何去何從，將決定這個國家的未來，過去的勝敗已成定局，重要的是能否從經驗中記取教訓。

我們知道，在西元前二四一年第一次布尼克戰役結束後，到西元前二一八年第二次布尼克戰役爆發，期間共二十三年。本章主要是介紹這二十三年中羅馬人及迦太基人的動向。

對羅馬人及大部份的迦太基人而言，這二十三年並不是戰爭前的休戰期。羅馬人及絕大多數的迦太基人都沒想過會再發生戰爭。

西元前二四一年締結的羅、迦和約，只不過是戰勝國及戰敗國間的一次和平條約，並不表示就此造就羅馬成為一個霸權國家，或是迦太基就此收入它的版圖內。迦太基並不像義大利半島上的加普亞或是塔蘭托，在戰敗後加盟為「羅馬聯盟」的同盟國，也不像西西里的敘拉古每十五年換約一次。

雖然戰敗賠款、放棄在西西里所擁有的領土，但迦太基仍然是一個獨立的自治國家。如果說迦太基並非擁有真正的「獨立自治」，也只有和約所明訂不得與羅馬結盟國作戰的部份吧！迦太基即使不再插手義大利或西西里的事務，也可以自給自足。因此第一次布尼克戰役後的迦太基人，從來也沒想到要再與羅馬交戰。

漢米卡在第一次布尼克戰役的最後六年，挺身戰鬥，但海軍卻敗戰下來，最後又負責與羅馬和談的工作。戰爭結束時，他不到四十歲，在心底深處藏著雪恥的決心。漢米卡所屬的巴卡家族，與漢諾家族的農業經濟派不同，是屬於通商性格的領導者。對放棄西西里及西地中海，當然特別敏感。與漢米卡抱持相同看法的迦太基人，多少都有與羅馬再度交鋒的念頭。

然而戰爭結束後，敗的一方總是比勝的一方感覺來得沉重。相對於羅馬把戰神雅努斯大門關閉的和平景象，迦太基國內卻充滿不安的氣氛。

倚賴他國傭兵的迦太基，常可在市集中看到成群結隊的傭兵。傭兵來自高盧 (Gallia)、西班牙、希臘及非洲等地，由於語言不通，因而結為不同的群體。從西西里撤退的大批傭兵，也回到迦太基本國。

戰爭結束後，傭兵理應回到自己的國家。這些傭兵卻不立即回國，因為他們正在等待迦太基政府支付酬勞給傭兵。

但是由於戰敗財政緊縮，迦太基無法支付傭兵要求的金額。戰爭是在夏天前結束，他們在這一季（春天到秋天）的工作時間只有一半，所以迦太基政府考慮只支付一半的錢。傭兵們當然不能諒解，因此他們全部武裝起來。

傭兵走出暫居的錫卡，向首都迦太基前進。二萬名武裝兵逼近二十公里外，迦太基政府不得不出面交涉。原本傭兵只提出一些基本的條件，但由於負責交涉的迦太基高官態度不佳，使傭兵們感到不悅，進而提高和談條件的門檻。此外，利比亞也和傭兵們同一個鼻孔出氣，原因是利比亞為迦太基屬地，但布尼克戰役後加倍徵收租稅，因此不滿的情緒高漲。

對迦太基戰後政策表示不滿的，不僅是利比亞。迦太基與羅馬不同，迦太基人與其他被統治的民族，雖然同樣住在迦太基領土內，但迦太基人以統治者的身份歧視其他民族，因此引發被統治者的不滿或叛亂，為國家招致危險。僅次於迦太基的第二大城尤蒂卡，也爆發群眾抗議，從剛開始的二萬人增加到五萬人。

布尼克戰役結束後的第二年——西元前二四〇年，迦太基政府決定強力鎮壓叛亂者。政府交給漢米卡一萬名兵力，仰慕他的二千名努米底亞騎兵也加入鎮壓部隊的行列。

以傭兵為主的叛軍，雖然人數上占有優勢，但沒有指揮官，不是漢米卡的對手。結果造成六千人死亡，二千人被俘虜，其餘的落敗逃跑。第二年，西元前二三九年，傭兵對漢米卡仍懷恨在心，逮捕前去交涉的迦太基高官，將他的手腳砍斷、耳鼻削下後活埋，手段極為殘忍。

漢米卡認為只有將叛軍全部殲滅，才能解決問題；然而叛軍仍然占有人數上的優勢，因此他避免直接正面會戰，採用小規模戰鬥逼退敵人，最後將叛軍趕到一個小山頭。然後在山的周圍架起堅固的柵欄，挖掘壕溝，讓叛軍自生自滅。

飢餓的叛軍只好殺掉俘虜及奴隸來吃，但最後只得投降。漢米卡說只要他們派出十個交涉的人員，便保住他們所有人的性命。

十個人下山來了，但沒有一個人回去，因為全被殺掉了。不知情的叛軍以為被出賣，重新拾起放下的武器。

這正是漢米卡等待的好時機。被包圍的叛軍，被大象追到窪地，全被踩死，死亡人數超過四萬。尤蒂卡的叛軍知道以後，全部投降。西元前二三八年的夏天，經過三年又四個月後，漢米卡完全鎮壓反迦太基的叛軍。

迦太基所屬的領地或城市，依照它們對迦太基的重要程度，而非根據它們的叛亂程度，課以重稅。例如尤蒂卡只受到輕微的處罰。

在這段期間內，羅馬及敘拉古都沒有趁虛而入。他們還接受迦太基政府的請託，輸出小麥到糧食不足的首都迦太基。可見得雖然羅馬在布尼克戰役中戰勝，而敘拉古自古便與迦太基交惡，但都沒有趁機攻打迦太基的念頭。

然而羅馬並非完全不打落水狗。靠海部份被迦太基殖民化的薩丁尼亞島居民，得知迦太基本國發生動亂，也趁機叛變。他們殺掉迦太基總督，再向羅馬求援。羅馬在經歷第一次布尼克戰役後，了解到制海權的重要性，當然一口答應。派到薩丁尼亞島的羅馬軍雖然只有一個軍團，但要制服薩丁尼亞島上的迦太基軍隊則綽綽有餘。迦太基政府雖然提出抗議，但由於國內情勢的混亂，心有餘而力不足。薩丁尼亞島就此收歸羅馬的旗下。

之後，薩丁尼亞島北邊的科西嘉島也主動回歸羅馬。羅馬因此擁有西西里、薩丁尼亞、科西嘉的統治權，確立羅馬在義大利以西及以南的制海權。至此，西地中海的制海權與迦太基日行漸遠，成為羅馬的囊中物。

雖然叛軍的危機已經解除了，但是第一次布尼克戰役後的迦太基，「重視國內派」與「對外發展派」的紛爭仍未平息。

由於迦太基以「重視國內派」較占優勢，領導「對外發展派」的漢米卡決定離開迦太基，到西班牙另闢天地。西班牙雖然曾是迦太基的殖民地，但僅止於以加地斯為中心的南西班牙海岸。漢米卡正值四十歲的英年，決定好好開墾拓展這塊殖民地。跟著他出走的迦太基人不少，同行的還有他的九歲長男漢尼拔。

漢尼拔之後曾說過：

「九歲的我希望與父親同行，父親領我到巴爾神殿，向神發誓終身與羅馬為敵後，才允許我一起到西班牙。」

漢米卡橫渡有「赫拉克斯 (Herakels) 雙柱」之稱的直布羅陀海峽，遷徙到西班牙，開始發揮他優越的組織能力。以跟隨他的迦太基兵為主體，加上當地西班牙原住民的傭兵，組成軍隊。他統治的範圍急速擴大，藉著迦太基人特有的經營能力，開墾西班牙土地為高生產力的農地。西班牙礦產豐富，特別是開採銀礦，奠定了漢米卡經營殖民地的成功基礎。五十年後訪問西班牙的羅馬人卡德驚嘆西班牙生產力之高，而這些收成都是漢米卡在西班牙的財源。

漢米卡遷徙到西班牙九年後，統治範圍擴大到西班牙東南部。所得利益不僅可以自給，還有盈餘送回祖國，甚至投資經營祖國的農業。迦太基之前雖然失去西西里，但又獲得一塊更好的殖民地。在西班牙的迦太基殖民地，幾乎已經從祖國獨立出來，可說是巴卡家族的王國。

遷徙後第十年，西元前二二八年，西班牙東岸完成新城市的建設，取名為「新迦太基」，建有巴卡的王宮，是西班牙各地產物的集散地。這個「新迦太基」（現在的卡塔赫那，Cartagena）象徵巴卡家族在西班牙的發展地位。

漢米卡在新城市完成的前一年戰死，繼承者是他的女婿漢席多巴爾，原本擔任漢米卡的副將，嫡傳的繼承人漢尼拔當時只有十八歲。

漢席多巴爾是個有才能的第二代，為老丈人的事業打下深厚的基礎，是他最大的功績。

在這段期間，一般都會想到羅馬應該會有所警覺吧！但事實上羅馬毫無警戒之心。如以下將敘述的，羅馬自顧不暇，而迦太基本國也沒有想雪恥挑戰羅馬的任何準備。迦太基仍然和布尼克戰役前一樣，必要時才用錢買傭兵來充實軍備。

西元前二二六年，羅馬與漢席多巴爾間締結協定，約定迦太基勢力不可越過厄波羅河(Ebro)以北，厄波羅河位於西班牙北部，由西往東流。

換句話說，羅馬承認迦太基在厄波羅河以南的勢力。而厄波羅河沿著庇里牛斯山脈(Pyrenees)以南往東流，因此羅馬可說是幾乎將整個西班牙都視為迦太基的管轄範圍。

這項協定的目的，與其說是不讓迦太基在西班牙繼續擴張勢力，不如說是羅馬為了保衛它長年的友邦——馬賽(Marseille)。與馬賽隔灣相對的安坡利亞(Enpolia)也在同一年加入羅馬的同盟城市。馬賽及安坡利亞都是希臘人殖民的城市國家。西地中海的希臘裔居民，喜歡同盟關係勝於統治，多選擇加入羅馬旗下。

羅馬方面在這二十三年間又是如何?

首先,最顯著的現象是希臘文化風靡了羅馬。敘拉古是希臘文化的一大據點,文化水準遠高於塔蘭托等其他南義的希臘城市,同時也是羅馬的友邦。羅馬的良家子弟多學習希臘語,當時的希臘語比拉丁語發展得較為成熟,而且整個地中海世界都是希臘語系的範圍。

希臘文化熱的流行不僅出現在良家子弟身上,當時模仿希臘喜劇的拉丁喜劇也開始上演,作者是李維斯·安東羅。西元前二四〇年,他的喜劇在羅馬上演,也是拉丁文學史開始的時期。他為一般不懂希臘語的平民作了摘譯,甚至將荷馬的敘事詩翻譯成拉丁語刊行。

號稱第一位拉丁喜劇作者的提圖斯·普勞塔斯 (Titus Maccius Plautus) 也活躍於這個時期。他模仿希臘喜劇,但以更羅馬化的方式來表現。他的作品影響文藝復興時期的喜劇,甚至影響十八世紀佛羅倫斯的喜劇作家卡羅·格爾登尼 (Carlo Goldoni),可說是義大利喜劇的濫觴。

博得民眾喜愛的普勞塔斯喜劇中,隨處都穿插著希臘語。如果民眾可以了解這種程度的希臘語,那我們不得不驚嘆當時羅馬人雙語程度之高。

當時受到羅馬人喜愛的兩位喜劇作家都不是羅馬人,安東羅是希臘人,從他的名字就可以看出。西元前二七二年羅馬稱霸塔蘭托時,他以奴隸的身份被俘虜到羅馬,因為他的主人李維斯欣賞他的才華而改變其身份為自由民,因此他的名字叫做李維斯·安東羅。

普勞塔斯不是奴隸也不是羅馬公民,他是加盟「羅馬聯盟」的溫普羅家族出身,到羅馬做過各種工作，也當過演員。他善於尋找題材，將既有的喜劇及悲劇分解運用，如果迦太基有劇本，也會被他拿來使用。但迦太基是個實際派的民族，只有漢諾的《非洲航海誌》、馬構涅的《農園經營書》等著作。普勞塔斯曾經在自己的作品中，對迦太基人作過這樣的批評：

「那個人懂得各國語言，卻裝作不懂其他國家語言的樣子，這就是迦太基人。」

羅馬人與迦太基人的不同，可從是否喜歡與其他民族交流看出。

第一次布尼克戰役後，羅馬流行的「希臘熱」對羅馬的領導階層而言，毋寧是一種好現象，因為可以解決元老院面臨如何統治西西里的這個新問題。

擁有許多希臘殖民城市的西西里，屬於希臘語系。雖然敘拉古是一個獨立國，但敘拉古納入羅馬旗下事實上是因為被征服。除此之外，其他地方都是羅馬以軍事力量取得的地方。事實上，如果征服者能熱心學習被征服者的語言文化，必定會多少影響被征服者的心情，所以「希臘熱」正是元老院所期盼的。他們率先招募被征服者為家庭教師，送子弟到被征服地去留學，這當然也是因為希臘文化較為優越的緣故。

羅馬人有意思的地方是，凡事不一定要親自去做，也不一定要在每一個領域爭第一。幾乎被羅馬同化的伊特魯里亞人仍舊從事土木業，將通商的事交由南義的希臘人來辦。西西里也正式引進希臘文化，舉凡藝術、哲學、數學都委由希臘人。羅馬人的開放性與時代同步擴大，不像其他國家明明要給居留許可證，卻又要說「只限於擁有無可替代的特殊才藝者」。

任何人都不容易處理異民族統治問題，羅馬人冷靜透析現實，為西西里創造一個合適的制度。

在《羅馬人的故事I》中曾提到「羅馬聯盟」內的盟主羅馬與加盟國間的關係。西元前四世紀中葉設立的「羅馬聯盟」，不只是羅馬與其他國家的集合而已。盟主羅馬與每個加盟國間的關係，是一種「個別的關係」。

第一，聯盟的盟主是羅馬。

在該國的居民，如果是自由民，則無貴族與平民的區別，兩者都擁有公民權，同時也有納稅及從軍的義務。擁有羅馬公民權者有投票權，也有被選舉權以及參加國政的權利。此外，所謂的無產階級者，則免除納稅及服役的義務。但是他們可以行使選舉權，也是羅馬公民。

除了羅馬以外，在敘述西元前四世紀中葉時的第I冊中，第二項提到的是各部族。

各部族在經過一百年之後，也幾乎都擁有羅馬公民權，所以至今沒有分裂的情形。所謂羅馬，是指王政時代的「拉丁同盟」加盟國。在西元前三九〇年因克爾特族來襲，脫離羅馬，然後又敗給羅馬的各部族。如歷史學家普魯塔克所說，由於羅馬人同化敗戰者的想法，使得一世紀後的各部族都擁有完全的羅馬公民權。

組成「羅馬聯盟」的第二類城市，在第I冊中第三項提到的是「幕尼奇比」。羅馬賦予這種幕尼奇比人「無選舉權的公民權」。換句話說，除了沒有羅馬國政的選舉權及被選舉權之外，其餘權利與羅馬人完全相同。私有財產也受到羅馬法的保護，也承認該國國內的自治。對現在的義大利而言，幕尼奇比是地方自治體的意思。

第三，現代人將殖民地譯為“Colonya”。

在戰略地位重要的地區，多者殖民六千名男子，也有全家一起殖民。但多數是單身，與當地女子結婚，形成混血的情形，這當然不需要法律明文規定。

殖民者完全擁有羅馬公民權者稱為「羅馬殖民地」，其他擁有公民權可是沒有選舉權的地方稱為「拉丁殖民地」。羅馬在各戰略要地建設長期的要塞工程，但從社會面看這個“Colonya”，與新市鎮的建設一樣。事實上，德文的“Köln”（科隆）就是“Colonya”的德語翻譯。

「羅馬聯盟」加盟國的第四種，是歷史學上稱同盟城市、同盟國的城市國家通稱。但是羅馬人稱為「索奇」(Sochi)，在拉丁語是長女的意思，現代義大利語的意思則為共同經營者。這些「索奇」與其他同盟部族不同的是，他們在西元前四世紀中葉時並非戰敗者，但之後是戰敗者。義大利半島中部到南部的城市都屬於「索奇」，他們也是緣起於希臘人的建設。

與羅馬同盟關係歷史較淺的各城市，羅馬承認它們國內自治，並鼓勵那些統治階層的人取得羅馬公民權。這些人取得羅馬公民權後，不會被要求放棄原有國家的公民權。羅馬對以前的敗者，承認他們的雙重國籍。

這些「幕尼奇比」、"Colonya"、「索奇」等，都不必向羅馬支付進貢費用或租稅，但是羅馬會要求這些城市提供兵力。古希臘、羅馬是西歐思想的源頭，他們不要求資金而要求兵力，實是追求名譽及合作的作法。

羅馬與各同盟國建立個別的關係，而這個「個別關係」是「有所區別」，並非「有所歧視」。阿庇亞大道就是最好的例證。

阿庇亞大道原本由羅馬鋪設到「羅馬殖民地」拉提那，又延長到「索奇」加普亞，再延伸到「拉丁殖民地」維努吉亞。當塔蘭托加入羅馬旗下時，再延長到這個「索奇」，而後又進行「拉丁殖民地」的建設布林迪西，至此，全線完成。

羅馬→「羅馬殖民地」→「同盟國」→「拉丁殖民地」→「拉丁殖民地」→「同盟國」→「拉丁殖民地」

這條像「高速公路」一般的大道，顯示羅馬人所希望達成的網路並以軍事目的為第一考量。這麼好的系統可發揮多項功能，羅馬大道不收費，誰都可以使用。有軍團行軍、載著葡萄酒的馬車、載著薪柴的驢馬等，同時也減少了被山賊襲擊的危險。軍隊往來頻繁，山賊當然不敢出沒。

羅馬人可說是第一個重視「基礎建設」的民族。現代人都知道基礎建設與生產力的提升息息相關，而生產力的增加也意味著生活水準的提升。

所謂的「羅馬化」(Romanisation)，就是指「充實基礎建設」。透過「羅馬化」，各部族深知加入羅馬旗下的好處，相互信任而且合作，也不算是被統治民族了。

與迦太基作戰而取得的西西里，是羅馬的新問題。

第一，羅馬不允許迦太基再度復出。

第二，除敘拉古外的小城市國家呈現割據狀態，因此在西西里不適用「羅馬聯盟」的方式。

長期以來，西西里的小城市間處於對抗的狀態，為整頓西西里的秩序，像「羅馬聯盟」這種城市間的對等關係模式，並不適用。而且，如果不能穩定西西里的秩序，迦太基隨時都有再次奪回西西里的可能。

羅馬人將西西里劃為屬省，這是在羅馬人的統治概念中所沒有的項目。而且並非將整個西西里都屬省化，因此羅馬人又面臨處理「個別關係」的問題。

羅馬與敘拉古約定尊重敘拉古的自治及獨立，與羅馬保持對等的同盟關係。敘拉古也無提供兵力的義務，加入羅馬旗下的目的原是為了防衛，特別是防備迦太基的進攻。敘拉古的國王希耶隆的義務僅有每十五年換約一次及優先將小麥賣給羅馬這兩項。這個敘拉古並非屬省。

第二個例外是墨西拿。這個統治階層基礎薄弱的城市國家，與拿坡里都是羅馬的同盟國，是「羅馬聯盟」的「索奇」。一方面保持國內的自治權，另方面有提供羅馬海軍基地及軍艦維護的義務。

與墨西拿擁有相同地位的還有巴勒摩、西傑斯、伊利其等城市國家。它們原是迦太基的領地，效忠羅馬之後，羅馬允許它們擁有完整的國內自治權。這些國家也不適用「屬省法」。

敘拉古的統治範圍約占西西里的四分之一，墨西拿加上巴勒摩也差不多是西西里的四分之一，因此羅馬的屬省範圍只有西西里的二分之一。羅馬以超越「羅馬聯盟」嶄新的統治方式治理。此外，薩丁尼亞島及科西嘉島也列入屬省統治的範圍。

在此，無論是獨立同盟國或是屬省，皆享有羅馬人的「基礎建設」。對他們而言，「基礎建設」的主要目的是為了能夠迅速移動軍隊。

居住在羅馬統治範圍內的人可分為兩種：有公民權及無公民權。無公民權者只要是同盟國的一份子，同樣須負擔稅負及軍務。但在第一次布尼克戰役結束後，新增了一種身份——屬省民。

拉丁語「屬省」是 “Province” 這個法文字的起源，羅馬如何開始屬省的統治呢？

羅馬派遣一名相當於執政官地位的法務官，擔任屬省的最高統治者。執政官是兩名，而法務官只有一名。其下設審計官等事務官，每年由羅馬的公民大會選出，派遣到屬省。統治西西里屬省的法務官，駐守地點在位於西西里西邊的馬爾沙拉，這是面對強國迦太基的最前線，也是最靠近迦太基的海港城市。

屬省法僅適用於西西里土地的二分之一以及薩丁尼亞島、科西嘉島等地。屬省的最大特色是接受羅馬直接統治，而且全境都屬於羅馬的直接管轄領地。居民租借被沒收的公有土地，從事農牧，須支付租金給地主羅馬。

其他「羅馬聯盟」的居民也向羅馬租借土地，但是同盟國與屬省的差別在於當初羅馬政府沒收土地時，同盟國內只有一部份被沒收，但屬省則全部被沒收。

同樣的，羅馬公民如有需要可向羅馬政府租借土地，經營農牧業，而且不能自行挑選土地。連元老院的議員都不能租借超過一百二十五公頃。除間接稅是羅馬國庫的主要收入來源外，公有地的租金也是一項收入。

屬省的第三特色，正如屬省省民的別名為「支付租稅的義務負擔者」，只有屬省省民須繳納直接稅。

屬省省民須繳納收入或收成的百分之十作為租稅，農牧者可以只繳納物產。這項直接稅又稱「十分之一稅」。

另外還有百分之五的間接稅，這是羅馬公民、同盟國民都須繳納的稅金。

收取一成直接稅的原因是敘拉古過去所課的稅率就是百分之十。早在迦太基統治西西里的時代，凡是非洲的屬地皆須課以百分之二十五到五十的重稅，但對西西里特別優惠，沿用對手敘拉古的百分之十稅率，所以羅馬也意識到迦太基及敘拉古所立下的原則。

雖然屬省省民須繳納百分之十的稅金，但不像羅馬公民或同盟國的公民，沒有軍務的負擔。換句話說，羅馬公民及同盟國公民不必繳納直接稅，但須負擔「血稅」。

借地的租金也算合理。屬省省民雖與羅馬公民一樣必須租借土地，但由於西西里氣候良好，即使須支付租金及十分之一的稅金，所得盈餘仍比羅馬公民高。

不採累進稅率，一律只須繳納百分之十的作法，連我都很願意繳納。人們可以投機取巧地區分收入與經費，只繳納收入的十分之一，使國稅局的收入減半。

古代的羅馬人連國稅局都是民營，叫做「普布利加努斯」，意思是「公務代理人」。他們每年根據前一年的收穫量，定出今年的預定收穫量，參加徵稅權的投標。如果得標者收不到當初提出的金額，可能導致自己破產，因此一般都會在適當的標準下得標。「公務代理人」可以獲得十分之一稅金的十分之一，同時必須向屬省統治官提出徵稅的相關文件資料。

羅馬獎勵由各城市擔任徵稅工作，而非交給個人，在西西里還沒有讓「普布利加努斯」這種外部的人負責這項業務的例子，原因是羅馬把直接稅的百分之一回饋給地方。

在第二次布尼克戰役發生時，羅馬面臨空前的危機，臨時將十分之一的稅提高到五分之一。但是當時的情況仍是繳納十分之一的稅，另外十分之一是繳交農產品，由羅馬政府收購下來。

這樣的屬省統治，使得西西里變成羅馬的穀倉。光是當作繳稅用的小麥，每年就有二百萬「模底」（相當於一千八百萬公升）。在繳納稅金後，剩餘的小麥可自由買賣，而當然是賣給羅馬。

與義大利生產的小麥相比，西西里生產的小麥幾乎便宜了二分之一到三分之一，使得羅馬近郊的農業失去競爭力。也在這個時期，羅馬附近的農地從小麥田轉為種植葡萄或橄欖。

屬省省民沒有當兵的義務，防衛是羅馬的工作。第一次布尼克戰役後，羅馬認為是昇平之時，僅在西西里屯駐四千二百名步兵及二百名騎兵，而且只在屬省總督——法務官的駐在地馬爾沙拉駐兵。

屬省統治後來雖衍生許多弊害，但在西元前三世紀時運作良好。屬省法承認完全的宗教自由，如果認為統治方法不公正，可以向羅馬的元老院申訴。在語言上也因為羅馬人熱心學習希臘語，使希臘裔的西西里人不會感到不便。

屬省化之後的西西里，原本互相對抗的城市也和平相處；而羅馬人致力於基礎建設，因而提高生產力。第一個享受"Pax Romana"（羅馬和平）的就是西西里上的希臘人。

但是羅馬終究是個霸權國家。霸權國家除負擔轄下小國的防衛工作，也負責維護人民的利益。第一次布尼克戰役後，羅馬人將戰神雅努斯神殿大門關閉，象徵和平的到來。但不到十年又不得不將大門打開，就是為了維護同盟國的利益。

義大利半島東部是亞德里亞海，相當於前南斯拉夫及現在的阿爾巴尼亞一帶，當時叫做伊利利亞地方。伊利利亞族人住在那裡，是當時海盜的大本營。伊庇魯斯王國時，設有許多警士，但是伊庇魯斯衰退後，馬其頓王國勢力管不到那裡，海盜因此在亞德里亞海猖獗起來，而受害最深的是以經商為主的南義希臘系城市。羅馬因此派遣使節，希望伊利利亞族的國王能停止海盜行為。

在希臘最盛時期，仍有像伊利利亞這種未開發民族。他們不僅對羅馬的請求置之不理，還殺死前來的使節。羅馬於是決定向伊利利亞族宣戰。

西元前二二九年，兩位執政官率領二萬名步兵及二千名騎兵，搭乘二百艘軍艦，抵達布林迪西，開始進攻希臘。

羅馬軍隊進攻，海盜一哄而散，順利攻下對方的根據地阿波羅尼亞。羅馬軍將它建設成為一個基地，伊利利亞族前來求和。羅馬軍以割讓阿波羅尼亞以及附近土地為條件，同意和談。如此一來，將布林迪西及阿波羅尼亞兩個亞德里亞海的門柱劃歸羅馬的勢力範圍，從此與希臘通商的南義諸城市，再也不受海盜的威脅。

羅馬也因為成功鎮壓伊利利亞族，確立了東方的防衛戰線；南方及西方的戰線也因為取得西西里及薩丁尼亞而鞏固下來。

防衛線的缺口只剩下北邊了。住在義大利北邊的民族是高盧人。原本是以希臘式的稱呼，叫做克爾特人，後來變成高盧人。高盧民族並未與羅馬國境銜接，而是與羅馬的同盟伊特魯里亞族及溫布里亞族相連接。

這個高盧民族也是個未開發民族，人口增加卻不知道如何增加生產。為了覓食，於是以兵力帶頭遷徙，在西元前三九〇年侵襲羅馬。民族的遷移就像火山隨時會爆發一樣，充滿不定性。在馬其頓王國北邊的色雷斯地方，也有克爾特人，對付他們的策略就是不給他們有南下的空隙。

但是高盧人並非經常威脅羅馬北邊，只要糧食充足就不會侵入。而高盧族內也分成好幾個部族，由於內部鬥爭，好幾年都沒有南下。羅馬必須特別提高警戒的是，有一年，高盧人居住地區發生饑荒，而內部又成立共同戰鬥體制。從西元前二三八年到前二二七年之間，北邊雖然斷斷續續不安定，但羅馬並未派遣執政官前去處理。

西元前二二六年就不一樣了。隔著阿爾卑斯山，住在義大利這邊的高盧人及住在高盧那邊（也就是現在的法國）的高盧人，組成共同戰鬥體制。因為鬧饑荒，只好南下進攻羅馬。

第二年，西元前二二五年，高盧組成五萬名步兵及二萬名騎兵的軍隊，越過波河 (Po) 南下。迎擊的羅馬軍為徹底解決北方問題，由兩位執政官率四個軍團，羅馬公民兵有二萬一千名步兵加上一千二百名騎兵，來自同盟國的士兵有三萬名步兵及二千名騎兵，總計共有五萬一千名步兵及三千二百名騎兵。羅馬幾乎動員該年所有的戰力，完全投入。

率領兩個軍團的執政官帕波斯，朝北方最前線上位於東邊的利米尼(Rimini)前進，另一位率兩個軍團的執政官阿迪里伍斯·雷古拉斯朝北方最前線上位於西邊的比薩前進。

高盧軍南下，正好經過羅馬軍埋伏於東、西兩邊的位置，羅馬軍從利米尼及比薩兩邊夾攻，戰況激烈。執政官雷古拉斯戰死，但羅馬軍獲得最後的勝利。高盧兵一開始砲火很強，但時間一久便後繼無力。高盧方面死亡超過四萬人，被俘虜一萬人，其餘都往波河的北邊逃逸。

第二年，西元前二二四年，羅馬再派兩位執政官及四個軍團北上。那一年羅馬軍越過流經利米尼北方、注入亞德里亞海的盧比孔河。之前才被羅馬擊敗的高盧軍再度受到羅馬軍攻擊，只能應付小型會戰。羅馬軍使出渾身解數想徹底擊垮高盧民族，使得幾個重要的高盧部族不得不出面與羅馬求和。

西元前二二三年出兵的兩位執政官，其中一位是高斯·弗拉米尼烏斯，素以果敢著稱。該年羅馬軍越過波河，攻入高盧居住地帶，雖然遭到五萬名高盧軍隊抵抗，羅馬軍仍然獲得勝利，也有幾個重要的部族與羅馬締結和約。

這讓所有的高盧人備感威脅。第二年，越過阿爾卑斯山的援軍趕到，五萬名高盧軍向羅馬展開攻擊。羅馬方面由兩位執政官率領四個軍團，不僅成功擊退高盧軍，並攻到波河，甚至連高盧人在阿爾卑斯山以南的據點——米蘭，都被羅馬軍攻下。

在這場戰鬥中，一名高盧部落族長面對兩位執政官時，要求單挑對抗，執政官馬爾喀斯

(Claudius Markels) 表示願意接受挑戰。當時馬爾喀斯已經四十八歲了，但他尊重高盧民族這種以戰士的個人能力來對抗的方式而必須接受挑戰。事實上，馬爾喀斯的個性也喜歡如此。

在全軍觀看守備之下，羅馬的執政官贏了，後來克勞狄斯・馬爾喀斯被漢尼拔讚譽為「義大利之劍」。這是一段關於馬爾喀斯的插曲。

西元前二二〇年，羅馬終於平定阿爾卑斯山以南的高盧人。但並非所有的高盧人都向羅馬投降，只是與羅馬和談的部族不斷增加。羅馬的國境決定從盧比孔河移至波河。西元前二一八年，在與波河連接的帕辰察 (Piacenza) 及克雷孟那，建設成「拉丁殖民地」，也預定建造一條從利米尼到帕辰察的大道。從羅馬到利米尼，在四年前完成弗拉米尼亞大道。在波河以南，羅馬正準備展開「羅馬化」的工程，但漢尼拔並未給羅馬時間完成。

第一次及第二次布尼克戰役間的二十三年，羅馬人忙於西西里的屬省統治、擊退伊利利亞的海盜、與高盧人的戰鬥等，第一次布尼克戰役結束後的西元前二四一年，更進行深具意義的改革。上一次羅馬的改革是在西元前六世紀中葉的王政時代時，由第六代國王塞爾維斯所執行的稅制、選舉制、軍制等制度改革，事隔三百年後，又再一次進行改革。

羅馬不再是臺伯河畔的農牧國家，勢力範圍已從義大利半島擴張到西西里、薩丁尼亞等地，塞爾維斯的制度早已不合時宜。但羅馬人僅就必須改革之處加以改革，不作大規模的更動，將塞爾維斯的制度，配合現況作調整修正。西元前二四一年的改革與塞爾維斯的改革，表列如下。依據每五年一次的「普查」，按資產高低訂定階層的區別。

兩種制度相較之下，我們可以發現羅馬社會正在中產階級化。在王政時代，要在公民大會獲得過半數的票，只須獲得第一階層的票即可。但在第一次布尼克戰役後，如果不動員第一、第二、第三階層的票源，則無法取得過半數。這表示有更多公民的想法反映在國政上。中產階級的增加也肇因於這三百年來羅馬人社會穩定健全的成長。

投票權的廣泛化也象徵兵役義務的廣泛化。組成羅馬軍團的公民兵來自比擁有公民權者更大範圍的階層。不僅在軍團指揮官之間，已經沒有貴族與平民的區別，更可說羅馬這個國家已經朝向舉國一致的體制，並有效的運作當中。

## 羅馬軍團

羅馬人喜好系統化可從羅馬軍隊的組成看出。能立即對應危機是系統化的優勢，從君主一聲令下召集軍隊到召募傭兵成為普遍的行為，這是羅馬人最特殊的作法。

羅馬共分為三十五個行政區，每個行政區內符合兵役資格的十七歲到六十歲的男子（無產階級除外），按照資產的多寡分為五個階層。其次，分為現役及預備役。現役是十七歲到四十五歲，稱為"Juniores"，是"Junior"的語源。四十六歲到六十歲是預備役，稱為"Seniores"，是"Senior"的語源。但將官階層則無年齡限制，除非有特殊情況無人可以取代，一般以六十歲

西元前 550 年

| | 財 產<br>單位＝亞西幣 | 軍 制<br>單位＝百人隊 | 票 數 |
|---|---|---|---|
| 第一階層 | 10 萬以上 | 騎兵 18<br>步兵 80 | 98 |
| 第二階層 | 7 萬 5 ～ 10 萬 | 步兵 20 | 20 |
| 第三階層 | 5 萬～ 7 萬 5 | 步兵 20 | 20 |
| 第四階層 | 2 萬 5 ～ 5 萬 | 步兵 20 | 20 |
| 第五階層 | 1 萬 2500 ～ 2 萬 500 | 步兵 30 | 30 |
| 無產階級 | 沒有財產只有小孩 | 步兵 5<br>通常是不必當兵 | 5 |
| 合 計 | | 騎兵 18(1800)<br>步兵 170(17000) | 193 |

西元前 241 年的改革

| | 財 產<br>單位＝亞西幣 | 軍 制<br>單位＝百人隊 | 票 數 |
|---|---|---|---|
| 第一階層 | 10 萬以上 | 騎兵 18<br>步兵 70 | 88 |
| 第二階層 | 7 萬 5 ～ 10 萬 | 步兵 70 | 70 |
| 第三階層 | 5 萬～ 7 萬 5 | 步兵 70 | 70 |
| 第四階層 | 2 萬 5 ～ 5 萬 | 步兵 70 | 70 |
| 第五階層 | 1 萬 2500 ～ 2 萬 5000 | 步兵 70 | 70 |
| 無產階級 | 沒有財產只有小孩 | 步兵 5<br>通常是不必當兵 | 5 |
| 合 計 | | 騎兵 18(1800)<br>步兵 350(35000) | 373 |

為退休年齡。

在自然休戰期的冬天，羅馬在馬爾斯廣場召開公民大會，選出兩位執政官，負責第二年的戰線，同時選舉將官。羅馬的戰略單位是一位執政官率領兩個軍團，兩位執政官則有四個軍團。四個軍團需要二十四名將官，其中的十人要有十年以上的軍旅經驗，而且年齡在二十七歲以上，否則公民大會不承認他的候選資格。其餘的十四人須有五年以上軍旅經驗，而且年齡在二十三歲以上才有資格。

被選出的二十四名將官，依照得票數的多寡順序，作如下的配置。

第一到四名屬於第一軍團，第五到七名屬於第二軍團，第八到十一名屬於第三軍團，第十二到十四名屬於第四軍團。這十四個人依得票數，決定配屬軍團。其餘十個人則依年齡分配。

年紀最大的兩名為第一軍團，其次的三名為第二軍團，再其次的兩名為第三軍團，最後三名為第四軍團。如此分配，每一軍團各有六名上級指揮官，且以第一軍團為「火車頭」。

決定執政官、選出將官並分配軍團後，抽籤決定下一年出兵的行政區。如果是四個軍團的那一年，八分之七以上的區都可以立即回家。被抽到的行政區內居民不論年齡都是預備役。當然也有某個區可能從來沒被抽中，這部份會視情形稍作調整。羅馬人雖然喜歡制度，但頭腦還不致於太僵硬。

被抽中行政區內的所有現役男子，到卡匹杜里諾山丘集合。這裡不是要求全員都負責軍務，而是只要求必要的人數。

四個行政區每一次各派出四個人，而且年齡體型相仿，這是不成文的規定。

這四個人分屬第一軍團，然後依第二、第三、第四軍團的次序，在將官的指導下，四個四個配屬各軍團。分配完後，再從四個行政區各補四個人。這次從第二軍團開始分配，其次是第三、第四、第一軍團。分配完之後，再從行政區各補四個人。這次從第三軍團開始分配，其次是第四、第一、第二軍團。最後再從第四軍團開始，其次是第一、第二、第三軍團的順序。依此順序，直到人數補齊。看來似乎很複雜，輪的次數較多的人，一輩子可能輪個十次。卡匹杜里諾山丘不大，但因為他們都很熟悉地形，因此不致於混亂。這樣複雜的分配方法，可使各軍團的士兵維持相同的程度及素質。

以四個軍團維持經常戰備的羅馬，一個軍團的羅馬公民兵人數，步兵和騎兵加起來約為四千五百名左右。如果預測該年會遇到強敵，頂多增加至五千名。四個軍團下來就有一萬八千到二萬的人數。各行政區補足所需人數便結束，如有多餘的人，則編成預備役，回家等候。

羅馬的士兵是普通的公民。羅馬非常厭惡徵募無用的兵力，只在必要時運用士兵的召集系統。負責該年軍務的行政區為現役，其次為其他區的現役。如果還不夠，則用負擔軍務行政區的預備役，依照這個順序類推，十分清楚。除非有特殊情況，才會召集無兵役義務的無產階級。因為他們資產入不敷出，這將會剝奪他們生活的食糧。

由資產最多的第一階層出任騎兵，四個軍團有一千二百名騎兵，這個數目沒有彈性。因為人數少，因此慣例上在步兵之前先分配。每個軍團分配三百名騎兵。

軍團編組完畢，執政官、將官及士兵一起到神殿，以一個公民的身份，為了保衛自己的國家與家族，向眾神發誓。

結束後，再由執政官告知集合時間及地點，集合日期通常是三月十五日。在集合日前，士兵們多待在家裡。

完成羅馬公民兵的編隊後，兩位執政官開始向「羅馬聯盟」的同盟諸國要求派兵支援。由於各國是獨立自治，選拔參戰者的方法理應由各國自行決定，但多數城市都沿襲羅馬的方式。

或許可稱為「多國籍部隊」的「羅馬聯盟」軍，其中各國參加人數的比例是依照各同盟國與羅馬的協約，以該國成年男子人口的比例決定。根據史學家波力比維斯的估計，西元前二二五年時，羅馬公民的軍役人數為二十八萬人，而同盟國全部有六十萬人。羅馬公民兵部份的這個數字是包括現役及預備役，而同盟國的部份只有現役。

羅馬的常備軍是四個軍團，當時與高盧人戰鬥又增強軍備，以西元前二二五年的情形為例，軍團的分配情形如下：

羅馬公民兵步兵——二萬零八百
　騎兵——一千二百~二萬二千
同盟國兵步兵——三萬
　騎兵——二千~三萬二千

西西里等屬省防衛（只有羅馬公民兵）
步兵——八千四百
騎兵——四百～八千八百
羅馬公民兵合計——三萬零八百
同盟國兵合計——三萬二千

羅馬兵役人數中，現役與預備役的人數比例約為二比一，因此可推算羅馬公民的現役人數為二十萬，同盟國的現役人數為六十萬人，而每年動員的人數大約也是如此。也就是身為霸權國家羅馬的一份子，不致於比同盟國的人要服三倍以上的軍役。

羅馬軍團的總指揮權掌握在羅馬人手中，這並非出自於霸者心態，而是甘願犧牲奉獻的精神吧！

接受執政官的命令，在規定的日期、時間、地點集合的羅馬公民兵及同盟國兵，向最高司令官，也就是羅馬執政官宣誓遵守羅馬的軍律。至此，「羅馬聯盟軍」開始發揮機能。

在各地集合的各同盟國兵由各國的指揮官率領。在執政官召集的作戰會議上，這些同盟國的指揮官也會列席。

組成「羅馬聯盟軍」的核心部隊為羅馬公民兵，從戰術上的理由或從「納稅」義務的多寡，分為以下五種。通常的戰略單位是兩個軍團。

第一，六百名的騎兵，每三十騎為一個分隊；其次是輕裝步兵，以資產調查分類中的第四、第五階層的公民組成，人數為二千四百人。由於他們是輕型武裝，因此作為前鋒或是游擊隊。

一般都認為，羅馬軍團等於重裝步兵，羅馬軍隊的主力為重裝步兵，多來自於上流及中產階級的羅馬公民。以資產調查來說，包括第一、第二、第三階層。但偶爾有第四階層者加入重裝步兵。

這個重裝步兵以三排橫隊的方式，分為下列三種：

配置於最前線的是「前衛」，由戰場經驗少的十七歲以上年輕公民組成，人數為二千四百人。

第二排是羅馬軍團的核心「中央」部隊，當前線被攻破時，負責穩定全軍，年齡在三十至四十歲之間，人數為二千四百人。

第三排是由四十至五十歲間的公民組成「後衛」，雖然體力較差，但戰場經驗豐富，作為羅馬軍的後盾，人數為一千二百人。

「前衛」、「中央」、「後衛」重裝步兵組成三排橫隊，各為一個中隊，每個中隊再分為二十個小隊，這也是羅馬軍隊具有彈性的戰鬥方式。「前衛」及「中央」小隊係各由一百二十位士兵組成，只有「後衛」是由六十名士兵組成。因此羅馬軍團的最小戰鬥單位稱為「百人隊」，領兵的是「百人隊長」，這在以古羅馬為題材的電影中經常出現。

相較於總司令官等將官級是由公民大會選出（也就是名門子弟或有名的武將較容易獲選），「百人隊長」則是由所屬小隊隊員投票選出，通常是由資深的下士官出任。

但下士官等於排長的翻譯方法，不管是從社會地位的角度或從以下的理由來看，似乎不見得妥當。

首先，羅馬重裝步兵擁有很高的社會地位，他們都是當時羅馬的菁英份子，屬於中產階級以上，擁有國政的最高決策機關——公民大會的過半數選票。在公民兵為主力的那個時代，他們是受到讚譽的戰士。

第二個理由是兩個軍團加起來有六十位「百人隊長」，得票數最多的十二位「百人隊長」可列席作戰會議。這個會議是由執政官召集，十二名將官、一名騎兵隊長及同盟諸國的指揮官都會參加。

羅馬軍團的百人隊長不只是個下士官而已。說到羅馬軍團的主幹時，並非指將官這種上級指揮官，而是指百人隊長這層下級指揮官，他們才是實際負責戰鬥最小單位的指揮官，率領「小隊」的士兵衝鋒陷陣。

最高司令官的能力取決於能否指揮百人隊長，像凱撒這種頂尖的名將，就是可以完全抓住百人隊長的心，加以指揮統御。

早先羅馬兵的裝備是自行準備，但在西元前三世紀時，由於統一軍裝，因此改由國家提供。不過還是從給付的「經費」中扣除。

輕裝步兵的裝備為劍、標槍、盾、簡單的頭盔、胸盔以及拖鞋式的軍鞋。盾為直徑九十公分的希臘式圓形盾，頭盔、胸盔及鞋子都是皮製的，因為胸盔上有些裝飾，可使體型不如日耳曼人、高盧人的羅馬人，看起來高大一些。

標槍長約一公尺，射出去後無法重複使用，因此射到敵方後，敵人也不能重複使用，標槍的尖端部位很細，容易折斷。

重裝步兵無論是前衛、中央或是後衛，裝備都一樣。在此雖稱為重型裝備，但與中世紀的士兵相較，都還算是輕型裝備。

頭盔是鋼製或鐵製，加上五十公分長的羽毛裝飾；胸盔不只胸前，還包括後背、護膝，用鐵或厚皮革製成。腳踝的部份也採用相同的質料。

當時的盾是一．二五公尺乘以一．五公尺的橢圓形，為了防衛或與敵人近距離砍殺，周圍二十五公分的寬度，用鐵來補強。其餘的部份呈圓弧形，以反彈飛來的石彈、標槍及刀劍。盾是由兩塊木板合成基本形狀，內側貼有麻布，外側貼上牛皮，因此有相當的重量，羅馬人雖然個子比較矮小，但體格毫不遜色。

在西元前二〇五年西比奧改良之前，士兵使用細長的劍。西比奧從西班牙引進原住民使用的雙刃短劍，所以在西元前二〇五年之前的士兵，多用斬殺的方式而非刺劍。

至於槍無論是射出或刺殺都很好用。根據波力比維斯的記載，槍長三公尺，射程距離為二十五公尺。通常士兵都佩帶粗、細兩種槍。但是只有年紀輕的「前衛」及「中央」佩帶兩種，而「後衛」只佩帶一種，因為光一支槍就重達一公斤。

相對於羅馬軍團的主力戰力——重裝步兵，騎兵的人數少，戰力評價也低，即使是由國家提供裝備，但騎兵多來自富裕階級，因為自古以來騎馬就是一種特殊的技藝，不是一般人能夠學習得來的。

古代沒有馬鐙，馬鐙是中世紀才發明的東西。所以古代的騎兵沒有什麼戰鬥力，多是用來傳令或偵察，頂多用來追擊敗走的敵兵。兩個軍團只有六百騎，因為騎兵的機動力並未被有效地利用，這個數目也就足夠。羅馬軍團的騎兵團有名門子弟「士官學校」之稱。

騎兵的裝備不像步兵的裝備，是幾經改良而來。羅馬騎兵的裝備僅是模仿希臘騎兵的武裝，有胸甲、頭盔、劍、槍、圓形的盾。

如此運用羅馬軍團騎兵的方式，變成以後抵抗漢尼拔時的最大弱點。

在各集合地點集合的羅馬公民已經完成配置分隊及分發武器的工作。同時各同盟國來的士兵也完成編隊，他們編隊的方式與羅馬公民兵稍有不同。

經由各同盟國的推薦，同盟國的士兵組成執政官的近衛隊，負責執政官身邊的大小事務，乃至於護衛的工作，他們的營帳就在執政官的隔壁。也就是說，羅馬最高司令官身邊的人非羅馬公民，而是其他國家的公民。各同盟國都派遣該國的指揮官預備軍擔任這項任務，羅馬給他們的待遇與本國士官相同。

其次，從來自同盟國的士兵當中，選出三分之一的騎兵及五分之一的步兵，編成精銳部隊。這支同盟國士兵的精銳部隊相當於羅馬軍團重裝步兵的「中央」部隊。

剩下三分之二的騎兵及五分之四的步兵，分為兩個部隊。這在羅馬公民兵稱為第一軍團、第二軍團，但在同盟國兵則稱為右翼、左翼。其中最小的戰鬥單位——「小隊」的士兵都是同鄉，連小隊長也是。

在集合地點完成編隊，是為了能夠隨時準備應戰，而且行軍的順序也依照這個編隊排定。

第一批出發的是同盟國的精銳部隊，有近衛兵護衛的執政官也和這支先遣部隊一起行軍。

第二批出發的是同盟國的右翼，隨後是裝載行李的馬車。

第三批出發的是羅馬公民兵的第一軍團，接著是裝載行李的馬車。

第四批是羅馬公民兵的第二軍團以及他們的馬車。

最後是同盟國左翼和行李馬車，以上是羅馬軍平時的行軍順序。

以這個順序行軍，遭遇敵人時可以馬上排成應敵陣隊。但縱向連結的隊伍要向兩旁延伸有些困難。

騎兵通常排在自己所屬的軍團兩側，或是在馬車車隊的兩側。

如果擔心敵人從後方偷襲，則把執政官與同盟國精銳部隊排在最後，其他的順序不變。如果不太可能有敵人襲擊時，也會在行軍當中經常交換順位，這是為了公平分配休息、水及食物等。

此外，行軍的道路如果是平坦寬闊的羅馬大道，或是可以輕鬆行軍的平野上，行軍以三列或四列縱隊前進，馬車隊也平行前進，以備萬一時，馬車隊可當作盾來抵擋。

羅馬軍的行軍距離，平均一天走二十公里。

至此，我們可以知道羅馬人不僅喜歡制度化，更是凡事以手冊定形化。連每天行軍結束後的紮營，也有手冊範例可循。希臘的波力比維斯曾寫道，如果是在希臘，這一切的發生是比較順其自然。

但是羅馬人的手冊化是有其道理的。從指揮官到士兵，每年都在變動，為了維持一定的紀律及水準，有必要規定所有細節。

而且羅馬人執行十分徹底，即使只住一晚，仍然依照手冊指示搭建營帳。這項傳統一直延續到帝政時代，而這種紮營的作法，還應用到新城市的建設。

接近黃昏時，輪值的士官帶領一個小隊，先行找尋適合紮營的地點。條件是防衛上沒問題，距離飲水處不遠，能容納二萬人左右的地方。找到時，在中心點插上白旗，那也是搭建執政官軍營的地點，並作為營地的中心點。以腳步來丈量距離，一步約為三十公分。

如此劃出六百公尺乘以八百公尺的營地。四方設置出入口，中央有交叉的寬敞道路，以便萬一時，士兵不致混亂。其次，各軍營的設置地點也依次決定，並分別樹立旗幟。完成準備工作後，軍隊到達，以後的工作則全體一起進行。

將營地化分為二的主要道路上，設置聖火臺，作為供奉神祇、占卜鳥卦的地方，旁邊則設置演說臺。羅馬軍團中的總司令官，也就是執政官，向司令官及部下演說，視為司令官與部下間的交流溝通，受到相當的重視。

執政官的軍營搭建在聖火臺的背後，旁邊就是審計官的軍營，審計官掌管軍團的經濟大權。為了要保衛執政官的軍營，近衛兵及十二名將官的軍營則建在執政官軍營的外側。騎兵及同盟國指揮官的軍營，也建在這個區域。而營地的另一邊則是軍團士兵的軍營，依各軍團的次序搭建，同盟兵也是一樣，各軍營間均須等距。馬房則沿著營地的外側搭建。即使只住一夜，也不能馬虎。確實完成四周的壕溝和柵欄，營地的搭建才算結束。也許因為手冊很完備，士兵們可以在很短的時間內完成，而士兵們也早已經習慣如此。

羅馬這套搭建軍營的方法，在其他民族間也很有名。羅馬軍抵達某地的首要任務是搭建軍營，也形成一種慣例。後來，西比奧卻打破這項慣例。

完成軍營的搭建後，全體人員開始打掃、灑水，掃完才用餐。以軍營為單位，輪流煮飯。用餐後的清掃及柴火的處理，都有嚴謹的規定。羅馬人也比其他民族較早鋪設下水道。軍營也設置這樣的場所，當作廁所之用。

夜間的警衛工作，從日落到天明分為四班站崗。史書上記載「第三班開始監視時，同時祕密出動」，指的正是午夜十二點。由於季節的不同，日出日落的時間也不一。但每一班站崗約為三小時，羅馬公民兵及同盟國士兵都一視同仁，每四天輪流一次。

天亮後，第一件事就是吃早餐，飯後也不准隨意行動，長官十分注重士兵的健康。第一聲號角響起時，馬上撤營打包；第二聲號角表示將行李送上馬車；第三聲號角表示開始行軍。行軍的順序，如前所述。

唯一沒有手冊化的是羅馬人的飲食。因為與市民生活時的用餐內容大同小異，因此沒有特別規定的必要。

羅馬人喜歡吃魚，但並不特別喜歡吃肉。由於戰火綿延，小麥的補給中斷，因此只好吃肉。羅馬人的主食是麵包或麥粥，喜歡蔬果，也喜歡乳酪、牛羊奶。這些加上魚類，都是蛋白質的來源。

高盧人和日耳曼人喜好吃肉，這點和羅馬人不同。羅馬人深感體格不如人，因此也想要以吃肉來增強體力，但並未真正執行。戰鬥力不見得取決於體力，海產、穀類、乳酪、橄欖油及葡萄酒，都是地中海世界餐桌上的美食。羅馬兵的飲食常是加了牛羊肉的麥粥、麵包、乳酪、洋蔥和葡萄酒。靠這些東西就能征服世界，實在是不可思議。事實上，現在歐美人喜好肉類，是因為他們的祖先是高盧人和日耳曼人。

羅馬軍的軍紀及賞罰鉅細靡遺，這是因為指揮官每年都有更動，為期公正而設立的。

關於賞的部份，對特別勇敢的士兵，贈與鐵製的槍或鐵杯。攻城時第一個到達城牆的士兵，可以得到黃金鎖。救人的士兵可從被救的士兵手中得到樫葉作的葉冠。

但其中最高榮譽莫過於被選為百人隊長。鐵杯、黃金鎖、葉冠等，都可以成為一個人的資歷，但總比不上百人隊長的榮耀。當介紹人的時候，會說出這個人當過幾次百人隊長。能擔任第一軍團「前衛」的第一小隊百人隊長，是至高無上的榮譽。

至於罰的方面，羅馬軍的軍紀嚴謹，比每天依規定紮營的慣例更為有名。

在夜間輪值站崗的士兵，因打瞌睡怠惰任務者，幾乎都會被處以死刑。方式是由所有的人持棒毆打，幾乎沒有人能夠活命。此外，凡是竊盜、偽證、集合遲到三次以上者，一律論罪處刑。

戰鬥時未盡全力、看到敵人就跑的，以連坐處分，整個隊、整個軍團都罰。其中，最輕的處罰是發配大麥給受罰的士兵（平常是配發小麥），因為大麥是馬的飼料，表示將他與馬相提並論。稍微重一點的處罰是不許在營地內搭建軍營，而讓他們在營地柵欄外紮營。

在羅馬，連敗戰也不處罰司令官的，最重的處罰不是在戰敗時，而是當團體有違反軍紀者，也就是叛變時，才處以最重刑。從整個軍團中，每十個人抽籤出一個人，作為犧牲者。該名犧牲者背負所有人的罪行，經嚴厲的鞭刑後，加以斬首。這項刑罰通稱為「十分之一刑」，這是羅馬軍隊中的最極刑。自己同樣有罪卻讓同僚受刑，精神上也受到極為殘酷的處罰。

羅馬軍紀嚴厲眾所皆知，而公平公正的執行也很有名。甚至有執政官將自己的兒子處刑的事，稍後再述。

羅馬國庫的收入包括國有地的租金、間接稅，及屬省的十分之一稅。直接稅是指屬省省民以外的「血稅」，也就是服兵役。從事軍務的期間表面上是沒有報酬，但國家會負擔從軍的費用。自西元前四世紀起，軍務的期間不僅只有夏季，因而變成支給日薪的方式。

步兵——不分重裝、輕裝，一天四亞西幣（貨幣單位）。

百人隊長——一天八亞西幣。

騎兵——一天十二亞西幣。

重裝步兵是一種兵役，但對擁有五萬亞西幣以上資產的羅馬公民而言，一天四亞西幣的薪資也未免太過低廉。當時連奴隸一天都可以賺十二亞西幣，因此稱不上是薪水，只能算是一種補貼的經費。對自由公民而言，真是微不足道。此外，從同盟國來的士兵，薪水是由他的母國個別支付。

羅馬政府會發給從軍士兵糧食，這方面羅馬公民也較為吃虧。以一個月的分配量來比較：

羅馬公民的步兵——六模底（重量單位）小麥。

羅馬公民的騎兵——十八模底小麥，加上六十三模底的馬用大麥。
同盟國步兵——六模底小麥。
同盟國公民的騎兵——十六模底小麥，加上四十五模底的馬用大麥。

一模底相當於九公升。之所以給騎兵較多，是因為包括侍從在內。之間有所區別，而且是羅馬公民比較吃虧。因為羅馬免費提供小麥給同盟國士兵，但本國的士兵卻是從薪水中扣除。兵役只是擁有參加國政權利的自由公民的一種義務。屬省民繳納十分之一稅，免除兵役，從經濟面考量反而比較划算。

但是拿著比奴隸還不如的薪水，卻沒有羅馬或同盟國的公民表示不滿。因為他們的努力，得以戰勝迦太基，保衛西、南國境的安全，驅除伊利利亞的海盜，至於對北邊的高盧人，也維持穩定的安全狀態。

包括波河以南高盧人的居住範圍在內，羅馬人展開緊密的「基礎建設」網，在第一次布尼克戰役後的二十三年之間，奠下深厚的基礎。

由羅馬及同盟城市、民族等組成的「羅馬聯盟」，不僅是軍事面的命運共同體，在經濟面上也是命運共同體。

在當時的羅馬，完全沒有與迦太基再度開戰的導火線。如果有所謂的軍事行動，也只不過是與住在波河以北的高盧人對決而已。

# 第三章

# 第二次布尼克戰役前期

（西元前二一九年～前二一六年）

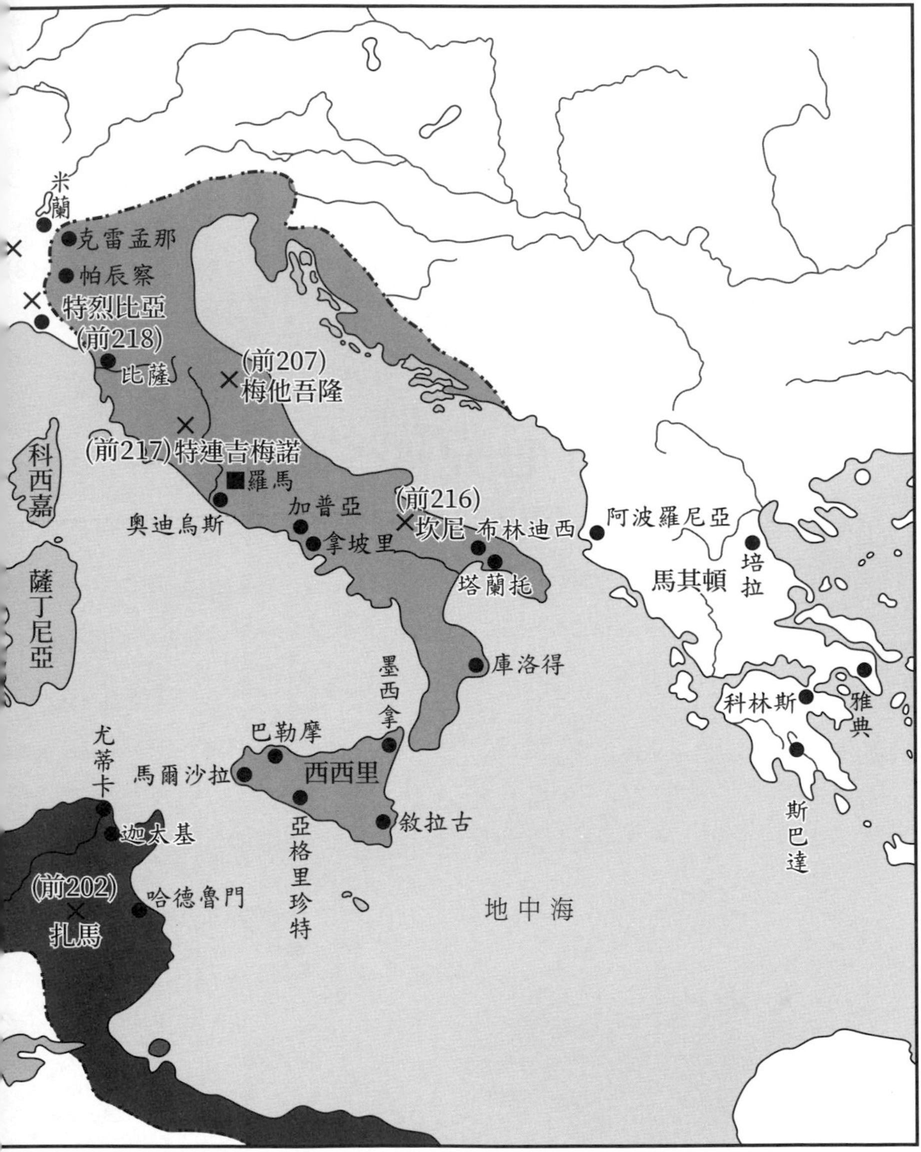
米蘭
克雷孟那
帕辰察
特烈比亞
(前218)
比薩
(前207)
梅他吾隆
(前217)特連吉梅諾
科西嘉
羅馬
奧迪烏斯
加普亞
拿坡里
(前216)
坎尼
布林迪西
塔蘭托
阿波羅尼亞
馬其頓
培拉
薩丁尼亞
庫洛得
墨西拿
巴勒摩
馬爾沙拉
西西里
尤蒂卡
迦太基
敘拉古
亞格里珍特
(前202)
扎馬
哈德魯門
地中海
科林斯
雅典
斯巴達

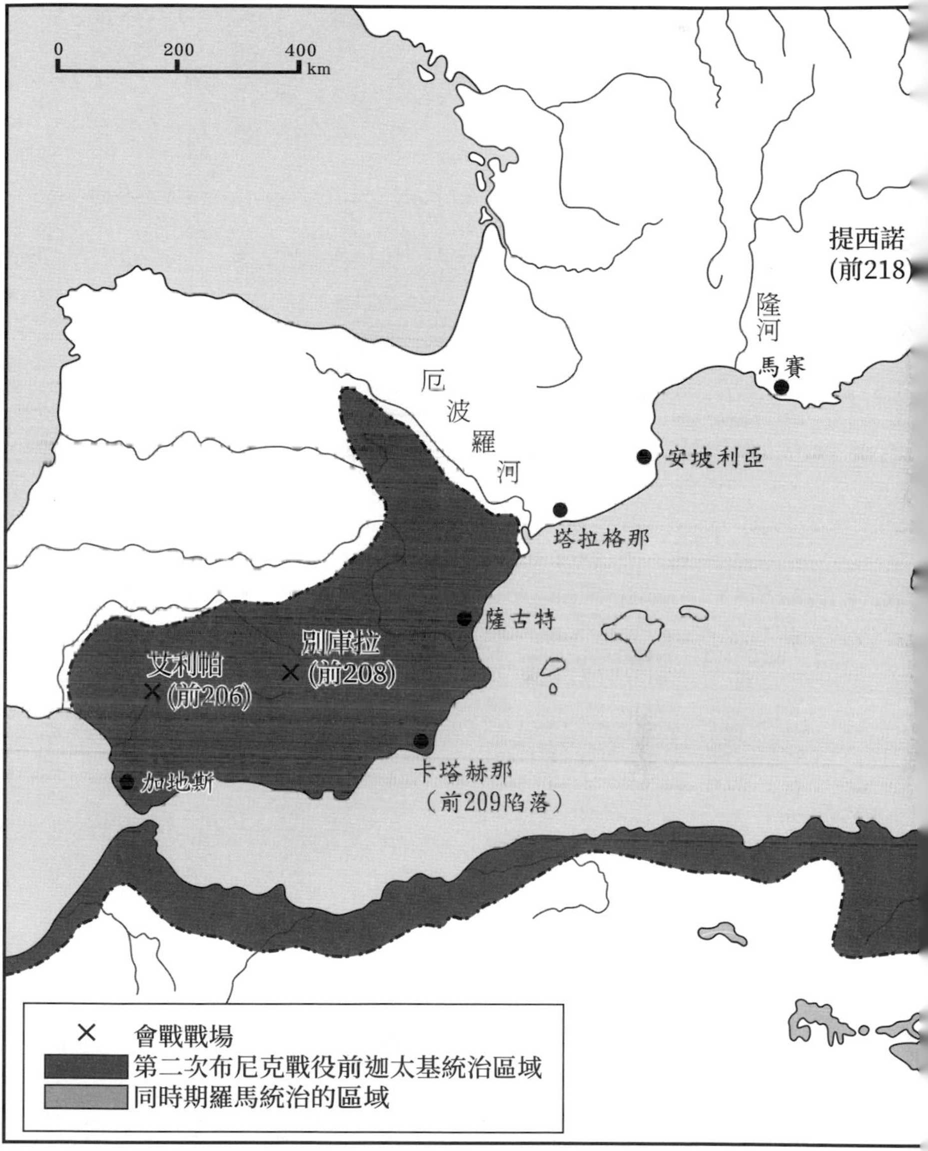


第二次布尼克戰役的舞臺

西元前二二一年，羅馬還未確立北邊的防衛體系時，在迦太基統治下的西班牙總督漢席多巴爾被殺，聽說是高盧僕人因受辱懷恨在心而將他殺害。繼漢米卡之後，是由漢席多巴爾統治西班牙，他是巴卡家的女婿，肩負傳承的角色，等待嫡系的漢尼拔長大。漢席多巴爾死去的這一年，漢尼拔正值二十六歲。

漢尼拔父親去世時，漢尼拔只有十八歲。當他二十六歲時，在西班牙的迦太基人一致通過由他就任總督，也獲得迦太基本國政府的認可。

掌權後的漢尼拔，花了一年的時間完全征服厄波羅河以南的地區。西班牙的原住民是個未開發的民族，比高盧人更加勇猛，但他並未完成稱霸西班牙。

第二年，西元前二一九年，二十八歲的漢尼拔，正要逐步推展他的理想，當時的羅馬及迦太基本國都沒有注意到這個年輕人的野心。

那一年，漢尼拔攻擊薩古特這個城市，這個位於西班牙東岸的港都，與馬賽一樣是希臘人殖民的城市，也與羅馬互有同盟關係。住在西地中海地區的希臘人，多採取與強國迦太基對抗、與羅馬交好的政策，也因為羅馬人一向與南義及西西里的希臘人保持良好關係的緣故。

薩古特的居民遭受漢尼拔的攻擊，緊急派遣使節向同盟國羅馬求援。羅馬人是個重視同盟關係的民族，但那年的情形特別糟糕。

那一年，義大利北邊的防衛線延長到波河，陸續將波河河畔的帕辰察及克雷孟那等殖民城市建設為防衛要塞。但連結這些殖民城市的道路動脈，尚未開始動工。在鋪設羅馬式的高速公路時，為防止北邊高盧人的入侵，羅馬有必要屯駐軍隊，因此沒有餘力派遣援軍到遙遠的西班牙。

羅馬想以外交的手腕解決問題，因此派遣兩位元老院議員出使薩古特。兩位羅馬使節與正在攻擊薩古特的漢尼拔見面，對他攻擊同盟城市的行動提出抗議。但二十八歲的漢尼拔卻顧左右而言他，不願正面答覆，並表示無法保證使節的生命安全。兩位羅馬使節認為根本沒辦法再談下去，就從薩古特起程前往迦太基。但漢尼拔的信早在他們之前抵達。

羅馬向迦太基政府提出正式抗議，但他們也有弱點。

薩古特在厄波羅河南邊，西元前二二六年時，曾與漢席多巴爾簽署協定，約定迦太基不得越過厄波羅河以北。由於當時的羅馬在西班牙未握有任何權益，這個協定是為同盟國馬賽而訂。

但是為何協定中完全沒有提到薩古特，可能是因為薩古特在西元前二二六年時，尚未與羅馬結盟，或者羅馬因為尊重並且相信迦太基，不會入侵羅馬的同盟國。總之，薩古特處於一個很微妙的位置。

迦太基本國政府也無法答覆兩位使節，他們只好打道回府。經元老院的討論後，羅馬再次派遣五位使節到迦太基。這次的五位使節都是元老院中的有力議員，是個有決定權的使節團。在這個時期的羅馬，非常不想打仗。

但是結果不變，在西班牙經營殖民地而致富的迦太基有力人士，對羅馬人要求漢尼拔停止攻擊薩古特的行動，又要求將漢尼拔當作人質，一笑置之。

只有「重視國內派」的統帥哈農有不祥的預感，他極力說服那些一心想羞辱羅馬的同事們。他說：

「這個個性激烈的巴卡家族人，帶有雙重的危險。攻打羅馬的同盟城市薩古特，令人聯想到將與羅馬之間會再度發生戰爭。我們現在應該做的，是命令漢尼拔放棄攻擊薩古特。」

但是很少人能把哈農的話聽進去，迦太基政府向羅馬來的五位使節表示，漢尼拔攻擊薩古特是因為薩古特挑釁。羅馬對這種不攻自破的謊言，再也按捺不住，要求迦太基選擇「從薩古特撤兵」或「與羅馬打仗」。而迦太基政府的回答是「絕不從薩古特撤兵」。

羅馬人和迦太基人都沒想到這種小事竟然會引發第二次布尼克戰役。薩古特攻城戰仍持續進行，是否宣戰的最後決定權由羅馬的公民大會決定。

五位使節回國後不久，薩古特被攻陷的消息傳到羅馬。西元前二一九年秋天，經過八個月的奮勇抵抗後，薩古特終於被攻陷，殘存的居民都變成奴隸，所有的戰利品分為三份。一份給士兵，一份送回迦太基本國，另一份漢尼拔留作為打仗費用。羅馬公民大會聽到這個消息，便決定向迦太基宣戰。

連被公認為古代最高戰術家的漢尼拔，也花了八個月才攻下薩古特。對此，現在的戰史家評為：「漢尼拔的優秀長才在會戰戰術上，但他卻不擅於攻城。」

但只要是見過一次薩古特的人，一定會認為即使是辛苦攻下二〇三高地的乃木將軍，也能輕易的攻陷該地。我不禁認為漢尼拔是故意拖長攻城時間，他的目的可能是以此來誘使羅馬宣戰。捨棄同盟國的這種行為，並不違反當時羅馬人的意志。

光是攻打厄波羅河南邊的薩古特，很難說是違反西元前二二六年訂定的協約。但是漢尼拔祕密決定向厄波羅河北邊進攻，則完全違反協約。雖然如此，只要羅馬宣戰，協約便自然無效。一旦進入戰爭狀態，遵守協約的義務就完全消失。

漢尼拔希望得到的並不是在協約上加註薩古特，而是讓羅馬宣戰。他想樹立的敵人，是個十分尊重法律的羅馬人。

漢尼拔在西班牙領土上的根據地——有新迦太基之稱的卡塔赫那過冬，聽到羅馬傳來宣戰的消息。第二次布尼克戰役就此開打，這個羅馬人口中的「漢尼拔戰爭」，目的是什麼，戰場在哪裡，大概只有這個不到三十歲的年輕人知道。

西元前二一八年五月，二十九歲的漢尼拔率領全軍從卡塔赫那出發。

在後世出生的我們，當然曉得以下這段當時只有漢尼拔自己知道的過程。漢尼拔領軍渡過厄波羅河北進，越過庇里牛斯山，進入高盧（現在的法國境內），渡過隆河 (Rhone River)，穿越法國，越過阿爾卑斯山，進攻義大利。漢尼拔帶著大象行軍，越過阿爾卑斯山，這在二千二百年後，成為一段著名的史實。

當然他並非為了這二千年以後的喝采而冒險，單純喜歡冒險是沒有資格冒險的。因此，為什麼他要選擇這條路，為什麼他要強行越過阿爾卑斯山，都十分值得探討。

先說明結論，因為當時漢尼拔沒有其他選擇。

也算是繼承父親漢米卡的遺志，漢尼拔的最終目的是要擊敗羅馬，在義大利本土之外與羅馬作戰而且戰敗，已在西西里獲得實證。因此漢尼拔認為應將戰場設在羅馬的本土——義大利。

要進攻突出於地中海的義大利半島，從迦太基本國來的最短距離應是經由羅馬的屬省——西西里。但是自第一次布尼克戰役後，迦太基及西西里間的制海權已由羅馬海軍掌握。

那麼，從東邊襲擊如何呢？首先，從西班牙行軍距離太遠，航海的距離與航海的風險成正比，而且會經過西西里、南義的海港城市及「羅馬聯盟」同盟國前的海域。即使成功通過，要進入亞德里亞海時，還會遭遇到駐守在希臘西岸伊利利亞地方的羅馬海軍，一樣很危險。

而義大利的西邊也不易進入，在薩丁尼亞及科西嘉兩個屬省都有羅馬的陸、海軍駐防，在這個海域上，如果是五、六艘船也許還不會引起注意，一下子數百艘軍艦，羅馬不可能不派軍的。

在西元前二一八年時，羅馬東、西、南三邊的防衛有如銅牆鐵壁，唯一的缺口只有北邊。但要跨越廣大的法國，又要越過阿爾卑斯山脈，自然不是易事。而住在這一帶的高盧原住民，既不是羅馬人的朋友，也不是迦太基人的朋友。

但是，這條路有它的優點。羅馬的防衛線雖然擴張到波河，但並不穩固。雖然建設帕辰察及克雷孟那等殖民城市，但沒有道路與舊防衛線連接。此外，這一帶的高盧人雖與羅馬締結和約，但他們並非因為戰敗而簽署，所以不是接受「羅馬化」基礎建設的好處才加入羅馬旗下。而這一帶的基礎建設也才剛開始。

漢尼拔看到了突破羅馬北方防線的可能性。

而且漢尼拔也了解，越過阿爾卑斯山雖然困難多，犧牲也大，但並非完全不可能，這與當時羅馬人的想法完全不同。

後面也會提到，與同時代的人相較之下，漢尼拔注意到情報資訊的重要性。當時住在義大利這一邊及法國這一邊的高盧人，都是帶著家畜越過阿爾卑斯山。幾年前，羅馬與高盧人打仗，其中也有部份高盧人是從隆河那邊來的。漢尼拔研判他可以像高盧原住民一樣，率領大軍，帶著象群翻山越嶺。漢尼拔的「越過阿爾卑斯山」雖然也有些冒險，但其實是經過冷靜思考之後才作的冒險。

我們能相當程度追蹤漢尼拔的行動，是因為漢尼拔帶著記錄員隨行，這是他向亞歷山大學來的。

這位記錄員是漢尼拔的希臘文老師，叫做錫連納，他是希臘人。

另一方面，羅馬也有記錄員，他與漢尼拔是同一個時代的人，叫作法比烏斯·彼德，擔任元老院議員的職務。

但是這兩個人的作品都已經失傳。儘管如此，在漢尼拔四十六歲時才出生的希臘歷史學家波力比維斯及二百年後的羅馬歷史學家李維斯，都曾參考他們所寫的記錄。根據這兩位的記載，漢尼拔從卡塔赫那共率領九萬名步兵、一萬二千名騎兵及三十七頭大象。

此外，漢尼拔派遣二萬名兵防衛迦太基本國，並留下一萬二千名步兵、三千名騎兵及二十一頭象駐守西班牙，並且把防衛西班牙的任務交給他的弟弟漢席多拔，自己帶著最小的弟弟馬構涅隨行。

九萬名步兵加上一萬二千名騎兵是個龐大的數字，騎兵以非洲的努米底亞為主力，步兵則是以非洲的利比亞及西班牙人為主，比例為二比一。迦太基軍隊仍然依照傳統，除將官之外，全部都是傭兵。

二十九歲的漢尼拔並不認為可以將全數軍隊帶到義大利，而兵糧也不易確保。事實上，在渡過厄波羅河時，他就留下一萬名步兵及一千名騎兵防衛庇里牛斯山到厄波羅河間的區域。同時，有些西班牙兵信心已開始動搖，漢尼拔也准許他們回家。漢尼拔是藉著行軍來選拔士兵，越過庇里牛斯山進入法國時，他的軍隊變成五萬名步兵、九千名騎兵及三十七頭大象。

當漢尼拔渡過厄波羅河時，厄波羅河以北沿海的塔拉格那及安坡利亞居民注意到情況有異，這兩地也與羅馬互有同盟關係，於是緊急派遣使者向羅馬報告。這項通知，是經由這一帶最有力的羅馬同盟城市——馬賽，再傳送到羅馬。

羅馬起初接到通知時，認為漢尼拔挑起軍事行動是為了征服庇里牛斯山以南的西班牙領土，並判斷迦太基本國將會呼應漢尼拔，進攻西西里，所以研判交戰的戰場是西西里及西班牙兩地。

那一年獲選的執政官是貴族出身的普布里斯·柯爾涅留斯·西比奧及平民出身的提貝里伍斯·善普羅尼斯·隆古斯。兩人剛開始的任所都是在必須推行「羅馬化」的波河流域。當知道「漢尼拔渡過厄波羅河」後，立即將柯爾涅留斯·西比奧的任所改為西班牙，而善普羅尼斯·隆古斯的任所改為西西里。

羅馬平時每年都組成四個軍團。即使向迦太基宣戰後，羅馬也沒有進入戰鬥狀態。那一年，西元前二一八年，仍只有四個軍團。羅馬得到西班牙來的緊急通報後，決定加編兩個軍團，不能讓義大利半島處於毫無防備的狀態。

給執政官柯爾涅留斯的兩個軍團如下：

羅馬公民兵——八千名步兵及六百名騎兵。
同盟國兵——一萬四千名步兵及一千六百名騎兵。
合計二萬二千名步兵及二千二百名騎兵，共二萬四千二百名兵。

給執政官善普羅尼斯的兩個軍團如下：

羅馬公民兵——八千名步兵及六百名騎兵。
同盟國兵——一萬六千名步兵及一千八百名騎兵。
合計二萬四千名步兵及二千四百名騎兵，共二萬六千四百名兵。

在平時，羅馬聯合軍的羅馬公民兵及同盟國兵比例為一半一半，緊急狀態時，人口較多的同盟國會增兵。如果更危險時，一個軍團的羅馬公民兵數也從平時的四千增至五千。

由此可知，羅馬元老院得知「漢尼拔渡過厄波羅河」消息時，已是極為危險的狀態。

執政官柯爾涅留斯率領二萬四千二百名士兵向比薩前進，在那裡搭乘六十艘五層軍艦向西班牙出發。

執政官善普羅尼斯率領二萬六千四百名士兵分乘一百六十艘三層或五層軍艦及十二艘運輸船，從羅馬外港奧斯提亞出發，目的地是西西里。

善普羅尼斯比柯爾涅留斯分配到較多的軍艦及運輸船，他的任務不僅在防衛西西里，當柯爾涅留斯以及他的軍隊成功阻止漢尼拔時，還預備登陸迦太基本國作戰。如此看來，漢尼拔在從西班牙出發前，派遣二萬名士兵到迦太基本國，是一項正確的判斷。

但在一位執政官往西、一位執政官往南出發後不久，羅馬接到第二個通知「漢尼拔越過庇里牛斯山」。

至此，羅馬無法預測這個二十九歲的年輕人在想什麼。至少越過西班牙及法國邊境的庇里牛斯山，顯示漢尼拔的意圖不在征服西班牙全土。那麼又為何要率領大軍呢？難道是想征服法國南部的馬賽等城市嗎？無論如何，等西行的柯爾涅留斯抵達友邦馬賽時，早晚會知道這個迦太基年輕人在想什麼。

另一方面，執政官善普羅尼斯抵達西西里，與同盟國敘拉古的國王希耶隆達成協議後，以馬爾沙拉為根據地，向西西里西部前進。但他對西西里全島的平靜感到十分驚訝，於是親自率領船隊到迦太基近海調查，發現迦太基本國毫無出兵的跡象，漢尼拔派去的二萬名士兵只是在街上閒逛。但善普羅尼斯仍指示旗下的海軍，加強西西里到南義沿岸的警備。

執政官柯爾涅留斯以及他的艦隊順利抵達馬賽港，但是等著他的消息卻是敵人已越過庇里牛斯山，而漢尼拔已銷聲匿跡，也不知道漢尼拔五萬名軍隊的去向。

現在的法國，在當時叫做高盧。這個地方有平原、森林，也有沼澤。如果完全是一片草原或耕地，那麼從遠處就可看到行軍揚起的塵土，大軍也無隱身之處。但如果是在森林裡，行蹤就不易被發現。

執政官柯爾涅留斯派出三百名騎兵，跟著當地的馬賽人探索敵人的下落。報告出來之前，軍隊留在馬賽港待命。

這不是一項簡單的工作。漢尼拔的軍隊不是在馬賽附近消失的，而是在越過庇里牛斯山後不知去向。事實上，「不知去向」是漢尼拔預定的行動之一。他們避開南法一帶馬賽的勢力範圍，繞道到內陸，避免無謂的犧牲。

隆河發源自阿爾卑斯山，流經里昂，在馬賽附近流入地中海，流速雖然不快，但夏季時水量豐沛，也許可以用滔滔不絕形容這條河流動的感覺。要到阿爾卑斯山，一定要經過這條河，但是執政官柯爾涅留斯當時不知道漢尼拔的企圖。

二十九歲的漢尼拔挑起前人未有的偉業，但並未被理想沖昏頭。進入法國後，在高盧人的地盤上，他對某些部族採金錢懷柔政策，不得已時才動武鎮壓。漢尼拔也預想到羅馬會派兵，因此想找一個避免引起馬賽及附近其他希臘人的注意或不會遇見羅馬軍的渡河地點。他根據接受懷柔的高盧人蒐集到的情報，加上偵察兵帶回的消息，決定渡河地點。河中有部份浮洲，可使水流趨緩，是適合大象及軍隊渡河的好地方。從馬賽溯隆河一百五十公里而上，不太可能遇到羅馬軍隊。

但是這支五萬大軍，如果分成小隊過河，即使分幾十次也不可能走完。如果依照這個方法過河，可能軍隊只過一部份就會遭到隆河東岸高盧人的攻擊。事實上，從他們製作木筏開始時，高盧人就已出現在對岸充滿敵意。

漢尼拔命令一名屬下率騎兵隊到四十公里遠上游處，如果只有騎兵渡河，似乎比較容易。渡過隆河的騎兵隊襲擊那一帶的高盧人，並放火燒掉部落，其餘的士兵在這段期間內專心製作木筏。

看到河的對岸有煙有火，表示作戰完畢。充滿敵意的高盧人開始打退堂鼓，部落已被放火，也無力抵抗漢尼拔軍隊。

五萬名士兵、馬、馬車、大象開始展開渡河行動，不僅倚賴浮洲，也在渡河的上下游架設柵欄，以減緩水流速度，並且用繩索固定在兩岸的樹木，但也有過於恐懼的人或大象，被河流捲走或因操作木筏失誤而失足落水。

終於順利渡河，平安渡河者，步兵加上騎兵共有四萬六千人。越過庇里牛斯山時是五萬九千人，共損失一萬三千名士兵，這項損失，算是漢尼拔的失算吧！

為了要使耗時的渡河工作順利完成，年輕的漢尼拔派出後衛五百名騎兵到隆河的下游帕多羅爾，他們正巧與前去探路的羅馬騎兵隊遇上了。

騎兵間發生戰鬥，結果造成羅馬的三百騎損失一百四十騎，迦太基軍隊損失二百騎，然而總算讓執政官柯爾涅留斯找到漢尼拔的行蹤。

柯爾涅留斯趕到渡河地點時，已是漢尼拔渡河後三天的事了。迦太基軍隊不眠不休地趕到阿爾卑斯山，靠步兵是不可能追上三天的路程。而且羅馬的主力軍隊沒有重裝步兵，即使趕上也無法戰鬥。

此時，羅馬人才真正了解漢尼拔的野心——越過阿爾卑斯山，從北邊進攻義大利。事實上，漢尼拔和他的軍隊在渡過隆河之後，沿著東北的谷道，朝著現在的格勒諾柏前進，從格勒諾柏一定是要前往阿爾卑斯山去。

為了波河周圍的安定，避免受到高盧人的攻擊，執政官柯爾涅留斯將一部份軍隊留在比薩，自己手邊只剩下二萬名士兵。現在他被迫需作出選擇：第一，順著情勢回義大利，迎擊越過阿爾卑斯山的漢尼拔。或是將攻擊漢尼拔的任務交給他的同事善普羅尼斯，自己仍依照原定計畫前進西班牙，專心殲滅迦太基在西班牙的勢力。

可是，善普羅尼斯被派到西西里，從南邊的西西里趕到北邊的阿爾卑斯山有好一段距離。當時，柯爾涅留斯並無意在迦太基本國作戰，而且從馬賽到羅馬的同盟城市安坡利亞間，雖然有海灣，但是只要橫渡就可到達。從安坡利亞登陸即使不越過庇里牛斯山也可以進入西班牙。相反的，如果率軍返回比薩，須走上二倍的海路。然而羅馬執政官是義大利防衛工作的最高負責人，明明有敵人朝義大利前進，是不容許軍隊再往西班牙去。

執政官柯爾涅留斯採取了折衷的辦法。

他決定把全軍交給隨行的弟弟古涅斯．柯爾涅留斯．西比奧，由他帶到西班牙，而他只帶著直屬將官回到義大利，再率兩個編隊完成的軍團迎擊從阿爾卑斯山下來的漢尼拔。這樣只需幾艘船航行，即使是二倍的路途也沒問題。

當時的選擇在四年後才證實為正確的判斷。羅馬元老院接到柯爾涅留斯的緊急報告，將兩個預備用的軍團升格為正式軍團，派到比薩，等待從馬賽來的執政官，同時通知在西西里的善普羅尼斯北上。與迦太基交戰的戰場，已經不是西西里而是北義大利。

經過二千二百年的歲月，在許多研究者的探究下，至今仍不清楚漢尼拔在哪裡越過阿爾卑斯山。統計研究者的說法共有六說，即使在古代，也有兩說。

希臘歷史學家波力比維斯主張他是在現在的皮卡羅山頂越過阿爾卑斯山，而羅馬歷史學家李維斯則認為他是從較南邊的蒙極那越過的。

德國歷史學家毛姆森則採波力比維斯的說法，但曾率軍越過阿爾卑斯山的拿破崙則贊同李維斯的說法。

根據波力比維斯的說法，漢尼拔經過格勒諾柏後，走東北方的路線，在海拔二千八百公尺的皮卡羅越過阿爾卑斯山，進入義大利，從北邊攻下托利諾(Torino)。

如果根據李維斯的說法，漢尼拔是從格勒諾柏朝東前進，在海拔一千八百五十四公尺的蒙極那越過阿爾卑斯山，沿著蘇薩山谷東進，攻下托利諾。

拿破崙曾說，漢尼拔所遭遇到的最大困難是如何讓象群越過阿爾卑斯山。事實上，在一百六十年後，凱撒也曾率領大軍越過阿爾卑斯山，只不過他的方向與漢尼拔正好相反，他是從義大利這邊越過。

雖然不清楚漢尼拔究竟在何處越過阿爾卑斯山，但他越過山的過程卻有明確的記錄，因為有一位希臘文的老師錫連納隨行記下過程。波力比維斯及李維斯當然也參考過他寫的資料。帶著象群越過阿爾卑斯山的確是一項極為艱鉅的任務，這也是當時的羅馬人認為絕不可能辦到的事。

山裡居民的個性原本就比較閉塞，且疑心較重。當抵達阿爾卑斯山的山腳下時，漢尼拔的軍隊士氣低落，原因不僅是看到眼前巍巍的高山，還有高盧人持刀在森林中埋伏。

漢尼拔不喜歡無謂的犧牲，決定採取懷柔政策，表明自己「只想過境」、「以羅馬為敵」的立場，贈送物品是他一貫的作法。這個方法果真奏效，他甚至送部族的酋長毛皮外套。毛皮外套雖然珍貴，但對漢尼拔來說，一條犧牲較少的路更為珍貴。然而，即使同是高盧族人，住在山腳下和住在山裡的部族個性卻不同。因此，漢尼拔不相信高盧人所告知的情報。

為隱藏與高盧人敵對的行為，翻山越嶺的行軍故意以象群打頭陣，扣掉渡過隆河時的損失，還有三十頭象。接著象群後面的是裝載兵糧的馬車及步兵團，最後是騎兵。二十九歲的漢尼拔並不是將自己排在最安全的隊伍中央，他認為這不是單純的過境，他時時注意是否有人把他們當作侵入者從山崖上丟下石頭，或是埋伏在轉彎處射出箭來。當軍隊有犧牲者時，都是由總司令漢尼拔馬上出面解決。

時值九月，山上開始飄下初雪。生長在南方的大象不知是因為第一次看到下雪而害怕，或是面對高盧人的挑戰而不安。象群開始暴躁起來，而駕馭大象的人也是第一次走在這種下雪的地方，山路很窄，稍不留意就會跌落谷底。

大象憑著動物的本能，知道前方有危險便不願再移動。漢尼拔只好動員步兵把大象往前推。一不小心，失足的大象或馬車便連人一起滾下山谷，慘絕的叫聲，讓後方的騎兵聽得毛骨悚然。

全軍馬不停蹄地趕路，不敢奢望會有搭篷的營地，只要能找到山上居民使用的避難所或要塞，就已經十分萬幸。有時無法找到搭帳篷的場所，只能找個避風雨的蜷身之處。雖然生起營火，但不可能真正取暖。總司令漢尼拔也和其他傭兵一樣，吃結凍的食物，在山崖底下休息。但他又必須具有超出一般人的決斷能力，因應各種不同的情況。

入山以來，已邁入第九天，終於抵達山頂。無論是人、馬或是大象，都精疲力盡。在山頂總算有較大的平地供軍隊休息，漢尼拔准許全軍休息二天。

但是軍隊的士氣仍然低落。二十九歲的總司令號令集合全體士兵，指著東方，告訴大家眺望遙遠的義大利。

「那裡就是義大利，只要進入義大利，就等於站在羅馬城門口一樣。從這裡開始一路都是下坡了，過了阿爾卑斯山，再打上一、二次仗，我們就是義大利的主人。」

累積的疲倦及不滿似乎從士兵的臉上消失。從歷史上我們知道，二千年之後，拿破崙也曾在阿爾卑斯山的山頂上，向士兵發表一場大同小異的演說。

然而，下山比上山還難。雖然高盧人已經不再攻擊漢尼拔的軍隊，但是阿爾卑斯山區已進入冬天。寒風刺骨，白天下的雪，過夜後結成冰。下坡全是結凍的道路，就算沒有大象也是極為艱難的路程。好幾次前頭的士兵為了剷除結凍的地表，隊伍不得不停下來。在冰上又飄下雪來，更是危險。加上雪崩，完全阻擋去路，為了要打通道路，又耗上一天的時間。有些地方為了要讓大象及馬車也能通過，還須削去山崖的岩石。結果比上山時損耗更多的士兵及大象，有些因不敵寒冷而倒在路旁，有些則失足掉進山谷。

漢尼拔越過阿爾卑斯山共花了十五天的時間。根據漢尼拔自己所留下的記錄，他越過阿爾卑斯山抵達義大利時，手下有二萬名步兵及六千名騎兵。

渡過隆河時，連同騎兵和步兵共有四萬六千人，越過阿爾卑斯山所犧牲的步兵及騎兵加起來共有二萬名。與越過庇里牛斯山時相較，共有三萬三千名犧牲者。雖說這是前無古人的偉業，但犧牲也達到空前的規模。

然而對這個二十九歲的年輕人而言，以羅馬人的根據地——義大利為戰場，即使犧牲再大，從北方進攻是唯一的選擇。從卡塔赫那出發到抵達義大利，已經過了四個月。

在下了阿爾卑斯山後，漢尼拔全軍在寬廣的山谷內，休息十五天。

有學者指出，羅馬軍如果在阿爾卑斯山腳下等待又餓又累的漢尼拔軍隊，就可輕易地戰勝。想像不可能的事情，不能稱為歷史。那一年，羅馬剛完成帕辰察及克雷孟那兩個殖民城市的建設工程，距離漢尼拔下山的地點還有二百五十公里遠。而這兩個城市之間，仍由高盧人盤踞，漢尼拔就是知道這個情形，才敢強行越過阿爾卑斯山，他知道羅馬人不可能等在山腳下的。

漢尼拔讓軍隊休息的期間，一方面對高盧人進行懷柔政策。他這麼做，並非為求得讓他的軍隊安然過境，而是希望吸收傭兵加入軍隊，一起與羅馬打仗。

採用傭兵防衛國土是迦太基的傳統，但以前很少高盧人加入軍隊。而住在義大利北部的高盧人，二百年以來一直受到羅馬人的壓抑。西元前三九〇年曾占領羅馬的高盧人，經常有要南下的想法。另一方面，羅馬人從盧比孔河向北方的波河擴張，甚至將在波河附近的帕辰察及克雷孟那兩個城市建設起來，顯示羅馬人北進的企圖。阿爾卑斯山以南的高盧人雖有反抗，但是打起仗來總是羅馬人獲勝。因此高盧人對北上蠶食的羅馬人，只能一步步後退。

而今，迦太基人幾乎是從天而降，還說要和羅馬人對抗。很快的，幾個高盧部族便與漢尼拔結盟。

但是義大利境內的高盧人分為許多部族，而且彼此間有嫌隙，對其他民族又懷有強烈的不信任感。當漢尼拔無法以言語進行懷柔時，便以武力解決。漢尼拔軍隊只花一天的時間就攻陷高盧人根據地之一的托利諾，但並非所有住在阿爾卑斯山以南的高盧人都服從漢尼拔。漢尼拔就近觀察高盧人後，認為必須讓他們看到他戰勝羅馬軍，才能吸引他們加入旗下。在攻陷托利諾後，漢尼拔便朝東邊去。

當漢尼拔於西元前二一八年進攻義大利時，當時羅馬軍的兵力究竟如何？

與漢尼拔同時期的羅馬元老院議員彼德可以答覆這個問題。此人的著作可說是羅馬人最早的歷史著作，現在雖已失傳，但波力比維斯及李維斯都曾參考這份資料。

根據他的說法，從盧比孔河到墨西拿海峽的「羅馬聯盟」內，所有可能動員的戰力共有七十五萬人，其中超過三分之一是羅馬公民。

但是，羅馬的義務比同盟各城市重，羅馬公民可動員的兵力是二十八萬人，這不僅包括十七歲到四十五歲的現役士兵，還包括四十六歲到六十歲的預備役。而同盟國的數字則只含現役，同盟國與羅馬不同，他們不召集預備役。

這裡我們簡單說明，第二次布尼克戰役的見證人彼德甚至全部詳列各同盟國及各地可動員的兵力。由此我們可完全了解，普魯塔克說羅馬人連敗者也可將他們同化，或是歷史學家湯恩比（Arnold Joseph Toynbee，英國歷史學家）曾評論「羅馬聯盟」是政治建築的傑作，一點都不錯。我們知道，西元前四世紀被羅馬打敗、消滅的伊特魯里亞民族，在西元前三世紀時成為「羅馬聯盟」的一員，可提供五萬名步兵及四千名騎兵的兵力。另外，於西元前四世紀到前三世紀間，與羅馬纏鬥四十年的薩謨奈民族，也成為「羅馬聯盟」的一員，提供七萬名步兵及七千名騎兵的兵力。羅馬對戰敗者、被統治民族並非消極地對待，反而以共同經營的積極方式，也就是「索奇」，從建設道路開始，進行各項「基礎建設」，給予與本國相同的待遇。這就是羅馬能打贏第一次布尼克戰役的原因，甚至這也是第二次布尼克戰役羅馬迎戰漢尼拔的力量所在。

漢尼拔帶著二萬六千名士兵要攻打擁有七十五萬動員能力的羅馬，從表面上看來，簡直是雞蛋碰石頭，然而內情卻沒有這麼簡單。

「羅馬聯盟」的士兵，無論是羅馬來的或是從同盟國來的，都是具有繳納「直接稅」能力的公民，能當騎兵或重裝步兵的，更是具有中等以上的經濟能力，都是這個共同體的中流砥柱。動員這些中流砥柱，共同體就會分崩離析。事實上，無論是在羅馬或是同盟國，軍役是以輪流的方式來負擔。所以對漢尼拔而言，他並非同時面對七十五萬名敵人。

在西元前二二五年時，「羅馬聯盟」仍須應付東邊的伊利利亞人及北邊的高盧人，加上屯駐在西西里及薩丁尼亞島等屬省的士兵，羅馬已經動員六萬二千八百名兵力。即使是戰時，也大概是這個數字。漢尼拔從北方進攻，須面對的戰力約為五萬名兵。

但漢尼拔軍只有二萬六千名兵，羅馬軍是漢尼拔軍隊的二倍。雖然如此，兩方實際的戰力卻大不相同。

漢尼拔的二萬六千名兵力，在越過庇里牛斯山、橫渡法國，歷經與高盧人對戰、渡河及翻越阿爾卑斯山等重重考驗後，剩下的都是最精良的士兵。

五個月以來，大家吃同一鍋飯，雖然其中有西班牙人、利比亞人、努米底亞人等各色人種，但已經產生連帶感；加上一位天才型的統御者，可說是一支銳不可當的軍隊。反觀羅馬軍，從軍官到士兵每年都輪流替換，所以就戰力來看，雖然漢尼拔的軍隊只有羅馬軍一半的人數，但實際的戰力卻毫不遜色。

漢尼拔所率領的二萬六千名士兵，是由二萬名步兵及六千名騎兵組成，兩者比例約為三比一。而羅馬軍以重裝步兵為主力，步兵與騎兵的比例仍依照傳統的十比一。

漢尼拔徹底學習亞歷山大的戰術，他也十分重視步兵與騎兵的比例。當年亞歷山大攻打大國波斯，率領步兵三萬一千名及騎兵五千名，兩者的比例是六比一。

相對於這個馬其頓的年輕人率領三萬六千名士兵，這個迦太基年輕人所率領的二萬六千名士兵，雖然騎兵戰力較強，但整體戰力似乎較弱。但是亞歷山大在打入波斯後並未加強戰力，而漢尼拔則邀請高盧人加入。從各種層面檢討，這位二十九歲的迦太基武將並非匹夫之勇或無謀的冒險。

能決定戰鬥結果的戰術，是一種錦囊妙計，但同時也不是一種錦囊妙計。

以沒有人想到的方法解決問題是錦囊妙計，但如果沿用相同的方法，卻不一定有相同的結果產生，這就不是錦囊妙計。是否能善加運用方法，端視運用的人是否有這個才能。依照亞歷山大的方法，不一定每個人都能成功。但漢尼拔一方面參考亞歷山大的作法，一方面加上自己獨創的見解，靈活運用。

一位優秀的武將如果能有效運用主戰力就可能致勝，但除了主戰力之外，也必須了解非主戰力的存在。這二萬六千名士兵是漢尼拔的主戰力，而他同時拉攏住在義大利的高盧人，就是想取得非主戰力。

高盧人的各部族長年征戰，雖然顯示他們在戰場上具有可觀的爆發力，但也表示持久力較差，這是高盧人的特色。而他們仍停留在未開化階段，組織力薄弱。漢尼拔深知高盧民族的特性，他不與阿爾卑斯山以南的高盧人結盟，而是要吸收他們當傭兵。漢尼拔不像羅馬人那樣想與他國建立同盟，而是希望取得非主戰力。憎恨羅馬人的高盧人雖然不知道漢尼拔的真正意圖，但愈來愈多人漸漸願意加入漢尼拔軍隊旗下。在漢尼拔越過阿爾卑斯山後，不到一個月的時間，加入漢尼拔軍隊的高盧人已超過一萬名，使戰力從二萬六千提升到三萬六千。而當時高盧與非洲的努米底亞，甚至並列為騎兵的產地。

在這段期間，漢尼拔早已在羅馬從沒想到的方位，整軍蓄勢待發。

從馬賽返回羅馬的執政官柯爾涅留斯，率領在比薩等待的兩個軍團，直奔最前線基地帕辰察，但是他們並不想僅以自己的軍隊就與漢尼拔對戰。

在羅馬的指揮官中，只有柯爾涅留斯間接了解漢尼拔的才能。無論是渡河、翻越阿爾卑斯山，這些行程竟在短期間內完成，柯爾涅留斯知道漢尼拔不是個簡單的年輕小伙子。

漢尼拔軍隊因為高盧人的加入，勢力更形強大。只有兩個軍團應戰，肯定居於劣勢。而執政官善普羅尼斯已率領兩個軍團從西西里北上，因此柯爾涅留斯暫時按兵不動，等待援軍到達會合。這時已是十一月了，很快就會進入冬季的自然休戰期。

## 提西諾——第一回合戰役

以往羅馬進入冬季後，便進入自然休兵期，羅馬軍只留下少數守備隊，羅馬公民兵回到羅馬參加公民大會，同盟國兵也各自回到故鄉。但這次羅馬所遭遇的敵人，是連大象都帶著越過阿爾卑斯山的漢尼拔，不能以一般的常理來看待這個年輕人。因此羅馬兩個軍團悄悄地留在最前線基地的帕辰察，但是這個地方尚未要塞化，敵軍隨時都可能侵入。

執政官柯爾涅留斯認為有必要提高軍隊的士氣，便集合士兵，對他們說：

「各位戰士：如果當初和我一起到馬賽的士兵也在現場，我就不會說這些話。他們知道，羅馬軍與迦太基軍的第一次對決，結果是羅馬大勝。」

事實上，當時只是小型的騎兵會戰，羅馬損失一百四十騎，敵方損失二百騎，稱不上什麼大勝利。柯爾涅留斯的目的是要鼓舞這些將要面對漢尼拔的部下。

「在我面前的各位，不曾親眼看過那時的輝煌戰績，因此現在我集合大家，要說幾句話。我們將要對抗的敵人不是新敵人，早在二十三年前，他們就已經被我們擊敗，剩下的是敗者的餘黨。那次勝戰之後，我們取得西西里及薩丁尼亞。因此我們和他們不是同等的戰士，而是勝者與敗者間的戰鬥。敵人越過阿爾卑斯山，兵力損失了三分之二。而且士兵飢寒交迫，傷痕累累，手腳凍傷，肌肉僵硬。人和馬都十分消沉，近乎幽靈一般。二十三年來，迦太基人並未改變。這些敵人是曾經被我們趕出西西里的人，我們還是可以像以前一樣，打倒迦太基人。現在，迦太基人入侵義大利。所以這次的戰爭並非為了西西里的霸權，而是為義大利本土上的每一人而戰。各位的奮戰將決定國人的命運。神明保佑著我們。」

漢尼拔同樣在軍營集合士兵鼓舞士氣，但這位迦太基年輕人的作風與羅馬的名門貴族柯爾涅留斯的作風完全不同。

漢尼拔命令士兵們圍成一個圓圈，將翻越阿爾卑斯山時俘虜的高盧人置於圓圈中。高盧人被沉重的枷鎖鎖住，他們自從被俘虜後就未曾進食，顯得十分瘦弱；因為沒有衣物遮蔽，沿途也因寒冷而被凍傷，連站著都有困難。

漢尼拔命令部下把枷鎖解開，並透過翻譯說：

「准許自願者，進行決鬥。勝者馬上給予自由、武器和馬。」

衰弱的高盧人都希望參加決鬥，隨即展開激烈的格鬥，在一旁觀看的士兵固然為勝者拍手鼓掌，但對那些敗陣迎死的高盧人，更報以熱烈的鼓掌。戰鬥結束後，二十九歲的漢尼拔對士兵們說：

「各位如果和今天的高盧人一樣，以求生存的意志來戰鬥，那我們就是勝者。今天的戰鬥正是反映各位現況的一面鏡子。

我們的東、西兩邊都是海，即使從這裡逃出去也沒有船。眼前的波河比隆河大得多，水流也更湍急。後面是阿爾卑斯山，各位好不容易才翻山越嶺過來，大概也不會有人想要重走一趟。

眼前我們的選擇只有戰勝羅馬軍或是戰敗死亡，如果戰勝了，將會有令人意想不到的報酬。只要戰勝羅馬軍，不要說西西里或是薩丁尼亞，羅馬人所擁有的東西都是你們的，羅馬所統治的土地都變成各位的。

各位已經充分休息了，從現在起，與之前走出西班牙、翻越阿爾卑斯山的旅程完全不同，辛勞也許一樣，但報酬大不相同。

我還不知道敵方的將軍是誰，但沒有人比得上我。我從小在軍營長大，父親是漢米卡將軍，經過從西班牙到義大利的長征，無人可與我相提並論。這一戰我們必勝，戰爭結束後，無論各位想要迦太基、西班牙或義大利的土地，都可以給你，直到你們的兒子那一代均免徵租稅。想要金錢的，也會給你們等值的金幣，想要迦太基公民權的也會給你們。」

此外，漢尼拔也下令，自願的奴隸可以參加決鬥，勝者給予自由。另外，為了讓士兵不會因為沒有奴隸而感到不便，並答應將來配給每位士兵兩個羅馬人奴隸。總司令向士兵們傳達了強烈的自信，士兵們也熱烈回應漢尼拔的演說。

漢尼拔想在冬季作戰，他得知羅馬兩個軍團已在帕辰察，便率軍出發，朝帕辰察的東方行軍。

在帕辰察的執政官柯爾涅留斯並不想此時就開打，想再觀望一下敵軍的情況，因此只帶了騎兵及少數輕裝步兵，離開帕辰察向西行。

從帕辰察沿波河而上，有一處叫提西諾（現在的帕微亞，Pavia），是波河流域最平坦的地方。現在這附近是義大利稻作生產地區。羅馬的騎兵隊渡過波河的支流之一——提西諾河，再往西行。不久就看到西邊的地平線上有炊煙和土塵。這時候，敵軍也意識到有人侵入，漢尼拔也只帶著騎兵，實地進行地勢的勘查。

兩軍距離逐漸逼近，羅馬執政官不管何時都帶著十二支標槍及十二名侍衛。漢尼拔知道敵人的騎兵隊中有執政官；而羅馬人也從逐漸接近的迦太基軍隊情況，得知漢尼拔親身率軍。但雙方並未發生戰鬥。

漢尼拔率領的騎兵戰力不明，但似乎比羅馬的四千名騎兵還多。羅馬的輕裝步兵射了第一箭就退到後方，因此羅馬、漢尼拔間的第一戰變成騎兵戰。

漢尼拔一邊接近，一邊整隊，他將最優秀的努米底亞騎兵分配在兩側，迦太基及西班牙騎兵配置在中央，自己擔任指揮官。羅馬方面，則以羅馬信任的羅馬及同盟國騎兵為中心隊伍，前鋒是與羅馬人締結和約而參戰的高盧人騎兵。

兩軍交戰，羅馬的高盧兵被迦太基軍兩翼的努米底亞軍殺得片甲不留。努米底亞騎兵擊破羅馬前衛隊伍，逼近羅馬中心隊伍。羅馬軍的騎兵被敵軍包圍，亂了陣腳。執政官的周圍形成空虛，迦太基騎兵趁機包圍羅馬執政官；後來，才由打頭陣的年輕騎兵把受傷而且被包圍的執政官救出。

羅馬騎兵一面保護受傷的執政官，一面集結遁走。如果繼續留在戰場上，不管是數量或戰鬥力都處於劣勢的羅馬軍將會被迦太基軍包圍，羅馬全軍將會遭到殲滅。輕裝步兵沒有猶豫的時間，趕快逃命。騎兵過橋後向東邊逃去，負責破壞橋梁作業的士兵因為較晚逃命，有六百人被俘虜。第一批落在漢尼拔手中的羅馬士兵，是重要的情報來源。

那一天，漢尼拔十分惋惜讓執政官被救走，但事實上讓救人的騎士逃走更可惜。他是執政官的兒子，與父親同名為普布里斯．柯爾涅留斯．西比奧。他在十六年後率領羅馬軍隊，在扎馬的戰場上與漢尼拔對決。

執政官柯爾涅留斯逃回帕辰察，雖然身負重傷，但他正確研判敵方戰力，深知敵方騎兵戰力優良，應極力避免在平原地帶宿營；才剛建好的帕辰察防守不易，如果再加上西西里來的兩個軍團，不但不安全而且太過狹窄。

## 特烈比亞——第二回合戰役

特烈比亞靠近帕辰察，是波河的支流之一。提西諾河帶著阿爾卑斯山的雪水，從北邊流入波河。特烈比亞發源自亞平寧山脈，支流從南邊流入波河。而特烈比亞流域一帶因為接近亞平寧山脈，屬於高低起伏的地形，不利於騎兵的活動。

執政官柯爾涅留斯在這一帶最高的山丘上建築要塞，因為有四個軍團駐紮，建成要塞較適合紮營，他們打算在此過冬。

但是漢尼拔不想在冬天裡毫無行動，從俘虜盤問出的情報，得知羅馬的軍糧儲存在附近的卡斯求村。他命令步兵及象隊向東進軍，自己只帶著騎兵襲擊這個村落，這個羅馬的軍糧儲存地變為迦太基軍的軍糧儲藏地。

如此一來，漢尼拔無需掠奪附近的高盧人以取得軍糧，更容易推展他對高盧人的懷柔政策。此外，在提西諾騎兵戰的戰果，使得高盧人更願意加入。結果義大利北部的高盧人有半數都加入迦太基軍。漢尼拔之所以決定在過年以前作戰，高盧人的動向是一大因素。擁有充足軍糧的迦太基軍，於是出兵往東前進。

善普羅尼斯所率領的兩個軍團從義大利的南邊到北邊，終於抵達柯爾涅留斯的軍營。由於軍艦仍全數留在西西里的海岸，他們只能從陸路行軍前來。

士兵們在帕辰察南方二十公里的軍營休息，兩位執政官則開始討論戰術。

柯爾涅留斯的想法傾向於就此過冬，因為要塞建於敵人不易攻陷的地點，雖然卡斯求村的軍

提西諾、特烈比亞周邊圖
（摘自 Kromayer J., *Antike Schlachtfelder*）

糧落入敵人的手中，帕辰察以東的高盧人仍是羅馬的同盟。如果非要依賴「羅馬聯盟」的同盟國，從利米尼到帕辰察都是平原，補給軍糧容易。現在正是十二月的寒冬，從阿爾卑斯山吹來的冷氣團，雖然不致使河川結凍但水流更為湍急。

但是善普羅尼斯的看法不同。

善普羅尼斯是平民階級出身，當時羅馬的執政官，平民出身者多較逞強。他們並非考慮個人的榮譽或名聲，而是強烈地意識到自己出身階級的代表性。正因為自己是平民的身份，為了以後同樣階級出身的後繼者著想，更應加倍努力去做，因此逞強者多。

熱衷於蒐集情報的漢尼拔也掌握了善普羅尼斯的心理；此外他也知道柯爾涅留斯受傷，想趁機挑釁。羅馬軍隊由兩位執政官率軍時，是兩位每日輪流擔任總指揮。如果有一人受傷，則由另一人持續擔任總指揮。因此漢尼拔判斷他的敵人只有一人，就是善普羅尼斯。

二十九歲的漢尼拔在大白天就帶著軍隊來到特烈比亞河岸附近，並在此紮營。雖然隔著河，但距離羅馬的營地僅有七．五公里。雖然不需要軍糧，卻經常派出小隊到附近掠奪。而在羅馬軍陣營內，善普羅尼斯的影響力與日俱增，而柯爾涅留斯的說服力漸失。

西元前二一八年十二月底時，就在白晝最短、黑夜最長的冬至前一天，漢尼拔帶著最小的弟弟馬構涅到附近勘查地勢。仔細調查特烈比亞河西岸後，指著灌木林對馬構涅說：

「那就是你的地盤，挑選一千名步兵及一千名騎兵，明天天亮前出發，躲在那個林子裡，等我的命令。」

回到軍營的漢尼拔，命令供應士兵充足的伙食，第二天天亮前就吃早餐，用營火暖身後，在身上塗油。

陽曆十二月二十二日的那一天，天氣寒冷，像是個會下雨的早晨。羅馬士兵在天亮前聽到外面傳來騷動的聲音，是敵軍的騎兵來襲。

執政官善普羅尼斯知道了來襲的只有騎兵，便下令出動所有的騎兵。騎兵與步兵們沒有整裝便立即出擊，既沒有吃早餐的時間，也沒時間穿上禦寒的毛衣，只在短衣外披上胄甲，帶著劍和盾就出發了。

但呈現在步兵眼前的，是被羅馬騎兵節節逼退的敵軍。執政官善普羅尼斯及重裝步兵未曾參加提西諾戰役，這是第一次與迦太基軍的努米底亞騎兵交手。眼看努米底亞騎兵退敗，均認為是一舉殲滅敵軍的機會。騎兵們也想一雪提西諾之恥，不等總司令官發令，便趁勝追擊，並過了河，但等在那裡的卻是迦太基全軍。

羅馬士兵過河後，河水加上雨水，士兵全身濕答答，而且胃裡沒有食物。然而對手迦太基士兵，不僅飽食，而且塗油保暖，準備好禦寒及防水的裝備。執政官善普羅尼斯已沒有思考的時間，將官們匆匆忙忙擺出陣勢，顯然完全沒有記取提西諾的痛苦教訓。

包括羅馬及同盟國城市的兵力，羅馬方面的兵力共有四萬，其中騎兵不到四千。而漢尼拔的兵力，手上的二萬六千名，加上高盧兵後共三萬八千名，其中高盧騎兵有一萬名。

步兵戰力不相上下，但騎兵方面則有顯著的差距。

羅馬仍將主力的重裝步兵置於中央，預備突擊敵軍的中央；而漢尼拔則在中央配置高盧步兵，以兩翼為主力。

從布陣來看，即可看出漢尼拔的企圖。他是採用包圍戰，所謂包圍戰是以削弱敵人的主力作為戰術的主軸。

但是千辛萬苦帶來的大象，卻違背了漢尼拔的估算。在南國長大的「戰車」，雖然翻越了阿爾卑斯山，但仍不敵北義大利的寒冬。被羅馬輕裝步兵的箭射中而狂怒的大象，雖然搗亂了敵人的陣形，但也四散而去。除此之外，其餘都依照漢尼拔的計畫進行。

雖然在空腹加上寒冷的惡劣條件下，但羅馬軍重裝步兵的突擊力仍很可觀。在雨中，羅馬軍殺進迦太基軍的中央，兩旁的同盟國步兵也與西班牙、利比亞步兵交戰。步兵方面的戰況以羅馬軍較占優勢。但加上騎兵的戰鬥後，情況有了變化。勇猛的羅馬步兵隨著時間的過去、空腹及寒冷，戰鬥力開始減弱。

騎兵被擊敗，羅馬軍的兩翼呈現無防備狀態，漢尼拔的步兵攻進，加上躲在灌木林中馬構涅的二千名士兵從背後攻來。但是漢尼拔軍中央的高盧步兵太弱，以至於無法形成一個完整的包圍網，但對四萬名羅馬軍來說，也是幾乎接近被包圍狀態。

包圍網逐漸縮小，羅馬兵最後甚至連揮劍的空間都沒有。為了避免全部被殲滅，唯一的路只有從中央較弱的部份衝出去。執政官善普羅尼斯一聲令下，羅馬軍全力向前衝破重圍。高盧兵並不會誓死拼命，因此衝出重圍不太困難，但背後的騎兵形同鐵壁一般。最後成功衝破敵軍包圍、渡過特烈比亞河、逃回帕辰察的羅馬兵，只有一萬名左右。有二萬名士兵留在包圍網中。此時，雙方的戰鬥可說是殺戮。包圍網愈來愈小，也就愈難逃出。許多羅馬兵想逃回軍營，往特烈比亞方向逃去，但都被敵軍的騎兵追上，特烈比亞河被血染成紅色。

提西諾一戰，羅馬軍認為是騎兵戰，因此不認為那是一次敗北。但是特烈比亞一戰，是場真正的步兵騎兵會戰，羅馬不得不承認失敗。而且特烈比亞之戰，不是由士兵戰鬥力來決定，而是戰術上的勝利。

羅馬方面戰死者有二萬，成功逃回帕辰察的有一萬，加上其他自行衝出包圍網或留守在軍營的生還者，不超過一萬五千名。其餘皆被俘虜。

漢尼拔軍方面，戰死最多的是高盧人，漢尼拔的子弟兵幾乎沒有損失，然而大象僅剩一頭，其餘皆被殺死或逃逸無蹤。

雖然如此，由於在雨中長時間戰鬥，漢尼拔軍的士兵也是筋疲力盡，所以沒有繼續追擊。負傷留在軍營的柯爾涅留斯，也只能由少數士兵護送回帕辰察。這次漢尼拔還是讓執政官十七

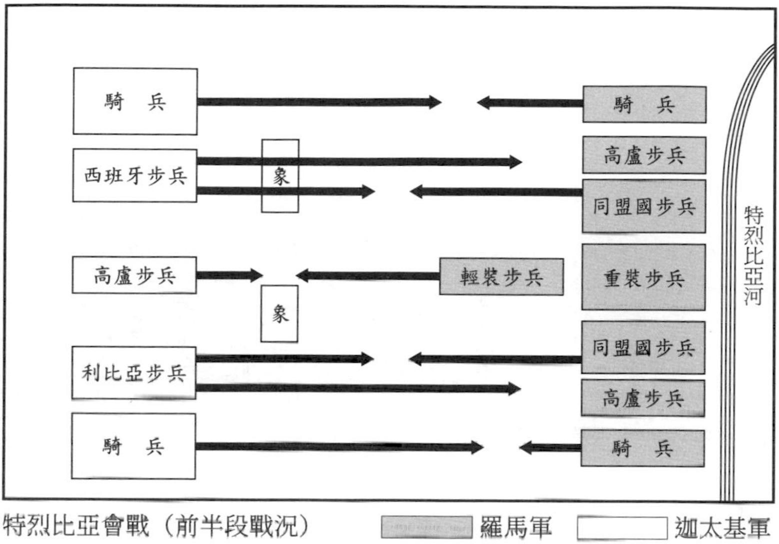


特烈比亞會戰（前半段戰況）

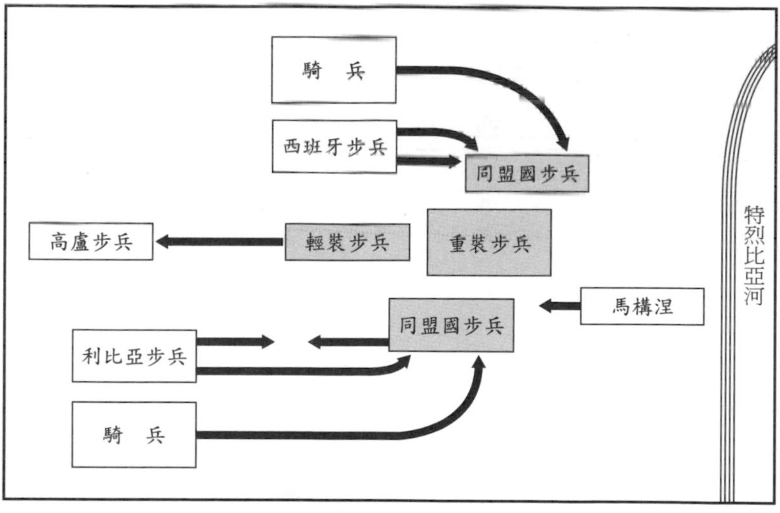


特烈比亞會戰（後半段戰況）

歲的兒子——西比奧逃了回去。

在帕辰察再見面的兩位執政官都認為不宜停留在帕辰察。特烈比亞之戰的結果，讓波河附近的高盧人，無論是加入羅馬方面或是未加入任何一方的，都轉而自願加入漢尼拔的麾下。因此，漢尼拔的軍隊突然增加到五萬人。

兩位執政官決定從帕辰察撤退，集合殘兵敗將，朝利米尼出發。羅馬在幾個月前才稱霸的北義大利，就此完全棄守。但是第二年起戰場向南移動，帕辰察及克雷孟那兩城市被高盧人盤踞，在第二次布尼克戰役後十六年，竟奇蹟似地保留下來。主要是因為高盧民族的個性，不知道要利用機會。

漢尼拔遠征的第一年便戰績輝煌，這位二十九歲的年輕人最大的優點，就是不會因此耽溺於勝利之中。

高盧部族長老陸續前來表示順服，但並未蒙蔽漢尼拔的眼睛。他知道增加的戰力，不會使他一步登天。就算取得高盧人的加盟，也並不表示就是戰勝羅馬。

漢尼拔聽取俘虜所提供的情報後，將羅馬公民及同盟國公民分開，給予完全不同的待遇。不給羅馬公民充分飲食，並且加諸他們殘酷的勞動工作。相反的，對同盟國的公民，則提供充足的飲食，允許他們在火旁取暖。過一陣子以後，他殺死全部的羅馬公民，又集合同盟國的士兵發表談話：

「我並非對全體『羅馬聯盟』懷有敵意，我的敵人只有羅馬。從今天起，我也不要求贖金，給你們完全的自由。把我今天的話告訴你們同盟國的朋友。凡是脫離『羅馬聯盟』者，我就不視你為敵人，並保證貴國的自由、獨立與安全。」

這個三十歲不到的年輕人，並非要憑二萬六千名士兵去對抗可以動員七十五萬兵力的羅馬。在第一次布尼克戰役中，迦太基敗北的最大原因就是陷入「羅馬聯盟」的陣形內。只要瓦解「羅馬聯盟」，就沒有所謂的七十五萬對二萬六千。他之所以越過阿爾卑斯山，以義大利為戰場，就是為了離間同盟國及羅馬。

漢尼拔認為可以把對付高盧人的戰略，用於「羅馬聯盟」的加盟國。除了對俘虜動之以情，釋放他們之外，還必須戰勝羅馬軍，讓同盟國看到他的力量。對於漢尼拔而言，下一個戰場是「羅馬聯盟」，以顯示他的才能，因而必須移動到盧比孔河以南。

## 特連吉梅諾——第三回合戰役

迦太基人慣例上將敗戰者處以十字架刑。但羅馬人傳統上不處罰敗將。這也是文藝復興時代的政治思想家馬基維利所推崇的制度，他認為這個制度可以使指揮官無後顧之憂，盡情發揮。當然這是一項很好的理由，但我個人認為不僅於如此。

共和政體下的羅馬，並非像雅典的民主政治一樣，排除貴族階級，以平民為主體。而是保留貴族與平民的制度，將兩者力量合而為一，有效發揮國家的活力。選擇這樣的國家政體，使貴族與平民之間容易發生衝突。羅馬在西元前三六七年時，確立平民也可以參政的原則，平民也可以出任國家要職。因此羅馬最高領導人——執政官，有平民階級出身者獲選，幾乎形成一種慣例。

如此一來，如果對敗戰者加以懲罰，將成為災禍的來源。被處罰的如果是貴族，那麼貴族階級必定表示不滿；相反的，如果被處罰的是平民階級，全部的平民一定會認為只處罰平民。而責任的追究往往不容易有客觀的標準。因此羅馬人決定一律不追究敗北的責任。

如此一來，不就不能讓戰死者瞑目了嗎？但從長期的觀點，也就是從共同體的利益來看，是不會對此沒有交代的。國內的言論一旦分為兩邊，就無法有效地發揮國力。而言論統一，才能有效地發揮國力，犧牲也會減少。人就算自己願意犧牲，也不會願意自己的子孫因為統治階層的無能而犧牲。

因此羅馬人的作法與迦太基人、希臘人不同，會讓不幸的敗將有雪恥的機會。如果敗戰的原因是指揮官的能力不足所致，那麼羅馬公民——同時也是羅馬士兵，也就不會再選他出任執政官。雖是敗將，只要有能力，還是有可能再任執政官。

特烈比亞戰役的羅馬軍總司令官善普羅尼斯．隆古斯未再被選為執政官，而負傷未能參戰的柯爾涅留斯．西比奧被選為「前執政官」，具有與執政官相同的絕對指揮權，帶領一萬名士兵前往西班牙。

在西班牙，由他的弟弟古涅斯率領兩個軍團，與漢尼拔的大弟漢席多拔交戰。元老院了解到漢尼拔的後勤地——西班牙的重要性，因此將西班牙戰線託付給柯爾涅留斯兄弟。漢尼拔的目標在於瓦解「羅馬聯盟」，而羅馬的目標在於瓦解漢尼拔的後勤地西班牙。

前執政官柯爾涅留斯從比薩港出發，並未帶著他那年滿十八歲的兒子。初次上戰場即使是跟著父親，但之後也可能在其他人手下學習，這是羅馬貴族子弟所必修的課程。當時他把兒子交給貴族艾米里斯．保羅。

漢尼拔遠征的第二年，西元前二一七年，羅馬選出貴族西爾維及平民弗拉米尼烏斯為執政官。

相對於西爾維的溫厚謹慎，弗拉米尼烏斯的個性是大膽豪爽。弗拉米尼烏斯以對抗漢尼拔為職志，他的得票數也比他的同僚高。生日不詳，西元前二三二年曾被選為護民官，進入元老院後，西元前二二七年擔任屬省西西里的總督。西元前二二三年被選為執政官，與高盧人打仗成果輝煌。西元前二二〇年被選為財務官，修築弗拉米尼亞大道，是現在義大利的國道三號。

西元前二一七年被選為執政官，是他第二次就任這個最高職務，推算起來他那年應是四十五歲。作為一個前線的指揮官，正是狀況最好的時候。

弗拉米尼烏斯被視為平民階級的佼佼者，比特烈比亞戰役的敗將善普羅尼斯還要好。他將國有地租界上限定為一百二十五公頃，促成元老院議員不准經商的法案，盡可能縮小貧富差距，而受限者以貴族為多。他雖然沒有明白地反貴族，但羅馬的貴族深知這些政策的危險性，而弗拉米尼烏斯也知道貴族對他的不滿。因此西元前二一七年就任執政官，是他扳回聲勢的好機會。

共和政體的羅馬經常派執政官到最前線。漢尼拔在波隆那附近過冬，誰都預測得到他將在第二年的春天南下，但誰也無法知道他將南下到何處。

如果是一般的武將，會從波隆那南下到利米尼，經過平原地帶，再從利米尼沿著弗拉米尼亞大道到羅馬。從義大利的北部到南部，一定要越過亞平寧山脈。帶著五萬大軍越過亞平寧山脈，這條路線最為容易，而弗拉米尼亞大道也才在三年前剛完成。但是漢尼拔的意圖，誰也沒有把握捉摸得到。

由於無法預測，羅馬軍分兩批迎擊漢尼拔。派執政官西爾維至利米尼，以防漢尼拔選擇弗拉米尼亞大道的路線；執政官弗拉米尼烏斯到阿里佐，以防漢尼拔翻越亞平寧山脈進入托斯卡那。兩位執政官各帶兩個軍團，並增強兵力至二萬五千名。當知道漢尼拔去向時，兩軍再會合。

西元前二一七年四月，三十歲的漢尼拔率軍離開波隆那。他並未選擇經利米尼後沿弗拉米尼亞大道這條較容易走的路線，而是選擇從波隆那直接翻越亞平寧山脈到佛羅倫斯，這段的距離短但困難度高。他這麼做並非為了避免與在利米尼等候的執政官西爾維衝突，而是將下一個戰場定於伊特魯里亞人居住的托斯卡那地方。

伊特魯里亞人所住的各城市如果背叛羅馬，將可使「羅馬聯盟」缺了一角。住在弗拉米尼亞大道附近一帶的，是溫布里亞族人。可被動員參加「羅馬聯盟」的兵力只有二萬，不如伊特魯里亞的五萬。因為漢尼拔要削弱「羅馬聯盟」，如果以伊特魯里亞人所住的托斯卡那為戰場，戰勝以加深伊特魯里亞人的印象，那麼效益更高。

但這樣的結果必須先有前面的勝利才能談。漢尼拔先是完成前所未有的翻越阿爾卑斯山，毫無休息，又接連兩次打敗羅馬軍。羅馬人看不懂漢尼拔的企圖，主導權完全掌握在三十歲的年輕人手上。羅馬雖然在利米尼及阿里佐駐軍，但都掌握不到漢尼拔的動向。

雖然亞平寧山脈比阿爾卑斯山好走，但就在翻越亞平寧山、進入阿里佐河流域時，漢尼拔遇到意想不到的困難。

義大利屬於地中海型氣候，在冬天至春天這段期間集中降雨。西元前二一七年的春天，雨下得比往年要多。發源於亞平寧山脈的阿里佐河，流經佛羅倫斯後，會合幾條支流，流向比薩，注入亞德里亞海，是托斯卡那地區最大的河流。但雨量較多，造成平地淹水，使得漢尼拔

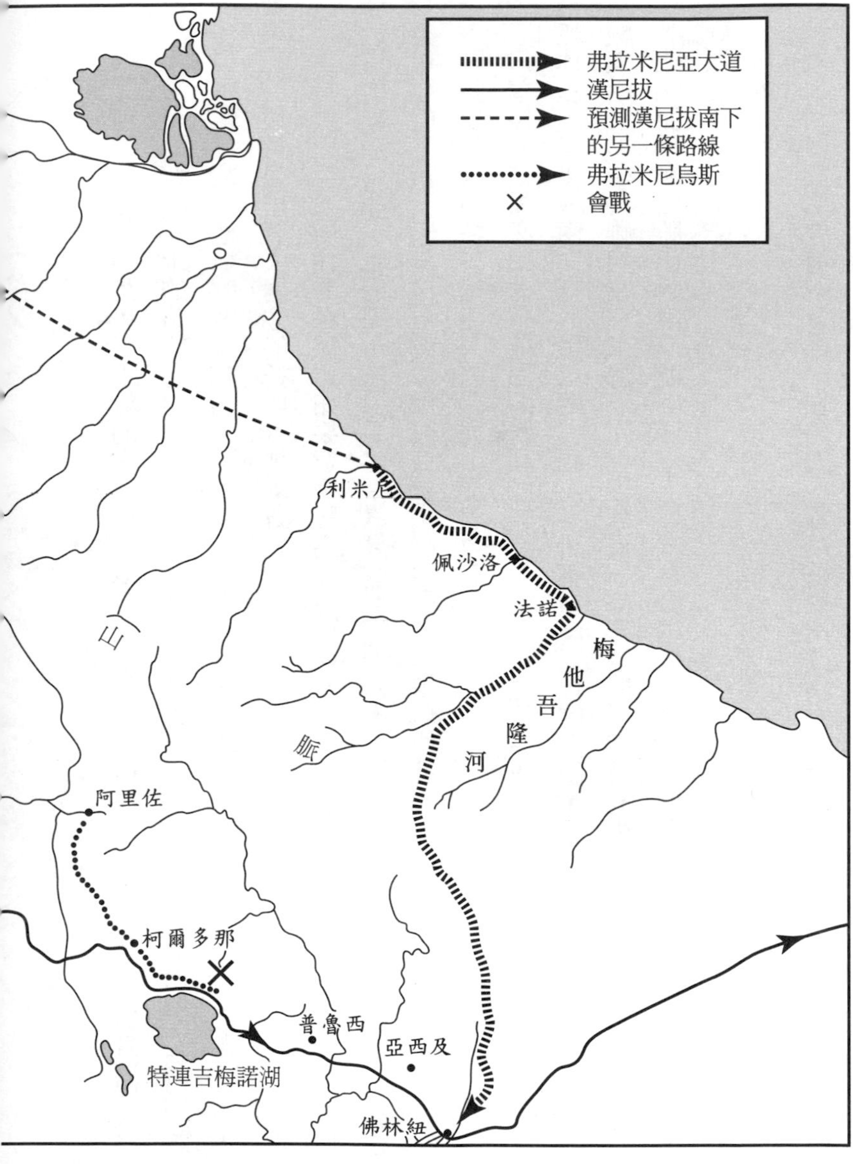

弗拉米尼亞大道
漢尼拔
預測漢尼拔南下
的另一條路線
弗拉米尼烏斯
會戰
利米尼
佩沙洛
法諾
梅他吾隆河
山脈
阿里佐
柯爾多那
普魯西
亞西及
特連吉梅諾湖
佛林紐

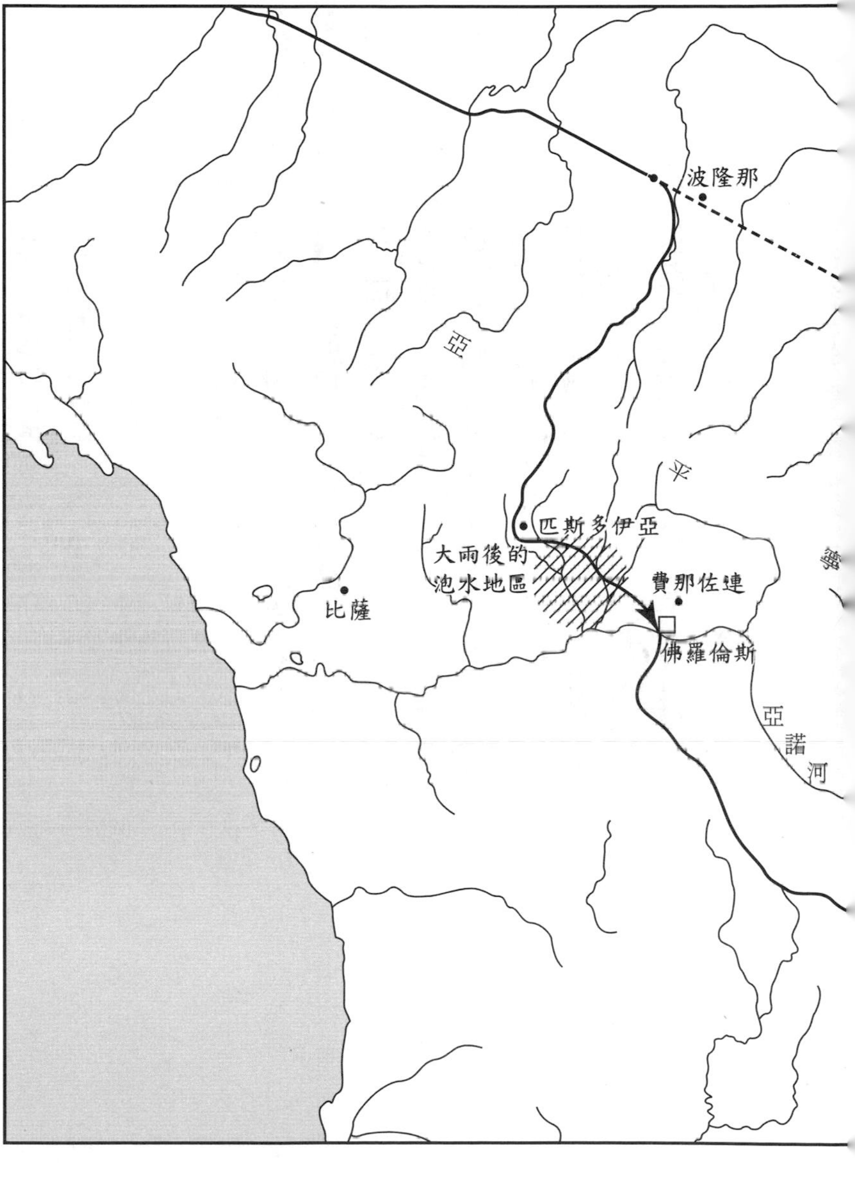
波隆那
亞
平
匹斯多伊亞
大雨後的
氾水地區
費那佐連
比薩
佛羅倫斯
亞諾河

從亞平寧山脈下山後，不得不在沼地上行軍。

他們在沼地上行走了四天三夜。隊伍由利比亞及西班牙步兵團居前，其次是高盧兵，後衛是努米底亞騎兵。騎兵雖說是肩負後衛任務，實際上是為了防止高盧兵逃跑。一路馬不停蹄，幾乎不能好好休息，睡覺簡直是夢想。漢尼拔坐在剩下的最後一頭大象背上。他與其說是受顛簸的行軍所苦，不如說是為眼疾所苦。漸漸地，他的一隻眼睛看不見了，這位絕代的戰術家，成了獨眼龍。

抵達佛羅倫斯，全軍才得以有個像樣的休息。漢尼拔利用大家休息的時間，派出偵察兵去蒐集情報，得知在佛羅倫斯東南方一百公里的阿里佐有弗拉米尼烏斯的兩個軍團駐紮，他們還調查了執政官弗拉米尼烏斯的個性。漢尼拔軍經過充分休息，恢復體力後，漢尼拔帶領全軍，並非往佛羅倫斯前進，而是南下行軍。

這次不是單純的行軍，而是進行掠奪、燒村。在丘陵地居多的托斯卡那地方，這一帶是少見的平原。燒村的煙，從遠處就可看到。阿里佐周圍有丘陵圍住，是伊特魯里亞人所建的城市，也是羅馬同盟城市之一。當然，從阿里佐也看到了煙。

執政官弗拉米尼烏斯發現敵軍後，立即派遣使節通知在利米尼的同僚，要求他們南下支援。弗拉米尼烏斯的構想是西爾維從利米尼出發，經由弗拉米尼亞大道過來，兩邊夾攻漢尼拔。依追蹤漢尼拔的路線判斷，他將與從弗拉米尼亞大道過來的羅馬軍隊在普魯西相遇。執政官弗拉米尼烏斯要求在利米尼的西爾維先派騎兵前來。

這場戰爭只要一般的武將就可打贏。這位三十歲的年輕人，不但蒐集情報及判斷能力強，行動也很迅速敏捷。他是不會讓羅馬的四個軍團會合的。

對倔強的武將而言，沒有戰端就對敵人窮追猛打，是個令他惱火的任務。羅馬因為有「羅馬聯盟」的加盟者發揮守護的功能，才保有盟主的地位。四十多歲的執政官弗拉米尼烏斯眼看忠實的同盟者伊特魯里亞被掠奪燒殺，卻無力協助，深感自己身為「羅馬聯盟」最高執政官的責任，再也按捺不住。漢尼拔軍似乎不把執政官弗拉米尼烏斯看在眼裡，在羅馬軍前撤野後又南下。

從阿里佐到普魯西之間，途中有個特連吉梅諾湖，這是義大利中部最大的湖。湖的北側

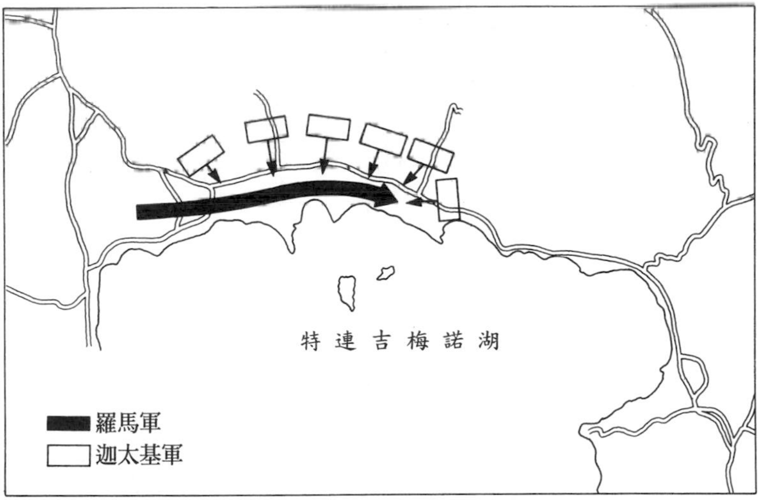

特連吉梅諾會戰

是丘陵及湖面間夾著的細長平地，由西向東延伸。通過這一段再朝東邊去，就是弗拉米尼烏斯想與友軍會合的地點——普魯西。

當天白天漢尼拔進行急行軍，在傍晚抵達特連吉梅諾湖。由於事先派出偵察兵調查周邊地形，到達後也無須浪費時間。依據漢尼拔的指示，各大隊就各指定位置。當晚夜營，嚴禁煙火。

南下的道路遇到湖後須往東行。在這個轉角就有丘陵，而騎兵團就躲在這裡。騎兵的東邊是高盧兵，依次配有利比亞及西班牙的輕裝步兵團，全都埋伏在丘陵林裡，等待早晨的來臨。最後在出口的地方，則準備好重裝步兵的陣地。

如上圖所示，可清楚了解漢尼拔的企圖。他在狹長的湖畔口誘敵，將弗拉米尼烏斯全軍引進湖邊後，騎兵從西側，重裝步兵從東側，其他步兵成員從北側，三方夾攻，唯一的南邊則是廣大的湖水。這是漢尼拔最得意的包圍作戰法，這次甚至利用到天然的地形。

執政官弗拉米尼烏斯及兩個羅馬軍團在夜裡抵達湖邊，誰也沒想到漢尼拔會出現在這裡。弗拉米尼烏斯也沒派遣偵察兵先做調查，羅馬兵看到湖邊沒有人影、沒有火，就認為漢尼拔軍也經過特連吉梅諾湖畔，朝普魯西方向去了。弗拉米尼烏斯沒想到會有埋伏，於是下令全軍在湖畔西側紮營。

西元前二一七年四月十九日，特連吉梅諾湖在晨霧中天亮。春天時節，這一帶早晨常起霧，由於廣大的湖面蒸發大量的水份，使得清晨的霧特別的濃，能見度只有十公尺。漢尼拔甚至把天氣狀況都調查得一清二楚。

羅馬軍毫無警覺地進入狹長地帶，因為霧濃，視線不佳，只能靠各隊的隊標識別。羅馬兵以為敵軍在遠方，所以全速前進。雖然是二萬五千名士兵，但進入湖畔狹長地帶並不須花太久的時間。

最先感到不對勁的是羅馬軍的前鋒，在湖畔的東邊與敵軍正面衝突。因為霧濃，後面的軍隊不知道前面已經發生事情。在不知情的狀況下，敵軍的騎兵突然從湖畔的西邊攻來，藏匿在丘陵森林的高盧兵及輕裝步兵也隨之出擊，羅馬兵被封鎖在湖畔的狹長地形內。

這個情形很像高速公路上的連環車禍，後面的車不知道前面的狀況，一輛輛接著撞上。西元前二一七年的特連吉梅諾湖畔發生了類似的情況。

此時，已經不是戰鬥，而是殺戮。殺戮的範圍從西、北、東三方逐漸縮小，羅馬兵在無路可逃之下，只能往湖水方向逃逸，逃不掉的就死在敵人的槍下。

二萬五千名羅馬兵對抗五萬名漢尼拔軍，在絕望的情況下仍不放棄，戰鬥持續三個小時。執政官弗拉米尼烏斯在無法指揮的情形下，也像騎兵一般奮戰而死，屍首在戰鬥結束後也辨識不出來。執政官與士兵一樣，一起壯烈犧牲。霧漸散去以後，迦太基兵才親眼目睹這個慘狀。

而二萬五千名羅馬兵犧牲了一萬七千名。羅馬軍的六千名前衛突破敵軍包圍向東逃逸，但後來又被迦太基騎兵追趕上，全部遭到圍捕。從湖游出逃至山中的，不到二千名。為迎擊漢尼拔而加強戰力的兩個羅馬軍團，完全崩潰。

漢尼拔軍方面的損失只有二千，而且全都是高盧兵。從西班牙一路帶來的精銳士兵，幾乎毫髮無傷。

後世的戰史家認為這場特連吉梅諾戰爭，稱不上是戰爭，只能說是一場騙局。但是當時的羅馬人認為這是一次敗北，並向公民傳達了事實。

擁有公民大會召集權的執政官，一位戰死；另一位在前線，不在羅馬，所以羅馬方面由法務官代替執政官召開公民大會，並向悲觀的公民宣布：

「我們失敗了。」

同時公布戰死者及被俘虜的人數及姓名。

三天後，法務官再次召開公民大會，因為又有另一個戰敗的消息傳來。

在利米尼的執政官西爾維，應弗拉米尼烏斯要求先行派去的四千名騎兵，不知道特連吉梅諾湖畔發生的事情，來到接近弗拉米尼亞大道的佛林紐附近。從這裡往東北去，就可到達與執政官弗拉米尼烏斯會合的地點。然而，等在這裡的不是友軍，而是努米底亞的騎兵。羅馬騎兵在人數及戰鬥力均處劣勢的情形下，有二千名騎兵被包圍，另外二千名雖然逃到附近的村莊，但全部被俘虜。從利米尼南下的兩個軍團騎兵戰力等於零，而騎兵的兵力又不易補充，這對羅馬軍來說是一大損失。

羅馬在特烈比亞敗戰後，不得不棄守比薩（阿爾卑斯山南邊的高盧），在特連吉梅諾敗戰後又把托斯卡那地方拱手讓給敵人。

但是和波河周邊的比薩不同，羅馬人絕對不會放棄亞諾河和臺伯河間的托斯卡那地方。同盟的伊特魯里亞等城市也不會輕易放手。伊特魯里亞人雖然親眼見識到漢尼拔的威力，但是特連吉梅諾敗戰後，沒有一個同盟城市向漢尼拔輸誠，柯爾多那等幾個靠近漢尼拔軍的城市都緊閉城門。托斯卡那地方的伊特魯里亞人與波河附近的高盧人不同，他們「羅馬化」的歷史已有二百年。

但是羅馬的高速公路——弗拉米尼亞大道，變成迎接漢尼拔大軍之路。只花三天的行軍，就可抵達羅馬。只有兩個軍團防衛首都羅馬，加上利米尼的兩個沒有騎兵的軍團，頂多也只和漢尼拔軍的人數相同。誰都可以猜到漢尼拔會沿著弗拉米尼亞大道攻擊羅馬。那時正是五月。

但是漢尼拔偏偏又選擇誰也料想不到的路線，他放棄直達的弗拉米尼亞大道，改走朝亞德里亞海的路。旗下的士兵也對總司令的選擇有所不滿，放著擁有豐富戰利品的首都羅馬不去，又要離開占領的托斯卡那地方，繞到亞德里亞海，沿著海邊到南義大利去。漢尼拔的舉動經常讓別人猜不透，將軍及士兵也只能遵照這位年輕必勝總司令的命令去做。

漢尼拔此時認為，與其攻擊中心點，不如先攻擊外環。特連吉梅諾戰後，他對待所俘虜羅馬軍的方式，仍是拘留羅馬公民兵，而釋放同盟國士兵。他正等待「羅馬聯盟」的瓦解。未能離間托斯卡那地方的伊特魯里亞人背叛羅馬，是漢尼拔失算，但其餘只剩下時間的問題了。這次他想讓南義大利的羅馬同盟——希臘人看看他的實力。

在特連吉梅諾戰大勝後，戰爭進入第二年，羅馬人才漸漸了解漢尼拔的戰略。

首先，針對「羅馬聯盟」同盟國的領土，進行重點式燒殺掠奪。

其次，引誘羅馬人按捺不住，挑起會戰。

隨著會戰勝利次數的增加，提高同盟國城市的反叛意識。

最後，在外環埋伏完成後，一舉攻進羅馬。

這個戰略完全成功。

因為羅馬公民兵不僅住在共和國的領土內，也散布在全義大利七十個以上的殖民城市中。這些羅馬士兵都可能在漢尼拔攻擊羅馬時，出現在他的背後。雖然距離羅馬僅有三天的行程，但漢尼拔不會輕易進攻羅馬。

在經過亞德里亞海期間，漢尼拔軍得到充分的休息。士兵的服裝已經破損不堪，便取下戰死羅馬兵的衣服替換。這也成為羅馬兵日後的困擾，因為分不清敵我。後來羅馬軍全體士兵都必須刮鬍子，因為漢尼拔軍的迦太基人、西班牙人、努米底亞人都有蓄鬍的習慣。

漢尼拔軍連馬都以葡萄酒清洗，經過充分休息後，來到南義大利。羅馬在此地的同盟國全都遭到燒殺打劫，戰利品之多，幾乎到拿不走的地步。但基本上，要滿足五萬名士兵的慾望，原本就是一件大事。燒殺掠奪除了要引誘同盟國脫離羅馬外，也為了填飽五萬名士兵的肚子。

在解決南義大利的普利亞地方後，漢尼拔又轉向南義的坎帕尼亞地方，此地與托斯卡那地方並列為同盟城市最多的地方。從坎帕尼亞地方可經阿庇亞大道，通往大城市加普亞、庫馬、坡佐里、拿坡里、蘇連多等稱為羅馬「海的同盟國」。托斯卡那地方的伊特魯里亞人是羅馬重要的同盟者，而坎帕尼亞地方的希臘人也是同等重要。

另一方面，首都羅馬雖然暫時解除敵人直接的威脅，但防衛方式須重新調整，因此決定擁立獨裁官。在第一次布尼克戰役中，曾擁立獨裁官，事隔三十二年以後，再次建立這個危機處理體制。法比烏斯．馬克西姆斯(Fabius Maximus)就任獨裁官，在六個月內集所有權力於一身。他出身於羅馬貴族中的法比烏斯家族，時年五十八，曾兩次被選為執政官，戰勝高盧人，戰績輝煌。對三十歲的漢尼拔而言，所面對的這位將與他交手、年紀大他二倍的羅馬武將——法比烏斯是完全不同的。

法比烏斯率領從利米尼趕來的兩個軍團及新編的兩個軍團共四個軍團，追趕漢尼拔軍，他的戰略只有一個，就是不與漢尼拔戰鬥。

到現在，柯爾涅留斯、善普羅尼斯、弗拉米尼烏斯等執政官都曾吃過漢尼拔的虧，五十八歲的法比烏斯不認為自己能戰勝漢尼拔。與漢尼拔戰鬥只有敗戰，他認為羅馬的武將中，無人可以戰勝漢尼拔。

為了不輸給漢尼拔，只有不與他戰鬥。他帶著四個軍團五萬大軍，在普利亞、坎帕尼亞地方，尾隨漢尼拔軍，但決不挑起戰鬥。這是為了等待敵軍軍力消耗殆盡。

法比烏斯有個「持久戰主義者」的封號，稱持久戰主義事實上是後來才加上的意義，但在當時卻被稱為「沒用的男人」。

而法比烏斯所選擇的戰略，雖然有效，但犧牲也不小。「羅馬聯盟」軍中有羅馬公民兵及同盟國兵，對他們來說，眼看自己的城鎮被燒殺掠奪，卻不能做什麼。羅馬公民兵為自己的無能而感嘆，在他們心中，一直有著無法善盡聯盟盟主責任的遺憾。

時間一久，反對獨裁官法比烏斯戰法的聲浪逐漸升高。後來因漢尼拔的挑撥，而終於爆發。

特連吉梅諾之戰開始的西元前二一七年，進入秋末。漢尼拔在沒有羅馬軍的妨礙下，盡情掠奪富饒的坎帕尼亞地方後，回到普利亞地方過冬，並且取得充足的軍糧。南義的普利亞地方是最適合五萬大軍過冬之處。

獨裁官法比烏斯終於等到好機會了，從坎帕尼亞到普利亞必須翻越義大利半島的脊梁亞平寧山，在這個地方翻山越嶺，正好可以沿著谷道走。法比烏斯將軍隊分為三部份，等在漢尼拔軍必經之地。只待敵軍進入谷道，便一網打盡。

但是三十歲的迦太基武將漢尼拔，蒐集情報能力仍是一流，他充分掌握羅馬軍的動向。他命令士兵收集枯木，找來拉車的二千頭牛，將枯木綁在牛角上。

漢尼拔召集準備完畢的士兵，指著前方的谷道，說：

「漢尼拔今夜要通過此地。」

他當然知道羅馬兵埋伏在兩旁的高地，士兵們也都知道，漢尼拔說他要在等他的敵兵面前通過。

夕陽西下，總司令一聲令下，士兵隨著牛群進入谷道。他們在牛角上的枯木點火，在士兵的追趕下，牛群朝著對面羅馬兵埋伏的方向衝去，黑夜的恐怖使牛群狂亂奔走，火星四散，埋伏的羅馬兵看到火光以為是敵軍襲擊，認為敵軍已占領對面的丘陵。

個性謹慎的法比烏斯避免在夜裡戰鬥，但敵軍似乎已占領了一個山丘。法比烏斯認為即使失去一個山丘，並不影響峽谷的埋伏戰法，因此決定天亮前按兵不動。

漢尼拔軍就在羅馬軍的窺視下，不費一兵一卒全部通過谷道。第二天早晨，法比烏斯才知道敵軍已全數翻越亞平寧山。緊急到達的騎兵隊雖然追趕漢尼拔軍的尾巴，但抵擋不了努米底亞的騎兵。雖然羅馬方面沒有人犧牲，但羅馬軍面子盡失。

此後，羅馬人形容無論怎樣的障礙都可完成時，都以「讓漢尼拔通過了」來形容。

法比烏斯被召回首都，距離獨裁官的六個月任期屆滿還有一段時間。召回首都的理由雖是為了祭典，但事實上是免職。

在冬天溫暖的普利亞地方，漢尼拔正悠然過冬。但在羅馬，法比烏斯提倡的持久戰法派與積極戰法派，正針對選出明年的執政官如火如荼地對立著。

積極戰法派認為法比烏斯的持久戰法，將導致我方會比敵方先消耗殆盡。另一方面，持久戰法派則舉出第一次布尼克戰役的例子，當時沒有追擊從西西里撤退的漢米卡，是因為要將制海權從迦太基人手中奪走，才能斷絕從迦太基來的補給線。漢米卡是漢尼拔的父親，因此主張以制其父之道制其子。

但是持久戰的弱點，因牛角之戰的失敗更加凸顯；而這一年來，同盟城市陸續遭到入侵。元老院認為，應先防範同盟國可能背叛的問題。

第二年，西元前二一六年，結果由兩派各推選一位擔任執政官，分別是貴族出身的艾米里斯．保羅及平民出身的泰連．瓦爾羅，前者是持久戰法派，後者是積極戰法派。雖然執政官各由一派擔任，但公民大會上仍是積極戰法派的天下。

漢尼拔在西元前二一八年進攻義大利時，羅馬有六個軍團，西元前二一七年時增為十一個軍團，而在西元前二一六年時，更增為十三個軍團。為了向漢尼拔報一箭之仇，羅馬公民投下增加兵役義務的贊成票。第二年，也就是西元前二一六年，是羅馬與漢尼拔一決雌雄的時候。

漢尼拔正是希望以會戰來決勝負。

經過特連吉梅諾之戰以及在普利亞、坎帕尼亞兩地方的虜掠，表面上看來羅馬是較占下風，但同盟國對羅馬有幾許溫情懷舊，不願與「羅馬聯盟」分離，沒有城市願意向漢尼拔示好。希望「羅馬聯盟」瓦解的漢尼拔，知道這個問題不能再拖下去，有盡快決戰的必要。

## 坎尼——第四回合戰役

一九九一年一月，波斯灣戰爭爆發，空中的戰機隨時都可能對地面展開攻擊，全世界都屏息注視這項消息。在當天上午看CNN的實況轉播中，記者所在的位置不是沙烏地的基地，也不是伊拉克的爆炸地點，而是一片麥田的景象。在畫面中的記者表示，他正從義大利現場轉播。

那位記者說，要知道多國部隊的陸上作戰究竟是什麼情況，請看看歷史上最有名的陸地戰。

「記者現在所在的位置是南義大利的坎尼平原，二千二百年前的西元前二一六年，漢尼拔與羅馬在此展開大會戰。」

CNN記者一邊指著戰況的地圖，一邊說明漢尼拔如何運用戰術，攻破人數較占優勢的羅馬軍。並說道：

「坎尼的會戰是戰術研究上不可或缺的部份，陸軍士官學校都會教授，也就是說，薛華爾茲知道的，伊拉克方面也會知道。」

說來有些可笑，一個沒有飛機、直升機時代的會戰，竟會引起衛星轉播時代的記者如此大的興趣。日本防衛學校的情況我不清楚，但這裡要敘述的就是歐美士官學校必教的坎尼會戰。

西元前二一六年，羅馬的公民大會決議增強軍事，開始編整軍隊，準備春天的戰鬥。

如前所述，羅馬軍團平時一個軍團的組成，包括羅馬公民步兵四千二百名及騎兵三百名，加上同盟國來的參戰者。一位執政官率領所謂「執政官軍團」，包括兩個軍團，這是羅馬軍的戰略單位。由於有兩位執政官，因此有四個軍團。平時「羅馬聯盟」軍的戰力，約有三萬八千名兵。

戰時會視情形增加人數，總計戰力為五萬四千名。當初，羅馬同時對抗高盧人及伊利利亞海盜時，羅馬公民兵與同盟國士兵的比例為二比三。

準備挑起決戰的西元前二一六年，對手只有漢尼拔一人，但羅馬卻增強兵力。增加的不是軍團的數目，一位執政官率兩個軍團，兩位執政官率四個軍團，仍維持不變。西元前二一六年的羅馬，一個軍團的規模比一般「戰時」的人數還多。這個負擔先從「羅馬聯盟」的盟主羅馬開始分攤。當時兩位執政官每天輪流擔任總指揮，關於西元前二一六年的戰力，說明如下：

羅馬公民兵……步兵——四萬
騎兵——二千四百　四萬二千四百

同盟國兵……步兵——四萬
騎兵——四千八百　四萬四千八百

總計——八萬七千二百

步兵為八萬，騎兵為七千二百，比例為十一比一。

另一方面，在普利亞地方過冬的漢尼拔軍戰力，說明如下：

| | | | |
|---|---|---|---|
| 漢尼拔的手下 | 步兵 | 二萬 | 二萬六千 |
| | 騎兵 | 六千 | |
| 高盧傭兵 | 步兵 | 二萬 | 二萬四千 |
| | 騎兵 | 四千 | |

總計——五萬

步兵四萬，騎兵一萬，比例為四比一。

從步兵戰力來看，以八萬對四萬，羅馬方面占絕大優勢，但騎兵戰力，則是羅馬軍的七千二百對漢尼拔軍的一萬，情況相反。羅馬兵自從在特連吉梅諾戰損失四千名騎兵後，就一直未能再補充。

羅馬帶領八萬七千名大軍的指揮官是由兩位執政官每天輪流，而這兩位執政官都沒有與漢尼拔交手的經驗。在戰績方面，執政官艾米里斯曾在漢尼拔進攻義大利前一年擔任執政官，戰勝伊利利亞族人；執政官瓦爾羅則毫無戰場經驗，甚至沒有當過百人隊長。他會被選為執政官，是因為他所主張的速戰速決論，獲得大部份羅馬公民的支持。

兩位執政官的年齡不詳，但以執政官須滿四十歲的條件看來，他們至少比三十一歲的漢尼拔大十歲以上。無論如何，西元前二一六年，羅馬全力投入與漢尼拔作戰。

羅馬軍依往例於三月十五日展開軍事行動，從阿庇亞大道南下。經過加普亞，接近貝涅維特時，友軍前來報告冬營中漢尼拔的動向。根據報告，漢尼拔離開冬營的營地，並未北上，反而南下。因此兩位執政官率領八萬七千名羅馬軍，追擊漢尼拔，進入南義普利亞地方。

漢尼拔不知道透過何種方法，也許是逼問俘虜的結果，竟對追來的羅馬軍瞭若指掌，無論是軍隊的規模或編組、兩位執政官的性格等，皆一清二楚。他考慮在容易發揮騎兵威力的平原進行會戰，當時羅馬就已經注意到漢尼拔的企圖，雖然進入多平原的普利亞地方，但因為挾有八萬名步兵的戰力，充滿自信。羅馬重裝步兵的英勇，在當時鼎鼎有名。

漢尼拔軍隊想要擺脫羅馬軍，南下到歐芳河注入亞德里亞海附近的平原，便停了下來，隨即攻擊河川附近的坎尼村，並加以占領。坎尼是羅馬同盟國內的一個儲藏糧食基地。重視「羅馬聯盟」機能的羅馬人嚴禁在同盟國內進行掠奪。

漢尼拔之所以攻打坎尼，用意在於刺激羅馬軍，又可取得糧食。要維持五萬名士兵所需的糧食問題，是件大事。南義各同盟國城市皆對漢尼拔虎視眈眈，決不輕易打開城門，沒有一個城市自願提供軍糧給漢尼拔。在西元前二一六年當時，也沒有迦太基本國來的奧援。即使想向西班牙求援，但西班牙本土上的迦太基勢力，正在抵抗柯爾涅留斯兄弟所率領的羅馬軍，無暇顧及支援遙遠的義大利。坎尼雖在漢尼拔手中，但也只剩下十天左右的糧食而已。

但是，漢尼拔在坎尼補充糧食後，不再移動軍隊，而在坎尼附近的山丘建築營地，等待羅馬軍的到來。

羅馬在接近漢尼拔十公里處停下紮營，由於羅馬軍在平野上紮營，因此軍營四周挖出深壕溝、圍上高柵欄，是個百分之百的陣營地。兩軍在平原上相距十公里對峙。

對峙不到二個月，兩軍出兵。

漢尼拔派二千人，羅馬方面大概也是相同的人數應戰。這種小規模會戰，發生好幾次。累積幾次小型會戰下來，羅馬方面的戰果較佳。其中一次，羅馬軍犧牲約一百人，漢尼拔軍卻犧牲一千七百人。漢尼拔軍的損失大多是高盧兵。而羅馬軍的士氣愈來愈高昂，大家都認為這次一定會贏。

三十一歲的漢尼拔就像撞球或橋牌中的老手對待新手一般，剛開始讓對方先贏一步，而好戲在後頭。

戰鬥意願旺盛的羅馬軍隊，將陣營推進至歐芳河的左岸，而漢尼拔立刻也將陣營移至岸邊，兩軍距離不到二公里。

雖然如此，但並未立即開啟戰端，現在雙方據有各自的陣營對峙。羅馬也渡河到對岸搭建小陣地，使得在河的兩岸都有陣地，同時羅馬在士兵人數方面占有優勢。但漢尼拔依舊未採取任何行動。

漢尼拔希望在特烈比亞及特連吉梅諾等地進行戰鬥，坎尼也是他希望誘敵的場所。然而漢尼拔在坎尼與羅馬軍相距只有二公里，卻完全沒有任何積極的行動。漢尼拔軍在小型會戰雖敗，但未動搖士氣。

漢尼拔看穿這些羅馬司令官都懷著高度的警戒，避免掉入陷阱。所以要引誘他們會戰，須先解除他們的戒心，讓羅馬覺得他們握有主導權。

羅馬軍指揮官每天輪值，西元前二一六年八月二日，輪到泰連．瓦爾羅擔任總指揮。那天，天空剛泛白，羅馬軍的大小兩個陣營地就接到總司令官瓦爾羅的命令出兵。瓦爾羅將全軍集合在歐芳河的右岸。不選左岸是因為左岸是平原，騎兵容易發揮，比較危險。右岸的地形高低起伏不平，對騎兵占優勢的迦太基軍不利。

漢尼拔看到羅馬軍已完成布陣，便親自率軍渡河，在羅馬軍的正對面布陣。羅馬的陣形是一直線，而漢尼拔的陣形則成中央有弧度的弓形。

羅馬總司令官瓦爾羅所想的戰術，光看布陣就一目了然。配置在中央的步兵團陣形是縱列長形。以羅馬軍的主力重裝步兵，狙擊敵人的中央，因此選擇歐芳河及圍繞坎尼村丘陵間這塊比較狹小的戰場。但是這個陣形，對羅馬軍右翼的二千四百名騎兵而言，夾在河與步兵團間，必須面對三倍的敵人，較為不利。

瓦爾羅在戰場布陣的後方陣營，布署一萬名士兵待命，當騎兵支撐著，步兵成功突破中央時，再投入這一萬名士兵，將讓會戰一舉全勝。

但漢尼拔組成與特烈比亞戰不同的陣形，使羅馬軍無法稱心如意。

會戰開始，兩軍皆以一般的戰法，就正面相對的位置。漢尼拔軍的左翼面對羅馬軍的右

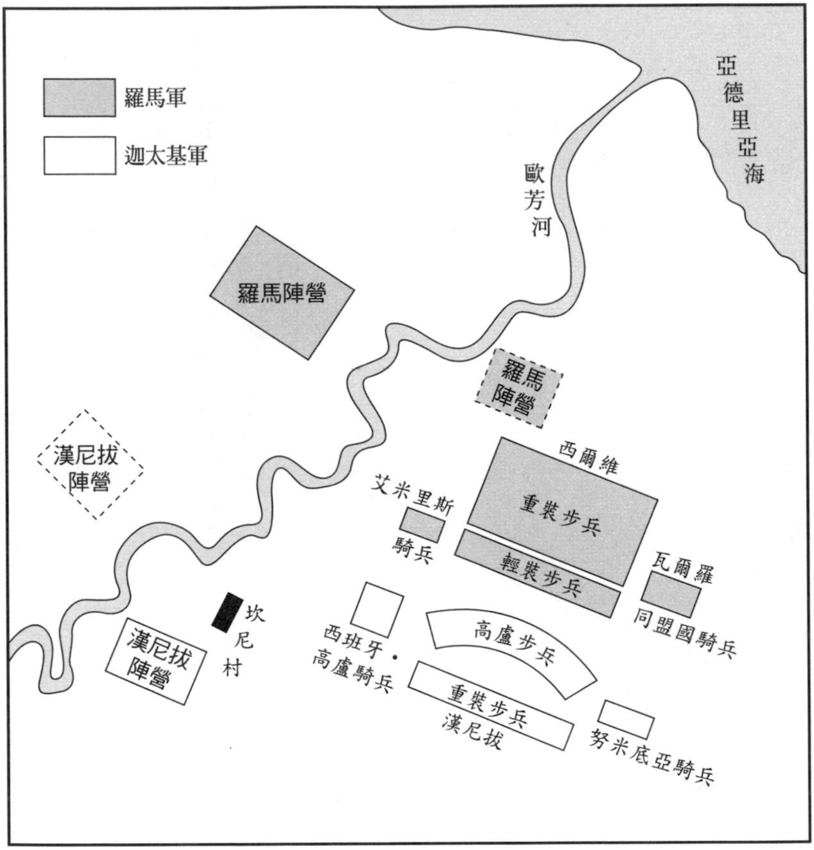


坎尼會戰（布戰完成的陣形）

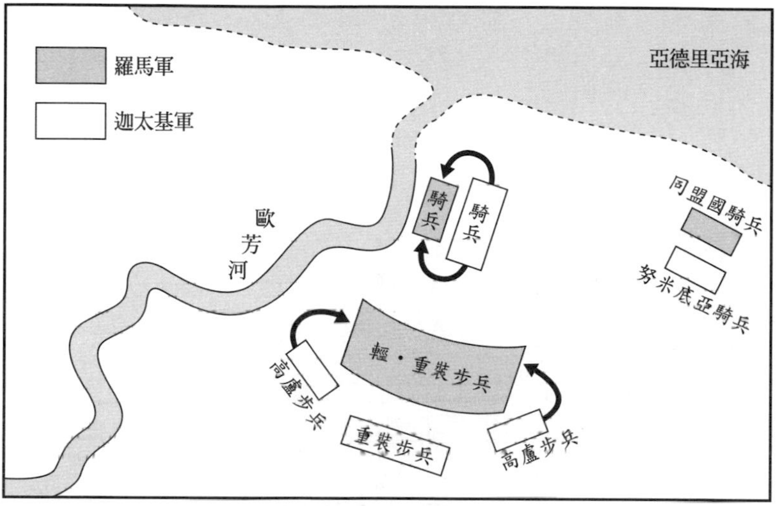


坎尼會戰（第二階段）

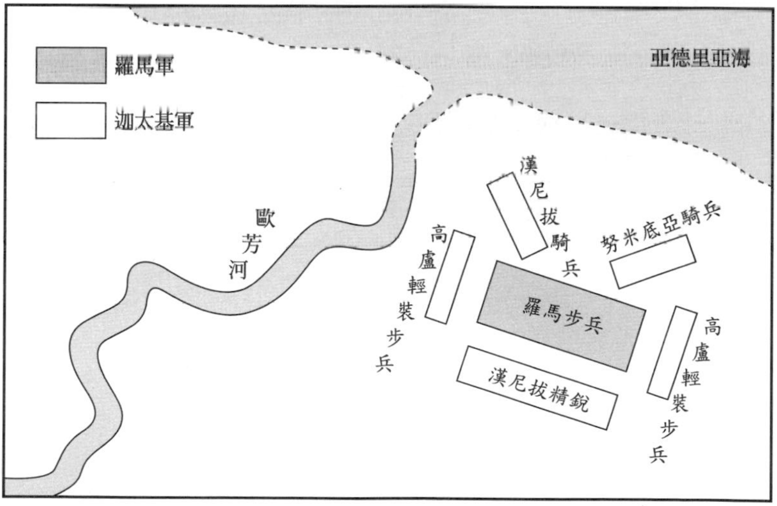


坎尼會戰（最後階段）

翼，在中央部份，雙方都是輕裝步兵，漢尼拔軍右翼面對羅馬軍的左翼。兩軍最先對戰的是呈弓形部份的漢尼拔高盧傭兵及羅馬的輕裝步兵。

雙方開打初期，羅馬軍較占優勢。瓦爾羅見此情形，命令指揮步兵團的前執政官西爾維投入重裝步兵團。羅馬步兵攻來，由高盧傭兵組成的漢尼拔軍前衛，從中央凸起的弓形位置，變成中央凹下的弓形。這個弓形陣形發揮了效果，讓羅馬步兵耗費更長的時間及兵力投入攻擊中央，高盧兵雖然一直後退，但仍撐得住。

在步兵戰之後，左右兩翼的騎兵戰也接著開打。漢尼拔軍的左翼騎兵，挾三倍人數的優勢，朝執政官艾米里斯所率領的騎兵攻去，節節逼進。羅馬騎兵一點一點地被逼退，羅馬騎兵雖被逼退，但仍奮戰不懈。組成羅馬右翼的騎兵多為貴族子弟，換句話說，他們是預備軍官。

另一方面，執政官瓦爾羅所率領的羅馬軍左翼同盟國騎兵與漢尼拔的努米底亞騎兵，雙方的數量及程度差不多，剛開始旗鼓相當。

由於中央受到羅馬重裝步兵的猛烈攻擊，漢尼拔的高盧兵已支撐不住，羅馬輕裝步兵與重裝步兵進一步結合，追擊退敗的敵人。

此時，高盧兵放棄防守，分左右兩邊散去。羅馬重裝步兵與突然出現的漢尼拔重裝步兵對上，這是漢尼拔長征下的精銳部隊，雖然只有二萬，面對七萬羅馬兵仍面不改色。

戰場中央的重裝步兵戰由羅馬軍取得領先地位，但騎兵戰方面則是漢尼拔軍較占優勢。執政官艾米里斯率領的二千四百名騎兵，多背河而戰，被六千名敵軍的騎兵包圍殺死，在敵軍的趕盡殺絕之下，很少能夠逃走的。艾米里斯的馬被殺，騎兵團也沒了，只好加入重裝部隊繼續奮鬥。

執政官瓦爾羅指揮的同盟國騎兵四千八百名，剛開始雖然表現良好，但不是努米底亞騎兵的對手，左翼這邊沒有阻擋逃命的河川，在努米底亞騎兵的追擊下呈鳥獸散。

羅馬重裝步兵與漢尼拔的精銳部隊展開激烈戰鬥的中央地帶，羅馬兵的戰鬥意志與戰鬥能力漸失，漢尼拔的戰術開始出現效果。

漢尼拔的精銳部隊抵抗羅馬重裝步兵的猛攻，原本看似脫離戰線的高盧兵及輕裝步兵，朝著羅馬軍騎兵被逼退的位置前進，繞到羅馬步兵團的兩邊；接著，漢尼拔左翼騎兵在擊敗羅馬軍右翼後，繞到羅馬步兵團的背後，追擊敵人的努米底亞騎兵回到戰場，漢尼拔就這樣完成了他的包圍作戰。

七萬名羅馬步兵團就這樣被五萬名的漢尼拔士兵包圍住。

這些都是組成「羅馬聯盟」的公民兵，雖然被敵人包圍，卻不輕易投降。然而就像之前的許多次戰役一樣，漢尼拔的包圍作戰就等於是全部殲滅作戰。

指揮重裝步兵的前執政官西爾維戰死，選擇下馬與部下並肩作戰的執政官艾米里斯也陣亡，擔任獨裁官法比烏斯副官的米奴迪吾斯被殺，八十位加入騎兵或重裝步兵的元老院議員幾乎全部陣亡，能突破漢尼拔包圍網的人數極少。漢尼拔的包圍坎尼作戰發揮得淋漓盡致，完全殲滅羅馬軍，同時也達到使羅馬主力重裝步兵喪失主要戰力的目的。

被俘虜的有一萬名士兵，因為沒有總司令的命令，只能留在小陣地。

當天的總司令官瓦爾羅在五十名騎兵的護送下，從坎尼沿山路往西走數十公里，逃到羅馬的殖民城市維努吉亞。此外，另有四千名步兵、二百名騎兵從坎尼往北逃至卡諾沙。其中包括十九歲的柯爾涅留斯．西比奧。他的父親在特烈比亞戰後被派遣到西班牙，將他交由艾米里斯照顧。對年輕的西比奧而言，這已經是第三次接觸到漢尼拔戰術的才華。

執政官及將官順利逃脫，將維努吉亞及卡諾沙的殘存兵力集合起來，總數不到一萬。

根據古人的記載，坎尼會戰的羅馬軍犧牲者達七萬人。漢尼拔軍則犧牲五千五百名士兵，其中三分之二是高盧兵。

以整部歷史來看，羅馬不曾如此慘敗，坎尼會戰可說是空前，而且也是絕後的戰役。

第二天起，漢尼拔軍開始拾取戰死者身上值錢的東西，一整天都處理不完。漢尼拔為了要使國人了解他的勝利，讓他的弟弟馬構涅在迦太基本國的重要人物前，將從羅馬士兵手上拔下的金戒指，堆積成山。對羅馬人而言，金戒指不是結婚信物，而是印鑑，因此又大又重。數萬個金戒指堆積如山，連我都很難想像。

羅馬平靜地接受慘敗。執政官瓦爾羅率領殘兵回到首都時，從元老院議員到一般市民，全都到城門迎接。陣亡者的家族也將服喪期間從原來的一年改為三十天。

全國聽不到對瓦爾羅的責難，原來反對他所提的速戰速決者，也不再說些什麼。在特烈比亞、特連吉梅諾及坎尼這三場會戰中，總司令官都是平民出身，但此時沒有來自貴族的抗議，也沒有其他民族的暴動。

然而噩耗連連，坎尼敗北的陰霾尚未散去，高盧地區又傳來兩個軍團被殲滅的消息。

那一年，羅馬為了鎮壓因漢尼拔而氣勢高漲的高盧民族，派遣法務官波斯多米率領兩個軍團前去平定，但反被高盧兵攻擊，因而躲進森林中。這是一項極大的錯誤。

高盧人事先把森林中的樹木鋸斷，又將樹木扶正。高盧人將羅馬軍誘入森林後，樹木就像骨牌一樣倒下。兩個軍團八千六百名士兵被壓在樹木下面，動彈不得，躲在暗處的高盧人出來攻擊。據生還者表示，連法務官波斯多米也犧牲了。

羅馬在幾天內失去了八萬名士兵，體察民情的元老院決定派使節請求天啟。結果是由撰寫第二次布尼克戰史的元老院議員法比烏斯．彼德前去希臘神殿戴爾菲祈求天啟，這項舉動是顯示羅馬人信心動搖的唯一證據。

另一方面，位在坎尼的漢尼拔陣營大肆慶祝勝利，將官們也紛紛對進攻羅馬之事進言。其中一人甚至說，今天攻過去，五天後就可以在卡匹杜里諾山丘吃晚餐。

三十一歲的勝利者——漢尼拔並沒有把這些話聽進去，他深信羅馬的崩潰取決於「羅馬聯盟」的瓦解，現在攻打首都還太早。有一位將官對漢尼拔這麼說：

「你知道你的勝利掌握在手中，但不知道能否運用這個勝利。」

也許年輕的漢尼拔當時心中仍很迷惑。就像後來敘拉古及迦太基的例子一樣，要攻打防禦堅固的大城市，必須要花上二、三年的時間，並非一天就能決定勝負。在長期的攻城戰中，高盧兵靠不住，能仰賴的只有手邊的二萬五千名士兵。以這種程度的戰鬥力強行攻打大城市，簡直是以卵擊石。

而且羅馬這個國家，並非將所有機能集中在首都，漢尼拔不能忽視這一點。羅馬是由點與線連結起來的國家，在同盟城市間的殖民城市，有許多羅馬公民及拉丁公民遷徙到這裡居住，皆擁有相同的權利。凡是擁有羅馬公民所有權的人，也就具有士兵的身份。這些士兵集合起來，要攻打漢尼拔是件輕而易舉的事。

無論如何，瓦解「羅馬聯盟」，進攻義大利，是漢尼拔既定的基本戰略。坎尼的勝利基本上也是循著這個基本戰略而來。

在坎尼會戰後，漢尼拔仍將俘虜的羅馬公民兵及同盟國兵分開，讓後者自由回國。漢尼拔的敵人是羅馬，於是也釋放羅馬以外的非義大利人。

同時，漢尼拔也分秒必爭，既不攻打首都，也不追擊敵軍，而將軍隊往南送，目的是為了逼迫南義各城市叛離「羅馬聯盟」。

除了義大利半島的鞋尖部位卡拉布里亞地方有一、二個城市試圖抵抗，其他都打開城門迎接漢尼拔。但由於殖民城市的要塞化建設得十分紮實，居民也都是羅馬兵，彷彿茫茫大海上時時看到羅馬的影子。這個地區內的同盟國，僅剩下臨著墨西拿海峽的雷其歐仍舊站在羅馬那邊，主要因為雷其歐長期得到來自西西里內親羅馬勢力的援助。因此，「羅馬聯盟」須先從南端瓦解。

當時羅馬最頭痛的是加普亞的叛變。

加普亞在義大利中部的坎帕尼亞地方，是個比拿坡里還重要的城市。這個城市位在拉提那大道及阿庇亞大道的交叉點上，羅馬賦予這地的居民「無投票權的公民權」。除了沒有參與羅馬國政的權利外，其他皆與一般羅馬公民的法律地位相同，加普亞的自治權也完全被承認。因此，加普亞也是「羅馬聯盟」的同盟國之一，加普亞公民有參加羅馬軍的義務。到目前為止，也和羅馬公民兵一起對抗漢尼拔。

加普亞離開坎尼敗戰後的羅馬，其實與漢尼拔釋放同盟國兵政策有很大的關係。

加普亞派遣公民代表到漢尼拔陣營去，提出以下條件要求單獨和談：

一、締結和約後，無需提供士兵給漢尼拔軍。

二、承認加普亞境內完全自治。

三、以漢尼拔手邊俘虜的三百名羅馬公民兵，交換參加西西里防禦的三百名加普亞兵，送回加普亞。

漢尼拔完全接受這些條件，和談成功。

如果是位置有利的城市國家，周邊擁有幾個衛星城市是件稀鬆平常的事。加普亞的叛變也影響了附近四個城市在中、南義種下分化「羅馬聯盟」的種子。

坎尼勝戰的西元前二一六年冬天，漢尼拔以及他的屬下，從離開西班牙後的第三年，第一次不在軍營中打地鋪，而是打樁蓋屋，終於可以安穩地睡在床鋪上。西元前二一六年到前二一五年間的冬天，漢尼拔決定在加普亞過冬。漢尼拔在這個伊特魯里亞人建設的大城市，在告別三十一歲的同時，也在等待「羅馬聯盟」的瓦解。

## 亞歷山大與漢尼拔

如果要探尋二千三百年前亞歷山大的事蹟，我們必讀普魯塔克的《列傳》，但從作品中我們看不出亞歷山大的個性，也沒有關於亞歷山大戰略、戰術的探討。這是因為西元一世紀的希臘知識份子普魯塔克對這些沒有興趣，也不具備這方面的專業知識。

但是古代有關亞歷山大的書，不只有普魯塔克一人撰寫。亞歷山大完成的遠征及英年早逝的故事，為後人所津津樂道，許多歷史學家都視撰寫這個青年天才的偉績為一大挑戰。在當時，也沒有史料不足的問題。

亞歷山大帶了兩位記錄員同行。兩位歷史學家根據這兩位記錄員的資料，在亞歷山大死後，立即作傳。

但這兩位記錄員及兩位歷史學家的著作都已失傳，只能憑普魯塔克的《列傳》及庫爾第吾斯．盧佐的《亞歷山大王傳》來了解亞歷山大。相較於亞歷山大死後百年出生的漢尼拔，我們可閱讀的資料則少得可憐。

要記載戰略或戰術，須有相當的興趣及專業知識。包括普魯塔克在內，許多古代歷史學家皆熱衷於讚揚亞歷山大的功績，而忽略他是如何落實執行的部份。親自率領軍隊的庫西諾芳、參加伯羅奔尼撒戰役的修西狄底斯、或擔任亞該亞同盟軍的騎士團長波力比維斯等諸位富有參戰經驗的歷史學家，未能寫下亞歷山大的事蹟，甚為可惜。

無論生在哪一個世代，都會有人想要鑑古知今。漢尼拔也是其中一位，西比奧曾問他，誰是最優秀的武將，漢尼拔便把亞歷山大列名為第一位，甚至認為比自己更優秀。如果只是人云亦云，不會有如此肯定的答案，必然是經詳細研究，透澈了解後，才將他置於第一位。

漢尼拔從進攻義大利之前，一直到第二次布尼克戰役之後的期間，都帶著一名希臘人，叫做錫連納，是隨行的記錄員，同時擔任教授漢尼拔希臘語的工作。當時有關亞歷山大的書籍，全是以希臘文書寫的。錫連納就是負責讀有關亞歷山大的書給漢尼拔聽，其中，漢尼拔當然最關心亞歷山大的戰略與戰術部份。

後來被尊稱為大帝的亞歷山大，在二十二歲那年帶著三萬六千名士兵進攻波斯帝國，對抗可動員十萬至二十萬名士兵的波斯國王大流士，還贏了兩次。波斯方面戰死約十萬人，但亞歷山大這邊卻只損失二百至三百人。也許會讓人以為古人好大喜功的癖性，是否少寫了一個或兩個零。但大獲全勝的結果是毋庸置疑的。

為什麼這一切是可能的呢？對一般人而言，可能只會說「太偉大了」、「好厲害」等感嘆語；但對一名武將而言，這可說毋寧是一大刺激，尤其對只有羅馬十分之一兵力的漢尼拔而言，更是關心這個問題。

亞歷山大十八歲那年，他父親馬其頓王菲力普二世率軍，與底比斯及雅典聯軍展開凱洛涅亞會戰，他也參加了這場戰爭，並負責指揮騎兵團。馬其頓軍與底比斯、雅典聯合軍人數相當，但最後由馬其頓方面獲勝，致勝關鍵在於馬其頓騎兵的行動。

在古代，無論是希臘或羅馬，重裝步兵都是軍隊的主力，是公民的中、上階層組成。在凱洛涅亞會戰中，馬其頓軍的步兵及騎兵是十比一的比例。

年輕的亞歷山大體認到騎兵的重要性，親自指揮騎兵，以此來決定勝負。二年後，他東征時的戰力為三萬一千名步兵加上五千名騎兵，步兵與騎兵的比例是六比一，為了提高騎兵的戰鬥力及防禦力，甚至考慮配置重裝步兵。

仔細閱讀滿載禮讚亞歷山大的歷史後，只要認真看，還是可以看到些許有關戰術、戰略的記載。比如「從敵軍的側面攻擊」或「繞到背後」等，在面對五倍戰力的伊沙斯會戰中，記載著「亞歷山大了解到戰爭的情勢，雖知自己的主力軍在於重裝步兵，但仍判斷應以騎兵來決勝負。」

馬其頓的年輕武將——亞歷山大靈活運用步兵及騎兵甚於發揮騎兵的機動力，有效地同時運用步兵及騎兵。活用整體軍隊，讓敵軍的主戰力變成非戰力化。

當時的戰鬥方式是步兵和步兵打，騎兵和騎兵打。利用騎兵的機動性，追擊逃走的敵人，這種戰法是以「量」取勝。大流士認為派出大量士兵可彰顯帝國的偉大，因此將十五萬名士兵送上伊沙斯戰場，但亞歷山大並未因此退縮。在伊沙斯戰役之前，亞歷山大只和波斯交手過一次，在伊沙斯戰場也是第一次與大流士對決。在亞歷山大之前的戰鬥，都以數量定勝負，這也是波斯方面派出大軍的原因。但這位馬其頓的年輕人卻改變了許多以往的戰鬥方法。

對亞歷山大而言，步兵或騎兵都是配合戰術在戰場上移動的馬。他有時命令騎兵走進步兵，或者命令騎兵去碰撞步兵。對貴族出身的騎兵，他不注重他們自負的心理尊嚴問題，只重視是否有效發揮自軍的最大效率。這是他致勝的關鍵。

天才不僅是能發現只有他看得到的新事物，還能洞察他人未發覺的舊事物。

有效運用軍隊各部份，以量取勝，任誰都想得到。但是戰場上的亞歷山大，掌握戰鬥主導權，不等對方出擊才作反應。他曾說：

「戰鬥是激動的狀態，因此戰場上所有行為都是激動的。」

因此，亞歷山大在戰場外特別慎重，對於伊沙斯戰敗的大流士也不深加追究。至於逃到內陸的波斯王則暫且不管，先專心鎮壓地中海沿岸。在敵人土地上戰鬥的亞歷山大，認為確保從希臘來的補給線非常重要。之後，在加烏加梅拉再次戰勝大流士後，暫且先不追擊，而以攻略巴比倫 (Babylonia)、蘇薩及佩爾西波里斯為優先。當這些波斯的重要城市到手後，才準備追擊大流士。

戰勝後不繼續追擊，而以攻略周邊地區為先，的確是亞歷山大的作法。他僅帶著三萬六千名士兵東進，在行軍途中，漸漸加入當地人的士兵，使軍隊的希臘色彩漸淡。

漢尼拔的作法與以上所述的亞歷山大戰略都相同，特別是最後一項。漢尼拔特別重視「羅馬聯盟」的解體，但是漢尼拔面對的敵人，不是波斯或其他習慣專制君主制的東方人 (Orient)，而是義大利的伊特魯里亞人或希臘人。他們與羅馬維持幾乎平等的同盟關係。經過「基礎建設」的羅馬化過程，與羅馬人成為經濟命運共同體。

漢尼拔的確是向亞歷山大學習，但畢竟是兩個不同的人，亞歷山大不像漢尼拔，會趁敵人不注意之際攻擊或是突然採取某項策略。這並非希臘人與迦太基人民族性的不同，而是歸結於亞歷山大與漢尼拔的個性不同。在希臘神話英雄中，亞歷山大最欣賞高貴、勇敢但不善謀略的阿奇里斯。漢尼拔的喜好我們不知道，也許他會說他喜歡用計謀攻陷特洛伊城的奧德修斯。

再怎麼巧妙的戰略戰術，如果和執行者的個性不合，是很難成功的。如果能像與自己的肌膚貼合般，那麼就可以自然地運用戰術了。雖沒有西元前四世紀「阿奇里斯」的夜襲，但漢尼拔可稱得上是西元前三世紀的「奧德修斯」。

要展開有機的戰鬥必得運用騎兵，這是漢尼拔向亞歷山大學的。羅馬既然已經吃了漢尼拔四次敗仗，為何不增強騎兵的實力呢？是沒有注意到騎兵的機動性嗎？或是想增強但有什麼原因沒辦法做到。

羅馬方面早在提西諾之戰就注意到漢尼拔騎兵的優勢。當時敗戰的執政官柯爾涅留斯，也針對這點向元老院提出報告。此外，在特連吉梅諾戰敗後的執政官弗拉米尼烏斯決定南下追擊漢尼拔時，要求在利米尼的執政官西爾維先派遣騎兵團前來。這說明羅馬的司令官完全了解漢尼拔的優勢在於騎兵，但卻不能增強自己的騎兵。

這與共和政體羅馬軍隊的編組有很大的關係。當時羅馬軍隊的主力是重裝步兵，是由公民的中、上階層擔任，這也是作為公民的義務。重裝步兵體現共和羅馬的精神。

如果削減重裝步兵，等於是喪失共和政體羅馬的精神。拿日本來比喻，如果將日本的「大和」精神除去，那麼日本就不是日本了。雖說騎兵很重要，但如果把重裝步兵轉化為騎兵，那羅馬人就不是羅馬人了。

五百年來一直以重裝步兵為主力的軍隊，是不容易在短時間內加以改革的。

此外，當時的羅馬和地中海世界其他各國一樣，不易集結騎兵的兵力。因為義大利亞平寧山脈周圍的馬匹產量很少，而騎兵須在有馬的地方才會產生。

希臘人是科學的鼻祖，羅馬人是工學的天才，但都沒有想到發明「馬鐙」，令人覺得不可思議。

醫學之祖波克及古代醫學大成加連努曾經記載有關騎兵的腳病，因長期懸在半空中造成瘀血，是騎兵的職業病。

古代騎兵和美洲大陸的印第安人一樣，只放置一個簡單的馬鞍，兩腿一跨，沒有馬鐙。垂下的兩腳只要一踢馬腹，就可操控馬匹，沒有馬鐙也可以騎馬。

但是在馬上如果要射箭或刺槍時，不可能不會摔下來，這就需要馬鐙，才能把身體固定在馬上。這項技術也須要從小訓練，是一項特殊的技能。

因此會騎馬的人，不是那些從小生長在山野與馬為伍的人，就是社會地位高、家境富裕的子弟。羅馬的稅制中，以所有財產最高的第一階層擔任騎兵也是這個道理。雖知急需騎兵，但無法立即補充，也是這個原因。

就這方面來說，專制君主國的馬其頓以及實施傭兵制的迦太基，比較容易加強騎兵兵力。亞歷山大東征時，曾向北邊的色雷斯徵募大量的騎兵。漢尼拔也從北非的努米底亞招募騎兵，這是地中海世界中聞名的騎馬民族。

羅馬軍在取消公民兵以後，仍以重裝步兵為軍隊的主力。至於如何加強騎兵戰力，則是個經常討論的話題。凱撒也從騎馬民族高盧人募集騎兵，他們是與努米底亞並列的騎馬民族。然而在第二次布尼克戰役時，高盧人是羅馬的敵人。總之，漢尼拔從亞歷山大那裡了解到騎兵的重要性，將努米底亞及高盧兩個地中海世界有名的騎馬民族納入自己的軍隊中。

羅馬騎兵兵力增強一事，遭遇多重困難。一直到坎尼戰敗後十四年，這個問題才得以解決，幾乎是等到漢尼拔的弟子以後才出現。

馬鐙一直到西元十一世紀才普及，騎士在中世紀的黃金歲月，也是拜馬鐙之賜。

第四章

# 第二次布尼克戰役中期

（西元前二一五年～前二一一年）

看過英國ＢＢＣ公司製作的紀錄片節目後，十分佩服英國人的冷靜與客觀，即使事前不知道是哪一家公司製作的，只要一看到如此高品質的節目，就知道是ＢＢＣ公司出品的影片。他們嚴謹的態度最適合製作歷史影片。雖然在法、德、義都有優秀的歷史學家，但英國研究者的作品，讓人覺得最可靠。

在英國人冷靜的敘述中有時也有熱情的表現。讀到此處時，不禁苦笑起來，這令我想到「敦克爾克(Dunkirk)之後的英國之役」。

即使沉著冷靜而且知性的英國人，談到這個時期的羅馬也不禁熱血沸騰起來。從這裡開始我們要談羅馬人在被漢尼拔摧毀後所發生的故事，就像從敦克爾克撤退後，美國人參戰，幫助英國人奮起抗戰的故事一樣。

在坎尼會戰之後，漢尼拔的弟弟馬構涅帶著羅馬兵的金戒指回到迦太基。在迦太基的元老院議場內，大家看到堆積如山的金戒指，不禁喧譁起來。漢尼拔的死對頭——重視國內派的哈農提出質疑：

「拉丁民族中，有哪個部族向我方輸誠？三十七個拉丁殖民城市中，有幾個脫離陣線，向我軍投降的？」

年輕的馬構涅緊張得向這位有勢力的長者報告：

「一個也沒有。」

哈農接著問：

「這麼說來，敵人依舊十分強大囉！另外，一向支持羅馬的殖民城市或同盟城市，是否已有脫離羅馬的傾向？」

「不，還看不出來。」

「羅馬人向漢尼拔提出談和了嗎？」

「還沒。」

「這和漢尼拔越過阿爾卑斯山時一樣，即使是在坎尼會戰獲勝，迦、羅兩國還是停留在對戰狀態。各位，我建議此時我們應該和羅馬和談。」

但是，羅馬方面並不希望和談。

漢尼拔此時正在南義最大的城市加普亞過冬，做了很多他從前不敢做的事。他無條件釋放同盟國的俘虜後，首次與羅馬公民兵俘虜面對面，語調平緩地說：

「我不是以消滅羅馬人為目的而戰，我是為了名譽及霸權而戰。在第一次布尼克戰役時，家父向你們的父執輩讓步；這次，我靠我的才能及諸神的庇護，要你們讓步。凡是支付贖金者，可以放他走。」

當時羅馬公民兵俘虜人數將近八千人，這些都是坎尼會戰時的俘虜。之前四次戰爭的俘虜都已被殺光。漢尼拔要俘虜們自己選出十位代表，並派遣一名他的部下隨同這十位俘虜回羅馬。

無條件釋放所俘虜的同盟國士兵，目的是要促進同盟國脫離「羅馬聯盟」。釋放羅馬公民兵俘虜後，立刻就會變成敵人的戰力，但漢尼拔為什麼要縱虎歸山呢？推敲他的理由有以下幾個：

第一，漢尼拔為確保自己軍隊的軍糧已傷透腦筋，一下子多了八千張嘴讓他更吃不消。

事實上，漢尼拔所要求的贖金不高，與一般普通奴隸的價格相同。這樣的贖金，堪稱便宜。第一次布尼克戰役中，羅馬與迦太基間經常進行俘虜交換，當哪一邊人數較少時，就以贖金來抵銷。但是當時支付贖金者通常是迦太基。

但坎尼戰後的現在與當時不同，羅馬沒有俘虜可和迦太基交換，既然自己的士兵能被釋放，也只好支付贖金。總之，漢尼拔並無特別寬大之處，也不是做了什麼了不得的事。

第二個理由是，漢尼拔在進攻義大利後，藉著首次釋放俘虜，放出試探和談可能性的風向球。

經過四次敗戰，自信盡失的羅馬，可能會回應和談，放棄西西里、薩丁尼亞及加普亞以南的南義大利。對漢尼拔來說，這就等於達到進攻義大利的目的。這不僅收回第一次布尼克戰役所失去的土地，更進一步獲得義大利南部富饒的土地。

回到首都的十位俘虜代表希望在元老院說話，馬上獲得批准。但隨行的迦太基士兵沒辦法一起進入羅馬城，只能在外面等候。

在元老院議員面前，十位俘虜代表轉達了漢尼拔要他們說的話，也提到贖金的金額。俘虜當中有他們的同事和親友，元老院議員悲痛地聆聽著。但是等俘虜退出會議廳之後，議員們討論的結果卻是反對支付贖金，俘虜們帶著這個答案回到漢尼拔軍營。

羅馬人不認為被俘虜是一件羞恥的事，羅馬也並非不需要這八千名戰士，也不是付不起這八千人的贖金。

八千名羅馬公民兵相當於兩個軍團，羅馬在西元前二一六年坎尼會戰大量損失士兵後，更需要兵源。當時的羅馬，除無產階級外，連預備役也被徵召，忙著組成新的軍團。但這樣仍嫌不夠，甚至想到從奴隸中挑選志願者，向他們的主人買下，組成兩個軍團。如果購買這八千名奴隸並約定在戰爭之後支付費用，這筆費用幾乎與漢尼拔所要求的贖金不相上下，因此與其買奴隸，不如付贖金。而俘虜中也有不少經濟狀況不錯的。事實上，在元老院的討論中，有人曾提出讓俘虜自費支付贖金，付不起的再由國家出錢。

羅馬並非拒絕買回俘虜，而是拒絕漢尼拔和談的試探。漢尼拔聽到俘虜代表們帶回來的答案後，將八千名俘虜全部賣到希臘當奴隸。

羅馬堅持抗戰到底，元老院議員除了不動產以外，捐出所有財產。此外，政府也發行國債，除無產階級外，全部依照他們的經濟能力配發購買。

羅馬也收到各同盟國的資金援助，拿坡里送來二十五壺金幣，但元老院只是象徵性收下一壺，其餘二十四壺皆退回。敘拉古送來小麥及一部隊的士兵，羅馬僅接受士兵，並支付小麥的錢。羅馬希望同盟國提供兵力，但不要求提供資金。

但是到了西元前二一五年，羅馬的情形一直不見好轉，甚至每況愈下。

西元前二一五年春天，羅馬多年的好朋友——敘拉古國王希耶隆以九十歲高齡逝世，繼承人是十五歲的孫子。少年君主繼位，內亂頻傳。漢尼拔派遣工作人員（並非軍隊）前往，結果政變成功。少年君主被殺後，敘拉古放棄與羅馬同盟，轉而與漢尼拔結盟。漢尼拔向敘拉古的政變派暗示，如果向迦太基靠攏，敘拉古將獲得西西里全島的主權。

包括西西里在內的義大利南部，現在重要的城市有拿坡里、巴勒摩。但西元前三世紀時，尚有加普亞、塔蘭托以及敘拉古等。第二次布尼克戰役的第四年，漢尼拔奪走加普亞及敘拉古。出乎漢尼拔意料之外的，馬其頓王菲力普五世也向漢尼拔提出加盟。至此，第二次布尼克戰役有別於第一次是兩國間的戰爭，發展到大戰的氣氛愈來愈濃厚。

那一年，二十二歲的菲力普強烈意識到自己身為亞歷山大的後繼者，想再次奪回希臘霸權。羅馬以驅逐海盜、維護亞德里亞海域安全為名，平定伊利利亞族，勢力擴張到希臘西海岸。對菲力普而言，羅馬是個麻煩。馬其頓王知道漢尼拔大勝羅馬的消息後，決定與漢尼拔並肩作戰，於是派遣使者去覲見漢尼拔，除了提出結盟外，馬其頓王與漢尼拔組成聯合戰線，分為三個階段：

第一階段：馬其頓王率軍，擊退希臘西北岸伊利利亞地方的羅馬勢力。

第二階段：馬其頓軍接著攻擊希臘西南岸阿波羅尼亞及杜拉則的羅馬軍基地。

第三階段：馬其頓率軍登陸義大利，與漢尼拔聯合攻打羅馬。

雙方交換的條件是，戰後漢尼拔須承認希臘西岸全是馬其頓的領地，漢尼拔也親自率軍登陸希臘，協助馬其頓王稱霸希臘。

漢尼拔無條件接受馬其頓王的提議，西元前二一五年初，迦太基與馬其頓兩個地中海強國結盟。

羅馬很快就知道結盟的內容，因為馬其頓的使節在返回馬其頓的途中，被駐守在布林迪西的羅馬海軍逮捕。

漢尼拔竟然會答應借力給馬其頓，幫助馬其頓恢復在希臘的霸權這種條件，令人懷疑漢尼拔是否真的仔細考慮過結盟的條件。但另一方面，他也是輕易地答應將西西里讓給敘拉古王，可見三十二歲的漢尼拔一心只想擊敗羅馬。擊敗羅馬之後，敘拉古等就不算是什麼敵人了。與馬其頓王的協約也不過是一張紙而已。目前，如果讓敘拉古及馬其頓參戰，可馬上增強戰鬥力，百利而無一害。

因此，西元前二一五年起的羅馬，東西南北四面環敵。東邊是馬其頓，南邊是敘拉古，西邊是西班牙，北邊是高盧民族，而義大利本土上，則是最強的敵人漢尼拔。

羅馬的元老院已變成總參謀本部，對整個情勢作全盤評估、絕地逢生。研析每一條戰線後，從最緊急的戰線開始集中力量反攻。

在馬其頓戰線方面，由於握有迦、馬同盟條約的使節落入羅馬軍的手中，造成漢尼拔和馬其頓王之間沒有完全溝通好。那一年，馬其頓方面也無任何行動。羅馬為爭取時效，先強化布林迪西基地的海軍。布林迪西位於阿庇亞大道的終點，羅馬可輕易派軍前往，不僅可維護亞德里亞海的制海權，同時可以有效防止馬其頓軍渡海過來。在這個戰線上，羅馬採用外交戰的方式，因為羅馬沒有時間派遣大軍到希臘去。

敘拉古已向迦太基輸誠，如果繼續放任下去將會導致失去整個西西里。一旦失去西西里，就會失去羅馬和迦太基之間的制海權，因此羅馬軍開啟了南邊的戰線。

羅馬必須確保西西里其他地方的忠誠，使西西里不致動搖叛變，這比攻打敘拉古來得重要。敘拉古固然重要，但更重要的是斷絕迦太基與漢尼拔之間的支援聯繫。因此必須絕對掌握制海權，不能讓西西里落入敵人手中。

由於無須立即與敘拉古作戰，因此先派坎尼會戰的殘兵到這一條戰線上，也可掃去士兵們戰敗的陰霾。

此外，對漢尼拔而言，西班牙是個比迦太基更重要的後勤地。而西班牙本土也正在進行另一場戰爭，柯爾涅留斯兄弟屢奏戰果，越過厄波羅河後向南進攻，羅馬方面略占優勢。羅馬在坎尼失利及敘拉古叛變後，正陷入一片愁雲慘霧之中，只有這條戰線是羅馬人唯一一條值得欣慰的戰線。

北邊戰線方面，兩個軍團中了高盧人的計謀，在森林中全被殲滅，因此羅馬軍從盧比孔河以北完全撤退。為了防止高盧人這股新興戰力與位於義大利南邊的漢尼拔會合，因此將坎尼的敗將瓦爾羅送到亞德里亞海沿岸的皮伽諾，主要是著眼於皮伽諾位在銜接利米尼及南義的戰略位置。羅馬政府命令他發動附近的居民，組成一個軍團，當時的羅馬實在沒有餘力再派羅馬公民兵前去支援。

首要的戰略就是斷絕漢尼拔的補給線，將他孤立於義大利之內。如果不能成功，那麼持久戰的效果就會大打折扣。

要讓漢尼拔孤立無援，消耗殆盡；說是如此，做來可不是容易的事。坎尼會戰後，羅馬人再度見識到漢尼拔的才能。雖然沒有反對繼續作戰的聲音，但體會到改變戰略的必要性。

「堅持的男兒」法比烏斯再次出場，持久戰論有了新的詮釋。

坎尼戰後第二年，西元前二一五年，元老院選出法比烏斯為執政官。這一年開始的持久戰法與獨裁官時代法比烏斯的持久戰，內容大不相同。以前是兩位執政官同時率領軍隊直接對抗漢尼拔，現在是以分散幾處的方式進行。

這也是羅馬人已完全了解敵人只有漢尼拔一個。換句話說，對付漢尼拔要用會戰，特別是當遭遇沒有漢尼拔率領的迦太基軍時，必須毫不猶豫進行攻擊。

說來有些諷刺，這個戰略是羅馬在坎尼戰敗後才使用的方法。因為漢尼拔在坎尼之戰勝利後，支配了義大利南部相當大的範圍，迫使漢尼拔必須防守的都市與地方增多，不得不反攻為守。向來神出鬼沒的漢尼拔，很難在這麼大的區域內發揮，而且光靠一個人也心有餘而力不足。

坎尼戰敗後的羅馬，面對只有一個敵人的情況下，採取老鼠躲貓的策略；但羅馬人也不算是老鼠，看到貓時不必躲起來，只要盡量避免正面衝突，堅守周邊的方位，見縫插針，有洞就鑽。

第二次布尼克戰役中，西元前二一五年到前二一一年的這四年是羅馬最艱苦的時期。一方面專心於防衛戰，一方面元老院派遣四名武將鎮守前線，士兵盡可能一年輪調一次，但司令官不換人。

在共和政體下的羅馬，執政官不得連任，於是以「前執政官」、「法務官」、「前法務官」等官職頭銜率軍。由於戰線拉長，同時需要多位司令官，也算是彌補每年更換司令官的缺點。相對的，漢尼拔的優點就在於由一個人從頭到尾握有指揮領導權。

法比烏斯・馬克西姆斯（貴族）——西元前二一五年時，正值六十歲，有個綽號叫做「義大利之盾」，取代原本「堅持的男兒」這個綽號。

克勞狄斯・馬爾喀斯（平民）——西元前二一五年時，正值五十五歲，他主張積極戰法，有「義大利之劍」的稱號。

善普羅尼斯・格拉古(Senplonius Glacks)（平民）——西元前二一五年時，正值四十二歲，負責訓練奴隸成為抵抗漢尼拔戰力的困難任務。

華雷利烏斯・瑞維努斯(Varelius Revinus)（貴族）——當時五十歲左右，雖是武將，但具有外交及行政長才。元老院賦予他與他國交涉參戰的任務。

在這四人名字後面加上貴族、平民，說明了當時羅馬國內輿論的狀況。而這四位將官的部下，也是由貴族、平民出身者所組成。通常如果總司令是平民出身，那麼他的副將是貴族出身。

當國內言論分裂，容易造成國家的危機，所幸羅馬沒有發生這種情形，這是在敗給漢尼拔後，羅馬所剩下最具潛力的地方。

南義的大部份地區納入漢尼拔的勢力範圍，加普亞脫離「羅馬聯盟」後，在坎帕尼亞地方，並未引發叛變的骨牌效應。其餘的羅馬同盟城市及殖民地都留在「羅馬聯盟」內，這也是羅馬作戰的重要籌碼。

同時，屬省也未脫離羅馬。迦太基本國曾趁機攻打薩丁尼亞，但原住民加上羅馬軍的支援，擊退迦太基軍。在敘拉古脫離羅馬後，西西里其餘城市皆維持現狀，這是因為羅馬統治屬省的政策良好的緣故。即使在第二次布尼克戰役時，屬省省民仍是繳納十分之一稅，並未增稅。南義被漢尼拔拿去後，小麥供應不足，雖然要求屬省提供，但超過十分之一稅的部份，羅馬以購買的方式取得。

羅馬的作法，除了是自我炫耀以外，也是為了防範同盟國或屬省叛變，而羅馬也充分達到這個目的。因此，除非漢尼拔以武力鎮壓，否則羅馬不必擔心友邦會叛變。

為了不讓漢尼拔擁有更強大的武力，羅馬一方面避免正面衝突，一方面防止敵方擴充武力。西元前二一五年到前二一二年間，羅馬全力解決這個最大的難題。

另一方面，漢尼拔也並非完全沒有顧忌。他害怕在義大利被孤立，因此需要設備完善的海港作為迦太基補給船隊的港口。加普亞雖然是個重要城市，但不靠海，而塔蘭托仍在羅馬手中。他急需要一個坎帕尼亞地方的海港城市，如果能取得拿坡里、坡佐里或庫馬，迦太基的補給船可從羅馬制海勢力範圍外繞過來。如果不是這樣，原來就持消極態度的迦太基本國，將以船隻無法安全靠港的理由，不對漢尼拔提供積極支援，反而提供支援給在西班牙的迦太基勢力。漢尼拔最小的弟弟馬構涅回到迦太基本國報告勝利的消息後，原應帶著支援部隊回到義大利，但本國政府卻命令他和支援部隊先到西班牙。因為從迦太基到西班牙，只須渡過直布羅陀海峽而已。西元前二一五年，漢尼拔的軍事行動都集中在取得坎帕尼亞地方的海港城市。

羅馬為了防堵漢尼拔，派法比烏斯、馬爾喀斯及格拉古等三名武將加入坎帕尼亞地方的戰場。漢尼拔的目標是拿下拿坡里、坡佐里，這些都是有深水海灣的良港。

羅馬三位武將從三個不同的方向包圍在加普亞的漢尼拔。

執政官法比烏斯率兩個軍團，在加普亞西北方二十公里布陣。一方面可以監視拉提那大道，同時可以防守首都羅馬。前法務官馬爾喀斯在加普亞東南方布陣，也有兩個軍團。西南方則是執政官格拉古的兩個軍團，監控阿庇亞大道。一旦漢尼拔想攻擊拿坡里或坡佐里，馬爾喀斯及格拉古就可以出兵夾攻。對漢尼拔而言，唯一沒有敵人的東北方，是亞平寧山脈。

漢尼拔知道如果出兵，將無法應付這三支軍隊。在那種狀態下強行取得海港太過冒險，而且他一半的軍隊已前去征服南義，以另一半的戰力，當然不是羅馬六個軍團的對手。結果雙方只發生一些小型會戰，快到冬天時，漢尼拔率軍朝南義方向前進。

那一年，羅馬軍沒有戰勝漢尼拔，但也沒有輸。漢尼拔認為加普亞雖然有堅固的城牆，但在此過冬十分危險。就算安然渡過冬天後，到了明年春天可能也會被圍困在這裡，況且舒服的生活會墮落士兵們的戰鬥意志。結果，漢尼拔只在加普亞冬營一次，之後都在南義野營。

第二年，西元前二一四年，法比烏斯及馬爾喀斯破例續任執政官。雖然沒有顯赫的戰果，但公民大會支持法比烏斯的戰略。前一年的坎尼敗戰使羅馬軍減為十四個軍團，因此羅馬在那一年增強兵力，二十個軍團皆投入全部的戰線。

羅馬派遣兩個軍團到盧比孔河以北駐守，基地設在弗拉米尼亞大道的終點——利米尼，主要任務是阻止高盧兵與漢尼拔軍會合。

由於利米尼是北邊的最前線，瓦爾羅組成一個軍團駐守利米尼及南義間的聯絡要塞皮伽諾。

首都羅馬有兩個軍團防衛。

此外，在最有可能遭遇漢尼拔的坎帕尼亞地方，有法比烏斯及馬爾喀斯兩位執政官率領四個軍團駐守。

在漢尼拔正進攻的羅庫力及普魯西，也就是義大利地圖上長靴鞋尖部位的卡拉布里亞地方，有前執政官格拉古率領由奴隸所組成的兩個軍團駐守著。

在長靴後跟部位的普利亞地方，法比烏斯的兒子率領兩個軍團防守塔蘭托。

在西西里，則由坎尼會戰的殘兵組成兩個軍團防守敘拉古。

西班牙戰線方面則由柯爾涅留斯兄弟率領兩個軍團對抗漢尼拔的弟弟。在迦太基本國試圖光復失敗後，薩丁尼亞島也屯駐有兩個軍團，以維護義大利以西的制海權。

自西元前二一四年起，同時展開對抗馬其頓的戰線。瑞維努斯率領一個軍團負責這條戰線。

羅馬公民加上同盟諸國士兵組成二十個羅馬軍團，共計十六萬名士兵。原本如果完全發揮「羅馬聯盟」的機能，應該有十九萬名士兵。但許多南義的同盟城市未參加，所以只有十六萬。「羅馬聯盟」具有動員七十五萬兵力的實力，但漢尼拔勢力下的地方可動員兵數可達十五萬。在這十五萬都不能動員的情形下，雖然軍團數目增加，但每一個軍團的兵數自然減少。

還不到春天，漢尼拔就北上，那一年他也是以取得坎帕尼亞地方的海港為目標。連原要征服南義的那一半軍隊，也被徵召北上，無非就是想要取得海港。

為了與漢尼拔會合而北上的迦太基第二軍，遇到格拉古的奴隸軍團。格拉古答應這些奴隸如果戰勝就還他們自由，因此奴隸軍團特別賣力，慘烈的戰鬥造成迦太基第二軍的大失血。

這也迫使漢尼拔不得不改變戰略，以他目前手邊的兵力，即使只待在坎帕尼亞地方，也不是法比烏斯、馬爾喀斯以及格拉古等六個軍團的對手。那一年，漢尼拔把力量集中在小型會戰並非白費力氣，先把坎帕尼亞地方放在一邊，將目標定在塔蘭托，率軍南下。塔蘭托是個天然良港，但格拉古的奴隸軍團追擊在後。

由於漢尼拔南下，執政官馬爾喀斯攻擊加普亞北邊的卡西利那城。漢尼拔考慮到加普亞位在平原，容易受到敵人的包圍，因此在附近的卡西利那建築可容納全軍的要塞，除了距離加普亞不遠而且不易圍攻外，又可兼具在坎帕尼亞過冬及安全防衛的優點。

執政官馬爾喀斯指揮兩個軍團猛攻卡西利那，留守的漢尼拔軍士兵抵擋不住，終被攻陷。如此一來，漢尼拔只好趁冬天回到南義。

漢尼拔想以武力攻占塔蘭托，但因受到格拉古及法比烏斯兒子等四個軍團的阻撓，一直沒有進展。兩軍雖然避免會戰，但游擊戰不斷。那一年在冬天來臨之前，漢尼拔一直無法攻下拿坡里及塔蘭托。

在軍事及外交雙管齊下，對馬其頓戰線開始發生效果。負責這條戰線的瑞維努斯雖然只有一個軍團，但由於有效掌握布林迪西基地的五十艘軍艦進攻，擊退占領希臘西部羅馬軍基地阿波羅尼亞的馬其頓王，將馬其頓王趕回國內。

瑞維努斯的外交戰也發揮得淋漓盡致。

羅馬元老院知道馬其頓參戰的消息後，立即派遣特使到埃及，與托勒密王朝結盟，同時與敘利亞的塞流卡斯王朝達成維持中立的協議。瑞維努斯依據元老院的指示，向阿耶多利亞人進行反馬其頓的工作。

阿耶多利亞人住在馬其頓以南的阿耶多利亞地方，長年受到馬其頓侵略之苦，羅馬於是利用此地人民反馬其頓的情結，以羅馬從西邊派兵及以二十五艘船支援的條件，使阿耶多利亞人同意進攻馬其頓。此外，位於馬其頓東邊的婆高蒙(Pergamum)王國經常受到馬其頓王國的威脅，羅馬也與婆高蒙王國取得合作的默契。

羅馬僅靠一個軍團的兵力，如此展開封鎖馬其頓的作戰計畫。羅馬從沒想過要擊垮強大的馬其頓帝國，只要能讓馬其頓王動彈不得，就已心滿意足。

西元前二一三年，格拉古及法比烏斯的兒子擔任執政官。選出法比烏斯的兒子，主要因為法比烏斯不能連任第三次執政官，而讓兒子有代理父親的意味。執政官法比烏斯二世率領兩個軍團，讓六十二歲的法比烏斯擔任副將，法比烏斯的持久戰仍受到公民的支持。

那一年羅馬所投下的全部戰力比前一年增加兩個軍團，共二十二個軍團。呼應在希臘展開的封鎖馬其頓作戰，南邊的戰線也改採積極路線。羅馬武將中，積極敢鬥的馬爾喀斯被派到西西里後，五十七歲的馬爾喀斯因為攻略敘拉古有功，賦予他防守南邊戰線的任務。

兩位執政官的四個軍團加上法務官瑞皮道斯的兩個軍團，共六個軍團投入對抗漢尼拔。羅馬希望分散戰線，並非將六個軍團全部投入同一個地方。為了因應漢尼拔在南義神出鬼沒，因此將南義劃分為普利亞及卡拉布里亞兩個地方，各由一位執政官負責。瑞皮道斯的兩個軍團則支援法比烏斯父子負責的普利亞地方。

三十四歲的漢尼拔仍舊不想與六個軍團引發會戰。如果等待馬其頓軍登陸後才攻占塔蘭托，六個軍團必定會從背後襲擊，而攻城戰將是兵力的正面衝突，相當耗時。漢尼拔為了珍惜這個時間及兵力，不用武力而採策略的方式攻下塔蘭托。他想利用塔蘭托國王交接的混亂期，就像當初趁著敘拉古國王交替期間，讓羅馬長年的友邦敘拉古背叛羅馬一樣。

塔蘭托、加普亞都是「羅馬聯盟」成員的同盟城市國家，同時負有提供兵力的義務。但塔蘭托與其他同盟國不同的是，塔蘭托國內的自治並不被完全承認。由於塔蘭托是南義地區的良港，與布林迪西軍港受到相同的待遇。阿庇亞大道行經塔蘭托，以布林迪西為終點。羅馬每年派遣總督在軍事上直接統治塔蘭托。

塔蘭托公民所受到的待遇令人感到不滿。布林迪西是由羅馬送去無公民權者所建設的新城市，而塔蘭托是斯巴達人移民建設的城市，幾乎與羅馬的歷史一樣長，是南義的重要城市國家，卻與新城鎮相同，沒有完全自治的權利。當那些被漢尼拔俘虜的士兵無條件獲得釋放之後，在忍受差別待遇的塔蘭托開始產生效應。這批士兵回國後，在年輕的一輩中醞釀出親漢尼拔的一群。

其中有幾個人曾拜訪南義冬營的漢尼拔，漢尼拔聽取報告後，訂定計畫交給他們，並讓他們回到塔蘭托。沒多久，到處傳開漢尼拔重病的消息。這是故意要讓羅馬以為漢尼拔臥病在床，但事實上，漢尼拔正帶著精銳部隊，祕密向塔蘭托前進。

計畫順利地進行。半夜，迦太基兵悄悄進入已打開的城門，沒有幾個小時的功夫，便占領城內重要的據點，幾乎沒有流血衝突發生。漢尼拔命令士兵在塔蘭托市民的家門上烙印。市民們在第二天醒來，感覺到氣氛丕變，發現塔蘭托在一夜之間已落入漢尼拔的手中。在迦太基軍的攻擊下，只有羅馬總督率領五百名士兵防守的要塞仍未屈服投降。

這個要塞建在塔蘭托港口附近突出的山崖上，如果不攻陷這裡，港內的船無法出港，港口就失去作用。漢尼拔想用其他方法來解決這個問題，至於是什麼方法，漢尼拔是如此回答塔蘭托人的：

「許多事情看起來好像不可能，但是只要改變觀察的角度，就會變得可能。」

塔蘭托周圍是平原地帶，將附近的海灣改造成港口，就可取代原來的海港。此外，漢尼拔命令塔蘭托人攻取羅馬兵在要塞的兵糧，但要塞仍從布林迪西及雷其歐等地得到源源不絕的補給，主因是塔蘭托人並未落實執行海上封鎖的工作。

然而，大城市塔蘭托一被攻陷，周圍的衛星城市也發生連鎖效應。除了布林迪西、盧奇里亞、維努吉亞等羅馬殖民城市外，整個南義大利皆在漢尼拔的掌握之中。

漢尼拔握有塔蘭托之後，再次恢復積極的軍事行動。羅馬方面，執政官格拉古仍維持原本的戰法，也就是不引發會戰，見洞就鑽，看到漢尼拔不在就襲擊，而且結果多半由羅馬軍獲勝。

持久戰法的缺點就是不易立即見效。許多人都認為西元前二一三年的戰況，是漢尼拔瓦解「羅馬聯盟」策略最為成功的一年。

加普亞、塔蘭托及敘拉古等南義三大城市都在漢尼拔的掌握之下，漢尼拔軍中也開始有南義的希臘人。羅馬軍方面則沒有什麼顯著的戰果，號稱「義大利之劍」的馬爾喀斯在攻略敘拉古時，情形也比預想來得不順利。

但是經過仔細觀察，可以發現狀況不好也不壞。

從迦太基本國前來支援漢尼拔的行動，僅僅有一次成功。迦太基船隊因為羅馬海軍的阻撓只好折返，也未嘗試再去。

西班牙方面，漢尼拔的兩個弟弟與柯爾涅留斯兄弟纏鬥，無法抽身支援在義大利的哥哥。一心想戰勝羅馬人的高盧人，在坎尼之役後，也一直被擋在盧比孔河以北。

馬其頓王菲力普五世也想登陸義大利，但受到羅馬、阿耶多利亞、婆高蒙三方攻擊，只能停留在馬其頓領地內。

元老院想把漢尼拔孤立在義大利之內的戰略，雖然沒有顯著的戰果，但也發揮了一定的效用。

被羅馬稱為「漢尼拔戰爭」的第二次布尼克戰役，已邁入第七年。由於南義大部份地區無法動員，公民們長期負擔兵役而漸感疲倦，選舉西元前二一二年執政官的公民大會上，瀰漫著

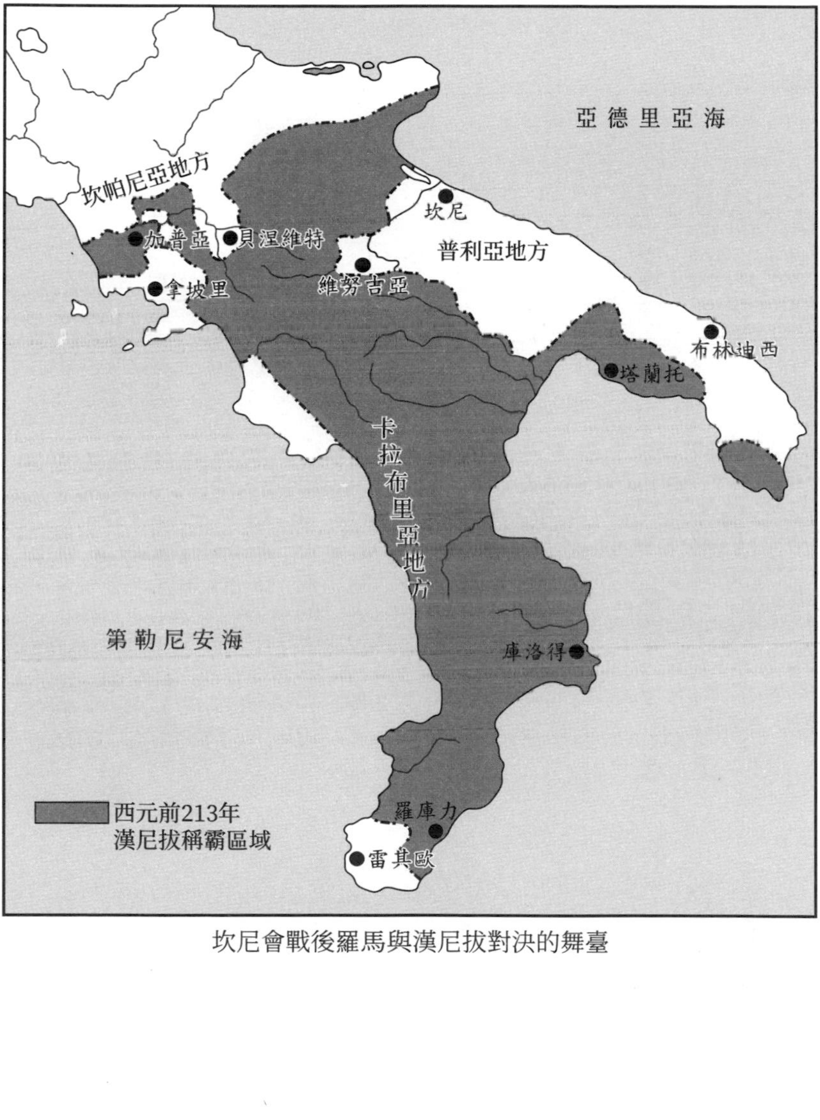


坎尼會戰後羅馬與漢尼拔對決的舞臺

像是首相退位的氣氛。

格拉古由於前一年已經擔任執政官而未獲選，應該會當選的老法比烏斯、馬爾喀斯以及負責馬其頓戰線的瑞維努斯等老將也未獲選為執政官，最後是距離上次當選有十年之久的平民弗魯維斯．弗拉克斯及首次當選的貴族克勞狄斯．普魯庫兩人出任執政官。

雖然好像是首相退位，但並不是內閣不信任投票。在李維斯的著作《羅馬史》中，將每年選出的執政官及指揮軍隊的法務官等名字並列。這些人名中，除了普魯庫以外，都是坎尼之役後具有參戰經驗者。西元前二一二年的羅馬，決定編列第二次布尼克戰役以來最龐大的兵力——二十五個軍團，由馬爾喀斯負責敘拉古戰線，瑞維努斯負責馬其頓戰線，格拉古仍是負責對抗漢尼拔戰線。

西元前二一二年的羅馬並未改變戰略，只是站在檯面上的臉孔不同，當然也產生了一些效果。

羅馬勉強組成二十五個軍團是有原因的。那一年，羅馬的目標是光復加普亞。

城市國家的城市建設，一般都是先建設城市本身，再發展周邊範圍。一個有力的城市，周邊地區除了提供作為糧食的耕地外，還有一些中型城市可作為衛星城市。因此攻擊一個主要城市不僅是點的攻擊，而且是面的攻擊。因此加普亞、塔蘭托、敘拉古的動向，連帶影響這一帶地區的居民。羅馬當然不會眼睜睜看著這三個城市拱手讓給漢尼拔。

西元前二一二年，羅馬以兩位執政官及一位法務官的六個軍團兵力，投入攻略加普亞，因此在塔蘭托的漢尼拔立即帶兵前去支援。

但漢尼拔軍團因為受到格拉古奴隸軍團的阻擋，進入坎帕尼亞地方時，加普亞已經被羅馬的六個軍團包圍。

羅馬人即使只駐紮一夜也會建好完備的營帳及包圍網，包括挖掘深溝，建起木柵，幾乎是滴水不漏。當年包圍加普亞後，當然也是相同的作法。

連漢尼拔也無法攻破這個包圍網，雖然有必死決心的努米底亞騎兵，但也只是讓在加普亞的羅馬軍知道他們已經抵達附近罷了。

漢尼拔沒辦法，只好向包圍加普亞的羅馬三支軍隊挑起會戰，不能只是對峙。但在平原上布陣，無法一次應付三個武將。漢尼拔趁著羅馬六個軍團攻占加普亞時，曾嘗試攻打拿坡里、坡佐里及庫馬。但這三個城市都是「羅馬聯盟」的同盟國，極力對抗漢尼拔，當時包圍加普亞的其中一支羅馬軍曾前來救援，導致漢尼拔攻略失敗，只能在附近燒殺掠奪。

在這些戰鬥中，羅馬方面當然有死傷，但漢尼拔的兵力也日漸削弱。漢尼拔在取得塔蘭托之後，整個南義幾乎都成了他的統治範圍，自然需要增加防衛兵力。而南義各城市本身都沒有防衛的能力。

漢尼拔要在這個統治的範圍內募兵雖然不難，但是募得的士兵如果沒有指揮的將領，仍然無法發揮戰力。在義大利，除了漢尼拔以外，沒有優秀的迦太基指揮官。只要漢尼拔一不在，格拉古的奴隸軍團便趁隙攻擊。所向無敵的漢尼拔想要在坎帕尼亞地方落腳，支援加普亞，攻略拿坡里，似乎愈來愈困難。

西元前二一二年，相對於羅、迦兩軍陷入膠著的義大利本土，在西西里戰線上，羅馬軍漸占上風。

羅馬元老院將勇敢善鬥的「義大利之劍」馬爾喀斯送到西西里是有目的的，除了要他攻略敘拉古外，同時與迦太基本國來的軍隊對決。

漢尼拔在義大利孤立無援的說法，並不完全正確。實際上，迦太基雖然與羅馬進行海戰，但始終無法奪回制海權。而迦太基本國屢次派遣船隊前去支援漢尼拔，只成功過一、二次，失敗的主要原因是羅馬軍海路作戰成功的緣故。

支援敘拉古的海路距離是支援塔蘭托的二分之一，而一支船隊遭遇羅馬海軍阻撓的比率也與海路的距離成正比，因此支援敘拉古的行動得到迦太基國內派的支持。事實上，在坎尼會戰的第二年，敘拉古向迦太基輸誠時，迦太基就已經立即派兵前去支援。

負責西西里戰線的馬爾喀斯從義大利本土帶去兩個軍團，加上屯駐在西西里的「坎尼軍團」（由坎尼敗戰的殘兵所組成），一共四個軍團，共有三萬名兵。

羅馬軍以西元前二一三年春天為目標，南下敘拉古，對拒絕投降的敘拉古展開攻城戰，但卻顯得欲振乏力。這並非因為敘拉古全力投入抵抗羅馬軍，主因在於敘拉古的城市部份位在天然的要塞，而且敘拉古有個阿基米得。羅馬體驗了一個人的智力可匹敵四個軍團的戰爭。

總司令官馬爾喀斯計畫以海陸同時攻略大城市敘拉古，二萬名士兵包圍陸路，一百艘五層軍艦進行海上封鎖。從迦太基來的支援船隊也只能折返。

完成包圍之後，開始海陸總攻擊。敘拉古方面並不是正面迎擊，而是採用許多新型武器。從陸上攻來的羅馬兵遭到城牆上方新式武器的石彈射擊，這種武器不僅可以調整射程距離，還可以自由移動。即使羅馬兵改變位置，還是可以正確命中，只要有士兵在城牆上觀察羅馬軍的動向就足夠了。敘拉古四周皆有城牆，羅馬軍根本無法接近。

海路方面的情形也差不多。羅馬軍不光憑武力攻打，也下了一番功夫。

敘拉古面海這邊的城牆較陸地簡略，面海山崖上的這面城牆不怎麼堅固。羅馬軍從海面的攻擊方法如下：

每兩艘載滿士兵的船為一個單位，用繩索綁在一起，左右兩邊划槳，接近崖壁。利用船桅架上繩梯，裝上滑輪，讓士兵可以登上崖壁，再將繩梯掛在城牆上，讓士兵能夠攻上城牆。即使防衛的士兵從城牆上丟石頭或射箭下來，兩艘軍艦上的士兵也同時射箭反擊，使得防衛兵不敢露臉出來。以量取勝，這是羅馬人一向的作法。

但是羅馬軍艦靠近崖壁時，城牆上露臉的不是人，而是一種形狀奇特的器具。這個器具伸出城牆至崖壁上，往下延伸拉扯攻城用的繩梯，丟到海上去。這個器具不止一個，面海的城牆上到處都是，不斷拉起攻城用的繩梯，許多羅馬兵都因此被丟入海中。

海這邊當然也運用可自由調整射程及移動位置的投石器，船隻受到石彈攻擊，失去平衡或撞擊崖壁因而損壞。也有羅馬兵突破阿基米得新型武器的攻擊，登上城牆，但被預先放置的鏡子反射光照射，眼睛受到強烈刺激，摔下城牆。

無論海、陸，愈是攻擊，犧牲愈大。看不見的敵人使羅馬兵意志消沉。馬爾喀斯在船上看到自己的軍隊陷入苦戰，和周圍的將官開起玩笑：

「阿基米得好像把裝滿水的杯子放下，從海面把船撈起再丟下。三布卡就像被趕出宴會的樂師。」

攻城用的繩梯形狀好像一種叫做「三布卡」的樂器，對演奏極差的樂師，他的報酬就是被趕出宴會。

阿基米得的名號在羅馬軍中也很有名，馬爾喀斯曾在另一個場合上感嘆說：「被一個老人玩弄，真是可悲。」這位讓二千二百年後的高中生也傷透腦筋的阿基米得，當時已是七十五歲高齡。

戰況陷入膠著，馬爾喀斯知道繼續纏鬥無益，在得知迦太基派出援軍在西西里中部的亞格里珍特登陸後，便將包圍敘拉古的工作交給副官，自己率領一半的陸軍趕往亞格里珍特。

迦太基軍有二萬五千名步兵、三千名騎兵及十二頭象，但戰鬥的結果是由羅馬軍獲勝。原本從迦太基本國派來支援的船隊，沒有登陸就折返。馬爾喀斯再回到敘拉古的城牆下，於西元前二一三年攻略敘拉古，但仍是因為阿基米得一人而失敗。

西元前二一二年，義大利本土上的加普亞再次陷入戰火。馬爾喀斯也體認到必須趕快完成敘拉古的攻城戰。但是敘拉古市民在阿基米得武器的支援下，一點也不膽怯。敘拉古是個大城市，糧食儲存充足，可以繼續耗下去。但羅馬方面沒有時間可以再等，而迦太基也會繼續送來大批的支援。

馬爾喀斯想到他手中有一些敘拉古的俘虜，盤問之下，知道幾天後將是阿蒂蜜絲(Artemis)女神的慶典，這個慶典對敘拉古的希臘人而言是個重要的節日。根據俘虜的說法，這一天，大家都會喝得酩酊大醉。羅馬人也愛喝葡萄酒，但希臘民族則是非得喝到醉醺醺的不可。馬爾喀斯心想，白天雖有阿基米得的武器防守，但夜裡輪值站崗的士兵都是敘拉古的市民，一定禁不起葡萄酒的誘惑，這正是攻城的好機會。

於是挑選一千名精銳士兵，帶著攻城用的繩梯，躲在附近城牆的森林中，另外一萬名士兵則躲在陸地這邊的城門邊，全體士兵靜靜等待夜晚的到來。

夜半時分，一千名士兵悄悄地接近城牆，架起預先準備的繩梯，登上城牆。

殺掉在城牆上守備的士兵後，羅馬兵下到城牆內側，除掉爛醉的城門監視兵，從內側打開層層的城門。一萬名士兵在黑暗中進攻敘拉古，天亮時，一半以上的市街都掌控在羅馬兵的手裡。

敘拉古是個城市國家，中心是一個島。面積相當大的這個島與本土之間只有吊橋連接。神殿和半圓形劇場在本土這邊，只是攻下這個部份並不算是占領敘拉古。羅馬軍想從陸地這邊攻進，但阿基米得的武器威力強大，而海的這一邊又有完備的封鎖防線。因此一旦攻進，裡面的人也不易逃出，剩下的只是時間長短的問題了。

義大利本土的加普亞包圍戰也是如火如荼，趕去救援的漢尼拔也被擊退。這是已進入冬季的自然休戰期。羅馬軍連連奏捷，自信滿滿，也鼓舞了原本消沉的士氣。

漢尼拔旗下一名留守南義的將官，向前執政官格拉古表達投誠的意願，並派遣使節要求到指定地點詳談。格拉古相信了他，帶著小部隊朝指定的地點出發，卻遭到迦太基兵的突襲，格拉古及隨行的騎兵全被殺死。格拉古的奴隸軍團直到在軍營中看到總司令的腦袋時，才知道此事。

在羅馬最艱困的時期，提伯里斯·善普羅尼斯·格拉古率領奴隸軍團，是位勇敢善戰的武將。他讓毫無愛國心可言的奴隸，在沒有武力威脅之下自願從軍。在他的「奴隸軍團」中，奴隸與一般自由民的待遇幾乎沒有兩樣，配有同樣的裝備、食物，睡在相同的營帳，如果打贏迦太基軍，還有相同的戰利品。

雖然稱為「奴隸軍團」，事實上那時他們的身份已不是奴隸。在貝涅維特戰勝迦太基軍後，格拉古就依約恢復他們自由之身。而他們都繼續留在軍隊中，這並非因為對羅馬忠誠，而是對這位四十多歲的格拉古有著無比的擁戴。

四年來同甘共苦的總司令突然死去，這些底下的士兵頓失依靠。「奴隸軍團」四年來「鐵的結合」，也因失去總司令而解散。

無論是羅馬公民兵、同盟國士兵或是「羅馬聯盟」的正規兵，即使戰敗都會回鄉，因此羅馬軍可以正確掌握死傷的人數。這次，兩個軍團的士兵突然消失，是前所未有的情形。透過這個軍團中的將官及少數正規兵，羅馬才知道格拉古的死訊及奴隸軍團的解散。

坎尼戰後，站在羅馬前線的四位將領失去了一位。而四位當中，格拉古是最年輕的一位。

西元前二一一年春天，羅馬得知攻陷敘拉古的消息。馬爾喀斯雖在南邊，冬天裡也沒閒著。他並沒有等待敵人糧食耗盡，就直接攻進敘拉古的中心部份，並在冬天結束前完成了任務。

敘拉古在羅馬軍海陸夾攻之下，幾天之內就投降了。沒有政府狀態的敘拉古，甚至派不出一個人來進行和談。戰爭進行到最後，沒有任何一人抵抗。反正自古以來，戰敗國及戰敗國國民就屬於勝利者所有，馬爾喀斯允許屬下進行三天的掠奪。

馬爾喀斯雖是平民出身，但也懂得希臘文，非常崇敬希臘文化。他將敘拉古的美術、工藝品先蒐集起來，這種時候他還是沒有忘記保存古物。馬庫斯・克勞狄斯・馬爾喀斯在首都羅馬舉行象徵武將最高榮譽的凱旋式時，他是第一位以各式各樣的藝術品作為凱旋式裝飾的凱旋將軍。這讓羅馬公民大開眼界，好好欣賞希臘的造型文化。

敘拉古的藝術品在羅馬為之轟動，其他南義城市國家完全沒有可以相提並論的傑作。敘拉古所擁有的五百年歷史，不是其他城市國家的五百年，而是可與全盛時期的雅典、斯巴達、迦太基相提並論，目不暇給的五百年。西西里東半部及南義一帶稱為「大希臘」，這個「大希臘」又以敘拉古為中心。西元前二一一年，敘拉古失去獨立，成為羅馬的屬省。

馬爾喀斯雖然允許士兵掠奪敘拉古市民的財產，但不許掠奪他們的身體；換句話說，就是不得把俘虜市民當作奴隸。全體市民仍是自由民，唯獨沒收他們的地產，全部國有化。敘拉古市民向羅馬租地工作，與其他屬省省民一樣，繳納收成的十分之一作為租稅。其實以前也繳納這種十分之一稅給敘拉古國王，現在只是增加支付租地費用。

讓羅馬軍苦惱一年多的阿基米得，即使在混亂中也在解答數學題目，被一名不識大人物的羅馬兵殺害。馬爾喀斯知道這個消息以後表示十分惋惜。

西元前二一一年，羅馬持續前一年的戰力，以二十五個軍團投入戰場。加普亞的攻城戰依舊投入六個軍團、三個司令官的兵力。

漢尼拔只能待在南義過冬，敘拉古又落入羅馬手中，加普亞的重要性更是不可言喻。因此眼前最大的目標就是突破羅馬的包圍網，收復加普亞。

漢尼拔認為要在短時間內解決問題的唯一方法，就是誘敵會戰。他下令大部份的軍隊隨後再跟上，自己先率領最少程度的士兵及兵糧，以急行軍北上加普亞。接近加普亞時，受到羅馬軍的包圍網襲擊。

這次出擊沒有效果。羅馬軍的包圍網有兩層，一層保護加普亞，另一層抵抗外來入侵。漢尼拔無法引誘羅馬軍出來會戰，也沒時間等後半部的軍隊到達，只好放手一搏。

他利用士兵人數少的優點，以迂迴的方式，繞到敵後。也就是行經較不會與羅馬軍正面遭遇的拉提那大道，一路朝首都羅馬前去。軍隊在距離羅馬城牆四．五公里處紮營時，自己又帶著騎兵隊沿著拉提那大道北上，一直到可以看到羅馬城牆為止。之後，漢尼拔離開大道，到羅馬的可利那城門外，在羅馬將近三分之一的城牆外「散步」。

羅馬自從西元前三九〇年克爾特（高盧）族來襲之後，這一百七十九年以來，不曾有敵人逼近首都。漢尼拔大膽的抗議示威行動，著實嚇了羅馬人一跳。即使羅馬人在城牆上守備，隨時可能會被箭射傷，三十六歲的迦太基武將仍繼續散步。

但羅馬城牆堅固，至少要一個軍團才攻得破。此時羅馬城內正好又有四個軍團，兩個軍團是剛編隊完成，準備要送到普利亞地方去，執政官加耳巴也在首都羅馬。另外兩個軍團是長年駐守在羅馬的軍隊，加起來共有四個軍團。元老院緊急召開會議，六十四歲的法比烏斯首先表示沒有必要召回其他地方的羅馬軍團，這位持久戰法的創始者也向執政官加耳巴提出忠告，要他避免與漢尼拔會戰。

接受建議的加耳巴帶領軍隊出城，布陣比劃比劃，做做樣子。之後的幾天，雙方雖有小型會戰，但也僅止於此。

漢尼拔眼看無法引誘首都羅馬的防衛軍會戰，羅馬也不召回在加普亞的軍隊，知道自己的計策已無法實現。

但是這一段故事在羅馬成為傳說，當母親斥責嚇唬小孩時，常常會說「漢尼拔會到門口來哦！」

對極想擊敗羅馬、甘受任何犧牲的漢尼拔而言，西元前二一一年的「羅馬行」，是他第一次也是最後一次看到羅馬。

無功而返的漢尼拔離開羅馬，在南行的途中，沒有經過被羅馬軍包圍的加普亞，直達南義。另一部份的軍隊則在半途折回，與總司令一起回到義大利的鞋尖卡拉布里亞地方去。

加普亞等不到漢尼拔的救援，不久後，加普亞又陷入慘烈的攻防戰。在這場戰鬥中，羅馬軍的一名司令官普魯庫戰死。

加普亞被攻陷後失去自治權，從同盟國變成屬省。公民雖沒有變成奴隸，但是因為加普亞在一百年當中兩次背叛羅馬，對重信義的羅馬人來說是罪不可赦的。因此，加諸加普亞比敘拉古更重的處罰，將加普亞的七十位領導階層官員處以死刑。

坎尼戰後，漢尼拔手中的南義三大城市敘拉古、加普亞及塔蘭托，已經有兩個城市重回羅馬懷抱，只剩下塔蘭托了。

羅馬收復敘拉古，等於是確保了西西里，收回加普亞，也可以不再擔心坎帕尼亞地方的防衛問題。羅馬對抗漢尼拔的最前線不斷往前推進，展開凌厲的攻勢。

但是，盡是好消息的西元前二一一年，在剛過完夏天時突然傳來噩報。自第二次布尼克戰役爆發以來，在不斷擴大的羅馬戰線中，唯一有好消息的西班牙戰線，情況轉壞。

西元前二一八年，讓漢尼拔渡過隆河的執政官柯爾涅留斯，將帶到馬賽的軍隊交給同行的弟弟古涅斯，讓弟弟率軍到西班牙，自己返回義大利，準備等待翻越阿爾卑斯山的漢尼拔。但是，柯爾涅留斯在提西諾首度遭遇漢尼拔騎兵隊，敗戰負傷。羅馬等他傷勢痊癒之後，再度派遣他到西班牙。

柯爾涅留斯到西班牙與弟弟會合，攻打漢尼拔的後勤地——西班牙，他們的任務是阻止西班牙派遣軍隊到義大利支援漢尼拔。羅馬對侵入家園的強敵漢尼拔，無法很快地解決，只好採取斷絕漢尼拔與後援間補給的方法，孤立這個闖入家園內的侵入者。

西元前二一八年到前二一一年間的八年，當漢尼拔在義大利本土歷經特烈比亞、特連吉梅諾及坎尼等戰役，大勝羅馬軍之際，這對柯爾涅留斯兄弟確實完成被賦予的任務，使漢尼拔絲毫得不到來自西班牙的支援。

在西班牙的柯爾涅留斯兄弟，以第二次布尼克戰役爆發前羅、迦國境上的塔拉格那為根據地，戰鬥開始的春天，就從這裡越過厄波羅河南下。兄弟兩人各率領一個軍團，以會戰的形式，逐漸蠶食迦太基在西班牙的勢力。西元前二一一年的秋天，進入自然休戰期時，柯爾涅留斯兄弟已經征服迦太基在西班牙三分之一的勢力範圍。這是全體官兵不眠不休的成果。

迦太基本國開始擔心起西班牙的情形，原本應該將漢尼拔的弟弟馬構涅送回在義大利的漢尼拔身邊，卻轉而將支援的軍隊一併送到西班牙，因為與前往支援在義大利的漢尼拔相較之下，從迦太基本國渡過直布羅陀海峽的危險較少。此外，從經濟面考量，西班牙礦產豐富，符合迦太基本國「重視國內派」繼續投資的原則。因此，將原本應送到義大利支援漢尼拔的軍隊也都投入西班牙的戰場。

迦太基是個具有傭兵制度傳統的國家，由於迦太基的支援，使得西班牙的傭兵市場上揚。這時的羅馬沒有餘力增加在西班牙的羅馬軍。柯爾涅留斯兄弟帶著兩個軍團，雖然連連戰勝，但有戰鬥就不可能沒有折損。而羅馬又沒有傭兵制度，為了補強軍隊，柯爾涅留斯兄弟堅持不用金錢僱傭兵的方式，仍然沿用羅馬式的方法，與被征服的當地原住民部族締結同盟關係，簽署參戰條件。

西班牙的原住民不像中義的伊特魯里亞人或是南義的希臘人這種結盟很久的「羅馬聯盟」成員，如果眼前有金錢利誘，自然會背棄與羅馬軍的同盟關係。西元前二一一年底，當他們看到西班牙戰線呈現一面倒的情形時，當地的士兵紛紛轉而投效迦太基旗下。

西元前二一一年，因金幣而增強軍力的迦太基軍分成三支軍隊。一軍由漢尼拔的大弟漢席多拔率領，二軍由小弟馬構涅率領，三軍由迦太基本國派來的吉可涅率領。只有兩支軍隊的羅馬軍漸漸不敵有三支軍隊的迦太基軍，當地加入的羅馬兵紛紛逃逸，而羅馬軍兵力減少，等於迦太基軍士兵人數增加。

柯爾涅留斯兄弟感到事態嚴重，但他們仍然堅持兩軍分別戰鬥的策略。

西元前二一一年的夏天，普布里斯・柯爾涅留斯知道自己所率領的軍隊有七千五百名西班牙兵逃走，他決定半夜追查他們的去向，在逃兵與迦太基軍會合之前，先行解決這個問題。

快天亮時，出現在羅馬兵眼前的是迎接逃兵的努米底亞騎兵隊。受迦太基僱傭的努米底亞王子馬西尼沙率領努米底亞騎兵隊與羅馬軍廝殺時，馬構涅率領的迦太基軍隊又加入戰場，正巧漢席多拔的軍隊也在附近。羅馬軍在人數上明顯處於劣勢，又在無退路之下，司令官普布里斯・柯爾涅留斯・西比奧壯烈成仁。

戰勝羅馬軍的兩支迦太基軍隊，襲擊行軍中的古涅斯羅馬軍，在一個軍團不敵三倍以上敵人的情形下，古涅斯・柯爾涅留斯・西比奧也壯烈犧牲。

在司令官皆陣亡的情形下，兩軍殘兵由一位百人隊長率領敗走至厄波羅河北岸。在西班牙的羅馬軍一下子只剩三分之一，殘餘的敗兵好不容易回到塔拉格那，柯爾涅留斯兄弟八年來的成績驟減為零。

這個消息傳到漢尼拔的耳中，對剛失去加普亞的他來說，當然是個值得慶賀的消息。

這個燃起漢尼拔希望的消息，卻是羅馬的噩耗。羅馬當然不會讓漢尼拔的補給線再次展開。元老院緊急派遣克勞狄斯·涅歐率領一萬名士兵到西班牙去。

克勞狄斯·涅歐是克勞狄斯貴族中的一員，前面曾經提到，克勞狄斯家族的男人氣宇非凡，武將輩出，擅長短期決戰，但不受人民歡迎。涅歐曾在精於戰略的馬爾喀斯麾下，武戰經驗豐富。

涅歐很快地抵達西班牙，與漢尼拔的大弟漢席多拔進行會戰。被涅歐追擊的漢席多拔，佯裝要提出和談。涅歐信以為真，天亮時才發現原本要來談判的敵軍全部不見了。這個事件使得元老院懷疑涅歐是否有擔任西班牙戰線總司令的能力，那一年還沒有在西班牙過冬，涅歐就被召回首都羅馬。

但是四年後，涅歐向這個曾經騙他的對手，報了一箭之仇。

羅馬雖然認為不可以放棄西班牙戰線，但是一直遲遲無法決定派誰擔任總司令。義大利本土與漢尼拔正戰得如火如荼，打得有點眉目之時，實在派不出武將擔任司令官。派去西班牙的武官不是那麼容易就可以更換，送去就要待在西班牙。這個武將必須能屈能伸，即使初嘗敗績也要力圖轉敗為勝，這個人選讓元老院傷透腦筋。

## 西比奧登場

有位年輕人叩著元老院的大門。對六十四歲的法比烏斯及五十九歲的馬爾喀斯而言，二十四歲的柯爾涅留斯．西比奧(Publius Cornelius Scipio)顯得格外年輕。他自願繼承戰死在西班牙的父親遺志，擔任西班牙戰線的總司令官。

但是元老院議員沒有把這個年輕人的話當真，因為他的官職經驗只在一年前當過按察官，而戰場經驗只有十七歲時跟著父親出兵的提西諾會戰，以及二年後在父親託付下，跟著艾米里斯．保羅參加坎尼會戰，連當元老院議員最低三十歲的年齡都不到。羅馬共和政體中，從來沒有過給非元老院議員兩個軍團的例子。

而且，最近這個年輕人的表現，不禁讓法比烏斯這些傳統的共和主義者皺起眉頭。這是二年前冬天的事。到了羅馬選舉的季節，他的哥哥魯奇斯符合年齡資格成為按察官候選人，但魯奇斯才能平庸，當選可能有問題，母親每天到神殿為他祈禱。某一天，西比奧問母親：

「如果我們兄弟兩人都當選按察官呢？」

母親明知兄弟中有一人年齡不符，便笑著回答：

「如果是這樣，我會高興得流下眼淚。」

選舉當天，西比奧穿著一身全白的服裝，趁母親不注意時悄悄地出門。穿這身服裝站在馬爾斯講壇上，這是表示成為候選人的意思，當時並無所謂的政見發表。

他與哥哥並列站在講壇上，全場的年輕人為之瘋狂。當百人組的想法一致時，就沒有必要再行投票。結果全會一致通過由他當選按察官。他表示，如果要他當選，必須要讓他的哥哥也當選，因此他的哥哥魯奇斯也一起當選。青年西比奧在當時雖然沒有特別輝煌的戰績，但是很受公民歡迎。

但是擔任選舉委員長的護民官以年齡不符為理由，反對西比奧的當選。這位二十二歲的年輕人便說：

「如果全體公民認為我適合擔任按察官，就表示我已有足夠的年齡。」

這番話聽在重視長幼有序的共和主義者耳中，簡直是大逆不道。雖然如此，西比奧仍然因為獲得公民壓倒性的支持，成為第一位資格年齡尚差七歲的按察官。

共和政體的最基層官職是按察官，但是它的重要性不可輕忽。以兩個軍團為戰略單位，約有二萬五千至三萬名兵，由執政官或法務官指揮。兩種官職的資格年齡為四十歲。西比奧就任官職時二十五歲，所以還差十五歲。

第二年，西元前二一〇年，羅馬決定投入二十一個軍團，因此需要十一位司令官。有十位人選已經確定（都是四十歲以上），只有西班牙戰線的司令官還沒決定，也找不到四十歲以上適合擔任這項任務的武將。

元老院所達成的結論是，如果他想做的話，就讓他去做吧！為戰死的叔父及父親復仇，未嘗不是一件好事。這個年輕人的叔父及父親也都是元老院議員的同僚，他們死在遙遠的西班牙，元老院做成這樣的結論，多少有些同情的成份。

雖然如此，元老院仍不能將西班牙戰線完全交給一個二十五歲的小伙子，因為他連法務官的經歷也沒有，所以以「前法務官」的身份，賦予他率領兩個軍團的絕對指揮權。但大權不止交付在他一人身上，元老院另外派了和他具有相同官職的錫連同行，錫連的實戰經驗豐富，年齡也符合資格，萬一這位年輕的總司令官有疏失，他可以馬上取而代之。

元老院的決定受到公民的好評。西比奧年輕、爽朗、大膽的行動，拯救了陷入苦戰的羅馬軍。

第二次布尼克戰役的舞臺上，又有另一位天才型的武將登場。如果說漢尼拔是亞歷山大最優秀的弟子，那麼西比奧應該就是漢尼拔最優秀的弟子吧！而亞歷山大沒有機會與弟子交手便辭世，這是他的幸運。漢尼拔就沒有這麼幸運了。

第五章

# 第二次布尼克戰役後期

（西元前二一〇年～前二〇六年）

被羅馬人稱為「漢尼拔戰爭」的第二次布尼克戰役中，從該年執政官所被派遣的地區，就可看出羅馬戰線的重點。「漢尼拔戰爭」爆發以來的第九年，也就是坎尼會戰戰敗後的第六年，西元前二一〇年，該年選出兩位執政官，其中執政官馬爾喀斯被派到南義大利的普利亞地方，執政官瑞維努斯被派到西西里。

被派到對抗漢尼拔的最前線執政官馬爾喀斯，他的任務是積極應戰，但避免與漢尼拔進行會戰。這是為了一方面消耗漢尼拔的戰力，一方面也為收復塔蘭托做準備。馬爾喀斯日前光復敘拉古，被讚譽為「義大利之劍」，所以對元老院賦予他如此重大的任務，沒有人有意見。

瑞維努斯專心防守馬其頓戰線四年來，採外交、軍事雙管齊下，成功地封鎖了馬其頓。而這條戰線由前執政官加耳巴繼續奮鬥，被選為執政官的瑞維努斯則派到西西里。敘拉古已經收復，西西里這條戰線看來似乎沒有什麼問題，但事實上並非如此。

前一年，在西班牙的柯爾涅留斯兄弟陸續敗給迦太基軍，兩位司令官戰死，羅馬軍人數減為三分之一，逃回厄波羅河北岸。因此迦太基原本派到西班牙的軍隊，很可能轉為支援西西里。執政官瑞維努斯被派到西西里的任務，一方面是建立統治敘拉古的架構，一方面也準備將在敘拉古以外的西西里全島展開對付迦太基的攻勢。如果羅馬不能完全掌握西西里，就無法完全孤立位於南義的漢尼拔。全面切斷敵人的補給線，這是對付強敵時不可忘記的重要關鍵。

西元前二一〇年時，第二次布尼克戰役的主導權在漢尼拔手中八年後，漸漸移轉至羅馬。然而協助羅馬繼續主導的，竟是一群不知利用機會的迦太基領導者。羅馬一直掛心西西里這個地方，甚至派遣執政官前去，但迦太基方面卻沒有明顯積極的動作。

攻勢漸有改變的西元前二一〇年，羅馬該年共投入二十一個軍團，較前一年的二十五個軍團少了四個軍團，主要由於加普亞及敘拉古已經光復，這些戰線無須再投入兵力的緣故。之前收復加普亞時投入了六個軍團，現在只需要屯駐一個軍團即可，羅馬雖然沒有給司令官及將官喘息的機會，但是允許士兵們能夠回家休息。如果不是這樣，公民兵是不可能受得了如此長期的戰鬥。

這些年來，不斷加重羅馬公民兵的兵役義務，但不能要求「羅馬聯盟」的同盟城市比照辦理。西比奧如願被派到西班牙戰線，他在羅馬外港奧斯

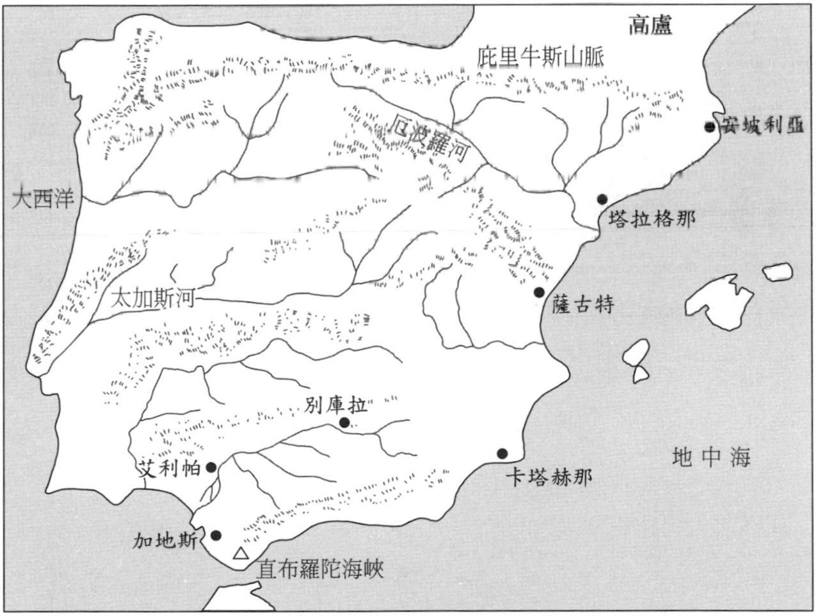

第二次布尼克戰役當時的西班牙

提亞集結士兵，等到整軍完畢已經是夏末。為了集合一萬名步兵及一千名騎兵，西比奧花了不少功夫，終於可以擺出對抗漢尼拔的架式。但元老院仍須一方面顧慮同盟國的想法，一方面辛苦地組成軍隊。

西西里一片祥和，沒有什麼事情發生。西班牙戰線才正要開打的西元前二一〇年這一年，以漢尼拔及馬爾喀斯對決的南義大利戰線最為精采。

執政官馬爾喀斯率領兩個軍團，加上前執政官肯多馬爾斯率領兩個軍團，一起加入塔蘭托攻防戰。

最先與漢尼拔對決的是肯多馬爾斯，但他不是漢尼拔的對手，軍隊四分五裂，前執政官戰死。

「義大利之劍」——馬爾喀斯即使六十歲了，但沒有這麼容易落入三十七歲的武將——漢尼拔的圈套中。

馬爾喀斯得知友軍戰敗的消息後，一方面向羅馬報告，一方面將剩餘的士兵納入自己的軍隊，追擊漢尼拔。漢尼拔為了讓羅馬軍不靠近塔蘭托，將軍隊移到薩謨奈族居住的山區。而馬爾喀斯一路追到內米斯多。

在山谷層疊的地區，這一帶很難得有廣闊的平原，對在平原山丘上布陣的漢尼拔而言，馬爾喀斯的這個舉動有挑起會戰的意味。

曾經數次交手的這兩位武將從未會戰過，而漢尼拔自從坎尼戰役後，就沒有再和羅馬軍進行會戰。

馬爾喀斯為了避免重蹈坎尼敗戰的覆轍，因此將軍隊分成兩部份，採取交替戰鬥的方式。漢尼拔則是突破羅馬海軍的阻撓，從迦太基本國運來大象。

但是大象出了紕漏，因為大象不聽使喚，使得漢尼拔的戰術不能完全發揮，陷入苦戰。整天下來的會戰卻分不出誰勝誰負。

第二天早晨，羅馬出營在平原布陣，但迦太基軍留在營地不出來，馬爾喀斯只好命令士兵為前一天的犧牲者火葬。

夜半，月色昏暗，漢尼拔率軍悄悄地離開營地，將軍營前的火炬熄掉，羅馬軍完全沒有注意到敵軍已經撤離，當羅馬發現有異狀時，已將天亮了。

馬爾喀斯只好繼續再追，這次他經過阿庇亞大道，來到羅馬重要的殖民地維努吉亞附近，終於找到漢尼拔。這一帶沒有平原，即使兩位武將想要進行會戰也無法展開。但兩軍仍持續戰鬥，最後是羅馬取得優勢。當天晚上，漢尼拔又撤營而去，馬爾喀斯只好繼續尋找敵軍的下落。

這種情形一直維持到秋天結束，羅馬慣例在冬天要召開公民大會，由一位執政官召集會議選出下一年度的執政官。通常是由距離首都比較近的執政官回去主持，但是那一年是由比較遠的瑞維努斯從西西里回國。因為馬爾喀斯說他沒空抽身。

西元前二〇九年選出老法比烏斯及弗拉克出任執政官，馬爾喀斯則以「前執政官」的身份繼續負責對抗漢尼拔的戰線，但在組成第二年戰線軍隊的階段時，發生了羅馬從沒有遇到的問題。

「羅馬聯盟」的同盟城市及同盟殖民地，共約一百五十個，其中十二個表示無法繼續提供兵力。

第二次布尼克戰役已過了九年，漢尼拔一直留在義大利本土。西元前二一〇年時也沒有顯著的戰果，同盟城市的負擔漸漸已到了極限。但在元老院不准鬆手的命令下，仍舊編了二十一個軍團，這是因為拒絕出兵的同盟城市將近一成。

雖然已經對漢尼拔展開攻勢，但羅馬方面的狀況並不好，而在另一個戰場——西班牙，羅馬派出一個與眾不同的武將出馬，正要開始大顯身手。

我在以前的一部作品中曾提到，一個成功的領導者最重要的條件是開朗，而普布里斯·柯爾涅留斯·西比奧從年輕的時候就擁有這一項特質。

只要他一站上講臺，會場就沸騰起來，大家都支持這個年輕人。在他晚年禿頭前，西比奧一直是位美男子。而柯爾涅留斯家族又是羅馬的名門貴族，與華雷利烏斯、克勞狄斯、艾米里斯、法比烏斯等家族相比較，柯爾涅留斯家族出任執政官等重要官職的人數，名列第一。

這位有才能的美少年知道自己為何受到市民的歡迎，他的自信也令人欣賞，不會讓人覺得厭惡。

無論聽眾多寡，他始終散發他的魅力。即使對方只有一個人，他仍能有所發揮。從奧斯提亞到西班牙東岸的安坡利亞間，他對元老院指定派遣監視他一起同行的錫連進行懷柔政策。

錫連所被賦予的權威及權力與西比奧完全一樣。由於元老院不信任西比奧，認為他太年輕，因此派錫連同行，賦予相同的權威及權力。拿破崙曾說，兩位優秀的將軍不如一位平庸的將軍。西比奧的父親及叔父兩位將軍能同心合作，可說是絕無僅有的例子。

二十五歲的西比奧請年長的錫連防守厄波羅河以北的塔拉格那，鎮守羅馬軍的根據地，而自己率軍到厄波羅河以南與迦太基軍作戰。錫連也答應了，他最聰明的地方就是始終遵守當初的承諾。他實在也沒有必要扮演監視者的角色，去看管西比奧這個年輕人的一舉一動。

西比奧在安坡利亞下船，抵達塔拉格那的羅馬軍陣營。在這裡迎接他的是在西班牙抗戰八年的殘兵，這些是父親及叔父留下來的士兵。

二十五歲的年輕人從提振士氣開始。他集合所有的士兵，告訴他們，過去的事已經過去，一切從今天重新開始，他自己是海神波塞冬(Poseidon)附身，意指他的真正父親不是在西班牙戰死的柯爾涅留斯，而是海神。這是因為他想到亞歷山大大帝曾經從埃及的神官得知父親不是馬其頓王，而是不死之神，亞歷山大大帝聽了雖然很驚訝但卻相信。天才型的武將，就是要抓住士兵們的心，即使是自己的母親與神通姦也無所謂。由於羅馬人篤信神明，西比奧的說法無疑使他獲得最為堅強的信任。

此外，西比奧開始蒐集馬賽等友邦城市的資料。對他而言，西班牙是一塊陌生的土地。包括地勢、氣候、原住民部落的分布棲息狀態、迦太基軍駐紮的情形等重要資料，他一概不知。他利用西元前二一〇年到前二〇九年間的冬天休戰期，蒐集分析情報，作為訂定戰略的參考。

敵軍依舊是分為三支軍隊來行動，與當初打敗西比奧的父親與叔父時的情形相同。漢尼拔的大弟漢席多拔率領第一軍，小弟馬構涅率領第二軍，吉可涅率領第三軍。每一軍約有二萬五千名兵力，合計超過七萬，此外迦太基軍還有象群。

西比奧所率領的羅馬軍除了他自己從義大利帶來的一萬一千名士兵外，加上前一年涅歐派到西班牙的一萬名士兵，再加上原本的殘兵七千名，共有二萬八千名士兵。只相當於迦太基軍的一支軍隊，人數實在不能相比。

但是西比奧得知迦太基軍的三支軍隊分別位在不同的地點，而且相距甚遠。第一軍位在離迦太基軍在西班牙的根據地卡塔赫那往內陸前進十天行程遠的地方，在西班牙的中部。第二軍靠近西班牙南部的直布羅陀海峽，第三軍位於現在的葡萄牙。三支軍隊的距離約十天左右的行程。這是西比奧將面對的局勢。在這種情形下，西比奧的任務是率領被趕至厄波羅河北邊的羅馬軍，力圖改善戰況。

執政官的任期從三月十五日開始，西元前二〇九年的早春，執政官法比烏斯及弗魯維斯的任期尚未開始前，西比奧已經迫不及待地展開行動。

西比奧委託錫連駐守根據地——塔拉格那，自己率軍向南渡過厄波羅河。同時，副將雷力吾斯率三十艘軍船南下。此時，只有西比奧、雷力吾斯及錫連三人知道戰略目標位置。要欺騙敵人，須先對自己人隱瞞。

從塔拉格那到卡塔赫那通常須費時二十天，西比奧帶著急行軍，只花了七天就抵達卡塔赫那城下。士兵們這才了解總司令官的想法。

另一方面，迦太基的三支軍隊都知道了西比奧抵達西班牙的消息，但萬萬沒有想到敵人這麼快就來了。

距離卡塔赫那十天行程處，有迦太基的第一軍駐守。行動敏捷是二十六歲西比奧戰略成功的最大因素。

有「新迦太基」之稱的卡塔赫那，是漢席多巴爾繼承他岳父漢米卡（也就是漢尼拔的父親）的遺志，在西元前二二八年建設成為西班牙的首府。運用周圍四公里左右的山崖所建成的海港都市，東邊及南邊面海，西邊是潟湖，只有北邊與陸地相連接。這裡也成為西班牙礦物及農產品的集散地，貨物經由海路運回迦太基本國。這裡同時也是漢尼拔一家過冬的地方。在海崖的一角，將豪華的城堡建在山丘上，漢尼拔從十九歲開始住在這裡，直到他進攻義大利前，共住了十年。對他們而言，這裡比迦太基更像自己的家。由於位居三邊面海的要塞之地，享有地勢的天然屏障，雖然只有四千名守備兵駐防卡塔赫那，連柯爾涅留斯兄弟都未曾嘗試攻擊卡塔赫那。

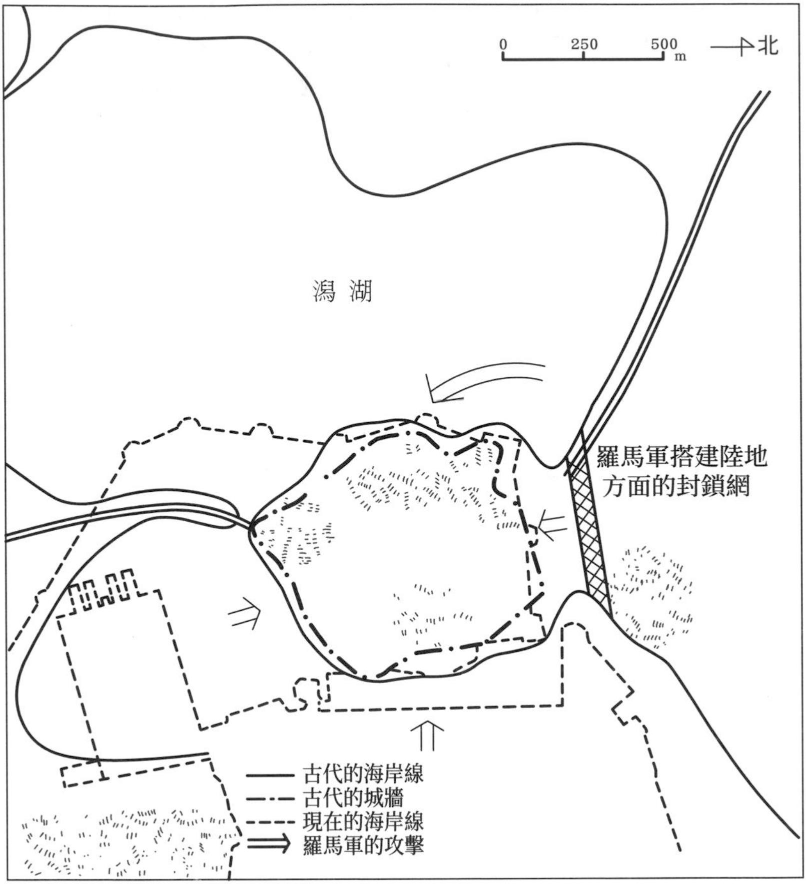


卡塔赫那（新迦太基）
（摘自 Liddell Hart, *A Greater Man, Napoleon's: Scipio Africanus*）

完成一整天行軍的羅馬兵，第一件事還是依照規定步驟搭建營帳。卡塔赫那守備兵突然看到敵軍出現嚇了一跳，時間已是日落時分。這些守備兵以為只是一般的搭建軍營守衛任務，沒想到會有敵人出現。

西比奧抵達卡塔赫那，完全不做休息，開始在北邊搭建攻擊用的長形陣地，而將搭建軍營的事擺在一邊。率軍船南下的雷力吾斯已經在卡塔赫那的東邊及南邊完成海上封鎖，只剩下西邊廣大的潟湖。守備兵認為這樣的布局雖然迫使自軍無所遁逃，但敵人也很難攻進。但西比奧卻不這麼想。

第二天，依照傳統的戰法會在北邊舉行攻防戰。迦太基的防衛兵也以為羅馬軍只會從北邊來，因此將所有兵力投入，全力護衛，戰鬥陷入膠著，很難分出勝負，一直持續到下午。

北邊正在打仗時，西比奧親自率領事先挑選的二千名士兵，繞到防備較弱的西邊。當看到眼前的潟湖時，西比奧採取讓士兵們渡過潟湖，越過較薄城牆的戰術。

西比奧告訴士兵們，他前一天晚上夢到海神，指引他渡過潟湖的路，因此一切都有神明保佑。事實上，這是經過西比奧精心調查策畫的戰術。

根據二十六歲的西比奧所蒐集的資料顯示，卡塔赫那西邊潟湖內的海水，與潮汐無關，但風向會影響潟湖內的海水深度。如果有適合的風向，可以步行過潟湖。到了下午，潟湖內的深度僅有二十公分。

奇襲戰法完全成功。羅馬軍從迦太基意想不到的方位攻來，造成整個防衛崩潰。而北邊的城牆也被攻破，守備兵看到突如其來的羅馬軍，甚至忘了反擊，紛紛投降。

僅僅一天的戰鬥，西比奧攻陷敵人的大本營——這是與迦太基本國聯絡的重要據點，迦太基連派兵的時間都沒有，可說是迅雷不及掩耳。

這成功的一仗，使得西比奧收復了二年前父親及叔父因戰敗而失去羅馬在西班牙的勢力範圍。然而征服困難，守成更是不易。迦太基在西班牙的三支軍隊也都還在，二十六歲的羅馬武將——西比奧不容有絲毫差錯。

西比奧透過情報得知，在西班牙的迦太基人及原住民間的關係不是以武力脅迫就是以金錢來利誘合作。漢尼拔當初並非如此，他既是迦太基人，又同時不算是迦太基人。但包括漢尼拔的兩個弟弟在內，都算是迦太基人。

西比奧決定以溫情對待在西班牙的迦太基人，這種方式與他的個性十分吻合。

依照古代戰爭的法則，所有戰敗的個人以及財產都歸勝利者所有。西比奧命令居民貢出財產，再將財物分配給羅馬士兵。這個城鎮是迦太基人在西班牙的彈藥庫及金庫，價值六百羅馬幣以上的物品才收歸羅馬國所有，作為戰爭的費用財源。

西比奧同時將投降的守備兵及全體住民，分為男人、工匠及女人三組，讓女人及小孩馬上回家，既不要求支付贖金，也不逼為奴隸，大家都很感激這樣的處置。

而從男人這組挑選出年輕力壯者，命令他們作羅馬軍艦的划槳手。但是先約定當迦太基勢力完全撤出西班牙時，他們就可以回家。其餘的年邁者則是馬上就可以回家。

工匠組約有二千人，西比奧命令他們作羅馬軍的工兵，只要在西班牙的戰爭結束，他們就可以返鄉。只有城市中的迦太基有力人士被當作俘虜，並送往羅馬。

卡塔赫那有三百名人質，幾乎都是迦太基軍僱用的西班牙原住民，其中包括部落酋長的兒女。西比奧承諾讓孩子們回到父母身邊，並寫信給他們的父母親，希望他們能贊成與羅馬結盟。人質中也有酋長的母親，西比奧從戰利品中選擇一些金銀飾品給她們。

其中有位年輕貌美的女子，當地的長老希望將她送給西比奧，許配給他，以感謝他寬大的處置措施。二十六歲的勝利者微笑地說：

「我個人非常喜歡這個禮物，但現在我是司令官，正在打仗，這個禮物不適合我。」

因此又將這名女子送回，這使得大家對他心存莫大的感激。從六十歲的人口中說出可能沒什麼，但這是從二十出頭的年輕人口中傳開，得到很大的宣傳效果。甚至羅馬兵在卡塔赫那不須武裝也很安全。

副將雷力吾斯經海路將戰果帶回羅馬，而西比奧繼續留在卡塔赫那，不許士兵鬆懈，準備隨時對付迦太基三軍；但是那一年迦太基軍都沒有行動。迦太基司令官如果戰敗，將被處以死刑，這也是他行動消極的原因。卡塔赫那一天內就被攻陷，的確令迦太基很震驚。西比奧一方面經常注意迦太基三軍的動向，一方面自行展開海陸軍的訓練。

海軍方面，羅馬軍除原本的三十艘軍艦，加上所捕獲的軍艦，共有五十三艘。由義大利人及西班牙人各占一半所組成的划槳手，在卡塔赫那海邊進行訓練。

陸上的訓練也依既定計畫進行。

第一天，以全副武裝跑步六公里。羅馬軍隊規定須帶著十天份的軍糧行軍，再加上武器，至少負重十公斤。

第二天，進行整理武器的清潔及整備工作，洗淨風乾武器的汙垢，也順便清潔身體。

第三天，休息。不限制士兵的行動。

第四天，進行近距離的戰鬥訓練並練習標槍。

第五天，再重複上述課程，完全沒讓士兵有喘息的機會。

此外，西比奧熱衷於改良武器，讓工匠組以三十人為一小隊，進行武器改良流程，換句話說，整個卡塔赫那城幾乎變成兵工廠。

西比奧在這個時期導入西班牙原住民使用的雙刃短劍，取代羅馬原本的長單刃劍。此後，這種武器都被稱為「西班牙劍」，成為羅馬重裝步兵的必備武器。

「西班牙劍」經由西比奧的改良，更為輕巧，在混戰時的攻擊性強。西比奧要對抗三支軍隊的龐大人數，必須要讓每一位士兵發揮快速攻擊，才能應戰。

夏季結束時，西比奧只在卡塔赫那留下守備軍，自己率領全軍及人質渡過厄波羅河回到塔拉格那，準備第二年起與迦太基的三支軍隊對決。

自己也曾擔任同盟軍騎士團長職務的歷史學家波力比維斯曾對西比奧提出以下的評論：

「他的所有行為都有完美的理論結果。」

攻陷卡塔赫那的消息傳遍羅馬，普天同慶。但漢尼拔卻未及時知道，這個時期的漢尼拔，正與羅馬的三支軍隊對戰。

攻陷加普亞的有功人士弗拉克當選為該年的執政官，率領第一軍被派到卡拉布里亞地方。這一帶幾乎被漢尼拔占領。第一軍的任務就是要牽制漢尼拔的行動。

第二軍是由另一位執政官法比烏斯率領，六十六歲的他是持久戰法的創始者，負責攻打塔蘭托。繼收復加普亞及敘拉古之後，那一年的目標是塔蘭托。只要收復塔蘭托，就等於是將漢尼拔趕出普利亞地方。

前執政官馬爾喀斯率第三軍，任務是拖延牽制漢尼拔，好讓法比烏斯的兩個軍團有時間攻打塔蘭托。馬爾喀斯的兩個軍團同時具有游擊隊的功能，從司令官到士兵，都是前一年的原班人馬，保持良好的默契。

從西元前二〇九年的春天，漢尼拔開始從卡拉布里亞地方北上，他當然明白羅馬那一年的目標是塔蘭托。弗拉克得知漢尼拔以及他的軍隊離開卡拉布里亞的消息，便率領兩個軍團進攻。漢尼拔雖然在意他在卡拉布里亞的根據地，但是塔蘭托更加重要，所以沒有折返。漢尼拔在往塔蘭托的路上，遇到馬爾喀斯的兩個軍團。

漢尼拔與馬爾喀斯之間再次展開與前一年相同的拉鋸戰，馬爾喀斯軍營上方，飄揚著紅色的短衣，象徵戰鬥的開始。六十一歲的「義大利之劍」對抗三十八歲的迦太基武將，緊追不捨，戰鬥連連。

兩人之間的戰鬥結果統計起來，約為三比二的比例，漢尼拔略占優勢，但漢尼拔遲遲不肯決戰。羅馬軍隊在死傷數千名士兵的第二天，馬爾喀斯軍營上方仍然飄揚著紅色短衣，漢尼拔見到這個情形不禁感嘆：

「神啊！我不知道該如何應付這個男子。勝負對他而言，似乎無關緊要，勝則追擊，敗也追擊。

羅馬軍隊中唯一的男子漢，永遠積極向前。勝利時乘勝追擊，失敗反更刺激其戰鬥意願，勇猛直衝。」

某天早晨，被迫不得不應戰的漢尼拔對全軍作了一番訓話，他把過去的勝仗一一數來，鼓舞士兵們的士氣後，又說了以下這一段話：

「敵人仍緊追不捨，我們過著每天眼睛張開就必須迎戰敵人的日子，如同每天早上看到太陽升起一樣。要擺脫敵人的纏鬥，只有一個方法，那就是正面痛擊。」

漢尼拔軍的士兵深有同感，於是鼓足了勇氣，經過二個小時的激戰。那天，正巧碰到羅馬軍分作兩半兵力輪替的馬爾喀斯戰法不靈光，正在輪替兵力的羅馬軍陷入混亂，又受到漢尼拔軍猛攻，羅馬兵亂了陣腳，原本很少在敵人面前逃跑的羅馬兵，竟也紛紛遁逃。羅馬軍方面，有一千四百名羅馬公民兵及一千三百名同盟城市兵戰死，共計二千七百名，其中包括兩名將官及四名百人隊長，被敵人奪去的隊旗有六支。

馬爾喀斯對著逃回營帳的士兵說：

「我向神明祈求今天失敗後會有將來的勝利，今天的敗北你們都有責任，如果敵軍繼續追擊，恐怕大家都得撤退軍營。

今天你們慌慌張張的樣子，到底是怎麼回事？今天的敵人和去年夏天你們交戰的敵人完全相同，去年你們不分晝夜追擊，獲得勝利。但是今天看到你們的樣子，我實在感到很可恥；我在去年也率領你們打仗，但我不覺得我在和去年的那些士兵說話，即使身體及武器是一樣，但那股精神完全不復存在。

這十年來，漢尼拔將成山的羅馬兵屍堆當作自己的榮耀，那時的羅馬兵並沒有在他的面前逃跑；但今天，他可以羅馬兵的遁逃作為他的勝利。」

士兵聆聽這段話以後，開始有人說話：

「前執政官，我們了解你的意思，明天看我們的。」

馬爾喀斯說：

「我再給你們一次機會，明早出戰，要當勝者或是敗者，你們自己決定。」

馬爾喀斯並作出以下的決定：軍旗被敵人奪走的小隊，配給的食糧從小麥改為大麥（大麥原本是馬的飼料）；失掉軍旗的百人隊長，明天禁止佩帶劍鞘，也就是在戰鬥中拿著光溜溜的劍。懲罰只有如此。

此外，馬爾喀斯並吩咐明早供應充足的飲食，在今天的敗北消息傳到首都前，讓明天的勝利搶先到達。

第二天的戰鬥中，羅馬兵一開始就發動猛烈攻擊，一天下來戰況激烈，到日落前，漢尼拔軍有八千名士兵犧牲，而羅馬軍僅損失三千名。但是羅馬軍受傷者較多，無法繼續追擊漢尼拔，而漢尼拔也在當夜就祕密撤營。

馬爾喀斯的固執及士兵的犧牲並非白費力氣，由於馬爾喀斯牽制漢尼拔，使得法比烏斯的兩個軍團因此攻下塔蘭托。漢尼拔擺脫馬爾喀斯後，趕到塔蘭托時，塔蘭托早已被攻陷。

羅馬終於收復了南義三大城市國家，也因此讓漢尼拔在普利亞地方沒有立足之地，被迫移動到長靴的最尖端處。

失去塔蘭托的漢尼拔現在只剩下卡拉布里亞地方，在那裡等著他的消息卻是卡塔赫那被攻陷；這是迦太基在西班牙的根據地，也是漢尼拔度過青春期的地方，卻在一天內就淪陷了，而且攻陷該城的羅馬武將比他還小十二歲。到目前為止，與漢尼拔交戰的羅馬武將都是年齡比他大的。可惜史料並沒有記載漢尼拔知道這個消息後的心情。

西元前二〇九年完成收復塔蘭托及攻陷卡塔赫那這兩大戰績，並非僅是軍事上的成果，同時抑止了「羅馬聯盟」加盟城市間的骨牌現象。換句話說，漢尼拔想要瓦解「羅馬聯盟」的戰略，已經確實受到打擊。羅馬西元前二〇八年的戰線與前一年一樣是部署二十一個軍團。

該年的執政官是由「義大利之劍」馬爾喀斯及克利斯比獲選出任，加上法務官克拉明等三位武將，率領六個軍團與漢尼拔對決，這次誓將漢尼拔從「長靴的指甲」追到「長靴的指尖」。

漢尼拔這位三十九歲的戰術家當然不會坐以待斃。春天還沒來就率兵開始行動，要對羅馬予以痛擊，挽回敗勢。

漢尼拔北上第一個遭遇到的就是馬爾喀斯，他連冬天也待在前線，即使回首都也只是回去幾天而已，他是在冬營的維努吉亞營地得知獲選為執政官。

馬爾喀斯與漢尼拔間呈現邊追邊打的情形，但是漢尼拔這一年一直無法突破現況。二年來，在馬爾喀斯的追擊戰法下，漢尼拔軍失血甚多。迦太基本國又未派任何軍隊支援，因此漢尼拔考慮以其他方式應戰，以取代現行正面迎擊的作法。

另一方面，馬爾喀斯也在猶豫是否繼續這種追擊的戰法，這個最典型的武將，已經六十二歲了。也許是因為年紀大了，行事比較謹慎，法比烏斯的慎重是他的個性使然。而要談馬爾喀斯的特質，與其說是慎重不如說是果敢，但西元前二〇八年的馬爾喀斯在此時也漸漸感到焦慮。

在西元前二〇九年底的公民大會上，馬爾喀斯成為公民攻擊的對象，指責他二年來追擊漢尼拔卻無具體成果。雖然元老院全力支持他，但這個六十二歲一介武將受不了公民的批評。花了幾天的時間回到首都，到公民大會上說明對抗漢尼拔戰爭的困難所在。

公民們不但接受了他的說明，還選他擔任下一任的執政官，由他負責第二年，也就是西元前二〇八年對抗漢尼拔的戰役。因此馬爾喀斯更是急切地想獲得勝利。

西元前二〇八年前半年的戰線，仍是維持追擊戰的形式，與漢尼拔及馬爾喀斯的想法大異其趣，使得這兩位將軍更想打破現狀。

馬爾喀斯要求正在攻打漢尼拔根據地——卡拉布里亞地方的同事克利斯比北上集合，一起向漢尼拔挑起會戰。克利斯比帶著兩個軍團趕到，會合的兩位執政官向漢尼拔挑起會戰。

漢尼拔對會戰雖然充滿信心，但卻始終相應不理。羅馬軍方面一邊前進，一邊試圖挑起會戰，但漢尼拔仍是不加理會。

兩軍陣營間隔著一個小山丘，這個山丘尚未被某一方占領。漢尼拔利用這個小山丘，在夜裡讓三百名努米底亞騎兵埋伏在山丘上的森林中。

羅馬軍也注意到這個小山丘的重要性，為了詳加調查占領的利用價值，組成一個調查隊。相信會戰必至的兩位執政官，想同時進行整個區域的調查，於是兩位執政官率領二百二十騎的調查隊出發，同行的還有兩位同盟國士兵的最高指揮官。

馬爾喀斯出營時，吩咐副將克勞狄斯．涅歐下命準備整隊，並告知如果山丘具有占領價值，將派人送來傳令。首腦將領幾乎全部動員，只帶著二百二十騎就出發了，這項行動算是非常輕率。

登上山丘的調查隊正在討論占領山丘的價值，卻遭到努米底亞騎兵的包圍，羅馬的二百二十名騎兵中雖然有一半是伊特魯里亞人，但很快就敗陣下來，激烈的戰鬥並沒有持續太久。

馬爾喀斯被敵兵的槍貫穿胸部，落馬後死亡。保衛執政官的十二名侍衛也都全部殉職，兩位同盟國的指揮官也戰死，另一位執政官克利斯比與馬爾喀斯的兒子皆受傷，他們與殘餘的最後二十騎好不容易才逃出。

敵人正中漢尼拔所設下的陷阱，但沒想到竟可逮捕到執政官，而且還是赫赫有名的馬爾喀斯。漢尼拔簡直不敢相信，下令將馬爾喀斯的遺體運回。

三十九歲的迦太基武將站在六十二歲羅馬武將的遺體前，久久不能離去。漢尼拔從遺體的手指上拔下金戒指，上邊刻著馬爾喀斯的肖像以及他的名字馬庫斯・克勞狄斯・馬爾喀斯，沒錯，正是鼎鼎有名的「義大利之劍」馬爾喀斯。

身材高大、體格健壯、穿著樸素武裝的馬爾喀斯遺體，放置在執政官紅色的外袍上。漢尼拔命令部下依照羅馬的儀式舉行隆重的火葬葬禮，骨灰放在黃金製的小箱中，準備送去給馬爾喀斯的兒子。

運送骨灰的過程中，看管的士兵間起了爭執，一不小心骨灰盒掉到地上，蓋子打開，一陣風來，骨灰隨風而去。漢尼拔知道此事後，只說「沒有墳墓是他的宿命」。

現在的范諾薩仍有馬爾喀斯的陵墓，此處古色蒼然，上面所刻碑文的文字，不是拉丁文，而是古代時應該不存在的義大利文，這裡算是一處古蹟。

除了解決這個頭號敵人外，漢尼拔在那一年幾乎沒有什麼戰果可言。克利斯比雖然身負重傷，但仍不忘他執政官的職責所在。

將重任交給馬爾喀斯的副將涅歐，全體士兵也如喪父之痛一般，全力奮起。

他們想要盡快從漢尼拔手中收回馬爾喀斯的金戒指，畢竟羅馬人的戒指等於是他們的印鑑。

以執政官克利斯比的名義，將馬爾喀斯的死訊傳到羅馬各同盟國，提醒各城市及鄉村當心敵人的圈套。也因為有事先的警告，使得普利亞地方不致落入漢尼拔的陷阱。事實上，漢尼拔早就送出附有馬爾喀斯「印鑑」的書面資料，在這些城市進行著不流血的攻防戰。

失去馬爾喀斯的羅馬軍當然知道漢尼拔想奪回塔蘭托的意圖，執政官克利斯比率領旗下的兩個軍團，全力投入守衛塔蘭托。後來事實證明這項決定十分正確，漢尼拔一度出現在塔蘭托前，但放棄強行攻入，而率軍往卡拉布里亞去。此外，身負重傷的克利斯比卻在塔蘭托去世。

結果這一年，兩位對抗漢尼拔的執政官相繼戰死，羅馬也不得不提早進行下一年的執政官選舉。

但是同一年在西班牙卻有完全不同的戰況。迦太基軍在前一年失去卡塔赫那，抱著雪恥的決心，而羅馬軍則想乘勝追擊，雙方戰鬥的氣勢高昂。

## 別庫拉——第五回合戰役

西元前二〇八年的春天，西比奧首先展開行動。離開根據地塔拉格那的羅馬軍，渡過厄波羅河南下，進入卡塔赫那。西比奧讓僱為軍艦船槳手的卡塔赫那居民回家，由於比約定的時間早，使得卡塔赫那對羅馬人產生親切感，甚至放心把整個城鎮的防衛工作託付給他們。這份信賴，產生了很大的效果。

那一年，西比奧手邊的兵力，不容許分為兩支軍隊，因而採取兩面作戰的方式，他們將面對七萬五千名兵的敵軍。

從羅馬來的副將雷力吾斯率海軍展開軍事行動。西比奧要他繞過伊比利半島南部，負責監視漢尼拔小弟馬構涅的軍隊。西比奧自己則率陸軍深入內陸，目標是漢尼拔的大弟漢席多拔。

漢席多拔停留在距離卡塔赫那十天行程的別庫拉，他的目的是要等待與弟弟馬構涅會合後才與西比奧對戰。背對別庫拉城，前面臨著一條河，是會戰的好地方。在別庫拉城不遠的一座山丘上，設下軍營，可清楚掌握敵人的動向。他在那兒等著弟弟馬構涅到達。然而抵達的卻是一心要速戰速決的西比奧。

西比奧抵達此地，從河的那一邊見到敵軍的陣營，知道這個地勢不利我方。但是又必須在敵軍會合前，分出勝負，如果只有漢席多拔一軍，羅馬軍還應付得來。但是迦太基軍有大象，這是羅馬軍比較不利的地方。

西比奧面臨處於劣勢的地形及戰力，有意無意採取了亞歷山大大帝及漢尼拔的戰術。此時，雷力吾斯也將監視馬構涅軍的任務交給部下，自己趕到此地。西比奧所策畫的戰術，需要默契良好的伙伴，才得以發揮。

漢席多拔一心想等到馬構涅來才展開會戰，因此延遲了行動的先機。主導權掌握在西比奧的手中。

西比奧當時年僅二十七歲，率領輕裝步兵及西班牙原住民部隊加入的士兵，渡河布陣。派出第一批攻進敵人的前衛，這是為了引誘敵人的主要部隊。漢席多拔也回應出兵。但西比奧沒讓敵軍有時間整隊布陣。

在河的另一邊等待出兵的重裝步兵及騎兵，開始渡過洶湧的河流。西比奧指揮右翼，雷力吾斯指揮左翼，兩軍從兩邊圍攻敵人。敵人還一邊在整隊，命令尚未傳達下來。混亂的迦太基軍完全亂了陣腳，只見敵人從前面、左、右三方同時攻來，後方的陣營原本具備守衛的功能，但此時火速攻進來的羅馬軍震住整個迦太基軍，後方的守衛反而變成行動的阻礙。

這一場激烈的戰爭，西比奧始終握有主導權，在迦太基軍運用大象及騎兵前，就先殺個措手不及，將敵人的主戰力加以非戰力化，達到預期的效果。漢席多拔擔心陣營被完全包圍殲滅，只好棄守逃命。

當天的別庫拉會戰，迦太基軍方面戰死八千人，被俘虜一萬二千人，而西比奧方面的犧牲者極少。西比奧判斷如果繼續追擊，會有遇到迦太基其他兩支軍隊的危險。這也是記取父親及叔父的教訓，不再追擊。

從古至今的歷史學家，對西比奧的評價分為兩派，一派是責難，另一派是辯護。

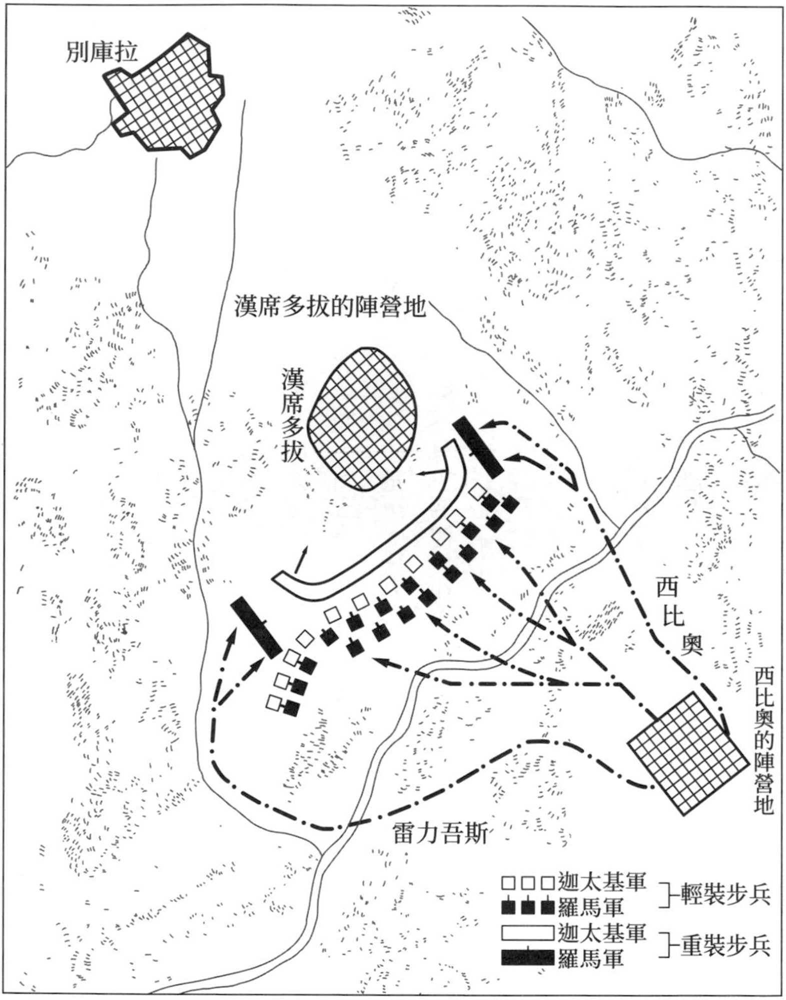


別庫拉會戰
（摘自 Liddell Hart, *A Greater Man, Napoleon's: Scipio Africanus*）

俘虜一萬二千名士兵做什麼呢？西比奧和漢尼拔面臨相同的問題。對俘虜當中的西班牙人，西比奧不要求支付贖金就加以釋放。但對迦太基人，則送回羅馬。他們將等著被送做羅馬人的奴隸。

俘虜中有一位少年，他聲稱他來自北非的努米底亞，雙親身亡，跟著伯父。而伯父名叫馬西尼沙。

事實上，馬西尼沙是努米底亞的王子，卻擔任迦太基軍騎兵隊隊長，三年前與西比奧父親對戰。西比奧問這個少年，想回到伯父身邊嗎？少年含著淚說想回去。

西比奧命令部下備好馬匹及羅馬式短衣給這個少年，由騎兵隊護送這位少年去他指定的地方。

二十七歲的羅馬年輕人西比奧，作出其他羅馬武將所不曾嘗試的布局，至於馬西尼沙如何回應，尚不得而知。

別庫拉會戰的失敗，對迦太基軍的打擊更大。如同西比奧所擔心的，漢席多拔、馬構涅及吉可涅三人會集商議接下來的策略。在義大利處於守勢的漢尼拔，目前的狀態已經不能再等下去。他們研究的結果，得到以下結論。

首先，集合精銳部隊三萬名兵，由漢席多拔帶向義大利。馬構涅及吉可涅會集其餘的士兵，共同抵抗西比奧。

迦太基軍決定之後便立即行動，三萬名漢席多拔軍加上大象，避開西比奧的追擊，同時繞過在塔拉格那的羅馬軍，越過庇里牛斯山，再橫跨現在的法國，越過阿爾卑斯山，進入義大利。這也是當初漢尼拔進攻義大利的路線。這項作戰，當然早已通知漢尼拔。

毛姆森等歷史學家對西比奧的批判，主要在於他讓漢席多拔越過庇里牛斯山，特別是當初西比奧的父親及叔父誓死不讓迦太基軍從西班牙去支援漢尼拔。然而現代的歷史學家中，有一群辯護派，以戰略戰術專家貝奇·里迪爾巴為代表。根據這個英國人的說法，他認為西比奧如果執意追擊漢席多拔，反而會遭到馬構涅及吉可涅的夾攻，因此當時放棄繼續追擊，是不得已的作法。

西比奧派使者通知羅馬元老院，漢席多拔已往義大利方向前進。由於漢尼拔已被逼得走投無路，羅馬也逐漸裁軍，但此時元老院決議回復為二十三個兵團，以迎擊漢席多拔。一向主張孤立漢尼拔的持久戰論者法比烏斯，聽到漢席多拔到義大利來的消息後大為震怒，至死都對西比奧採不信任的態度。

這時候的羅馬軍與西元前二一八年時漢尼拔攻進義大利時的情形大不相同。當時以四個軍團的編組為常態，但現在已經是二十三個軍團的編制，首要任務是阻止漢尼拔兄弟會合。第二年，西元前二〇七年的執政官是由馬爾喀斯門下的克勞狄斯·涅歐擔任。

西元前二〇七年，羅馬改變以往將兩位執政官同時派到前線對抗漢尼拔的作法，而讓執政官涅歐與法務官法爾維斯會合對抗漢尼拔，另一位執政官李維斯則派到利米尼，以阻止漢席多拔南下。但是只給他兩個軍團。由於不知道漢席多拔會沿哪一條路南下，也不清楚會在何處與哥哥漢尼拔會合，因此元老院同時派兩個軍團埋伏在托斯卡那地方，這是另一條南下的必經之路。

## 梅他吾隆——第六回合戰役

歷史上常因為一個偶然而改變全局。這一年，義大利戰線上的第一個偶然就是漢席多拔比預期的還順利完成跨越阿爾卑斯山。

居住在現在法國南部的高盧人，知道漢尼拔兄弟無意征服他們，因此讓漢席多拔順利通過，而且有不少高盧傭兵加入漢席多拔率領的迦太基軍。事實上，漢尼拔在阿爾卑斯山區早已聲名遠播，因此漢席多拔完全無需處理十一年前他哥哥所遭遇的問題。困難僅有一個，那就是如何讓象群及三萬名兵在寒冬越過阿爾卑斯山。

整個過程進行得比漢席多拔所預期的還要順利，因而提早進入義大利，但這卻造成漢尼拔的失算。漢尼拔根據自己的經驗，估計弟弟將會到達的時間，為了保存實力，將軍隊移到安全的卡拉布里亞地方，而且盡量延遲從此地出發的時間。

延遲出發另有其他的理由。羅馬軍如果與普利亞地方的兩個軍團會合，那麼南攻的羅馬軍就有六個軍團，其中執政官涅歐的兩個軍團將會來阻撓漢尼拔的去路，剩下的軍團也很可能趁漢尼拔不在時占領卡拉布里亞地方。而漢尼拔身邊又沒有可託付的部下，他害怕當他不在的這段期間，羅馬如果攻下卡拉布里亞，他沒有地方回去。因此漢尼拔盡可能延遲出發的時間，就算離開此地也不會離得太遠。事實上，當執政官涅歐知道漢尼拔出發後，立即派遣兩個軍團攻打卡拉布里亞地方，與漢尼拔所擔心的一模一樣。

也許有人會認為，漢尼拔乾脆留在安全的地方，等待弟弟的軍隊到來。但如此一來，將正中羅馬軍不願他們兄弟會合的計謀，所以漢尼拔還是不得不跨出卡拉布里亞地方，早日與弟弟會合。

漢尼拔從卡拉布里亞地方出發北上，執政官涅歐緊跟在後，就像馬爾喀斯所做的一般。即使是兄弟，不見得擁有相同的才能。漢席多拔輕鬆地進入義大利，由於高盧傭兵的加入，使得軍隊增加到五萬名。漢席多拔選擇了較好走的平原行軍，並沒有注意到防範敵人的問題。

漢席多拔在波河附近的平原往利米尼的路上，送出了第一封信給他的哥哥。由六名騎兵護送這封信，信裡通知漢尼拔會合的地點。

這六名迦太基騎兵正在尋找漢尼拔的蹤跡時，不巧遇上羅馬兵。羅馬兵不僅將他們逮捕，並且沒收了這封信。百人隊長看了這封以腓尼基語寫的信，立刻感覺到這封信的重要性，於是將信件交給執政官涅歐。

涅歐正在亞德里亞海附近靠普利亞地方的一個陣營，透過翻譯讀了這封重要的信，並決定親自轉往迎擊漢席多拔，但這是一項幾近違法的決定。

依據羅馬的規定，在執政官選出後，選定各地司令官的負責區域非經元老院同意，不得任意更改，否則視為脫離戰線。

執政官涅歐所負責的戰線是對抗漢尼拔，雖然說阻止漢尼拔兄弟會合也是任務之一，但離開指定的地區就是脫離戰線。涅歐是一位個性剛烈、喜好速戰速決型的武將，而他與漢席多拔間也有些恩怨。

西元前二一一年，西比奧的父親與叔父戰死時，涅歐是奉命前去完成他們所遺留下來的任務。漢席多拔假裝與涅歐締結和約，但趁涅歐不注意時逃走，使得涅歐被元老院召回羅馬，才另派西比奧到西班牙去。因此對克勞狄斯·涅歐來說，這是一個雪恥的大好機會。

但也不能說涅歐脫離戰線只是為了個人的復仇。從那封漢席多拔給漢尼拔的信中，涅歐得知漢席多拔軍因為高盧兵的加入，已有五萬名士兵。而原本派出迎擊漢席多拔的執政官李維斯，只有三萬名士兵。所以涅歐以支援同僚的理由，已夠充分，只是用他自己作為支援的工具而已。

涅歐挑選年輕體壯的六千名步兵及一千名騎兵，命令他們盡可能裝備輕便，不許攜帶糧食，因為他事先已下令行軍沿途的同盟城市提供士兵飲食。剩下的軍隊則交給法務官法爾維斯，為了不讓漢尼拔察覺涅歐不在，要法爾維斯經常進行小型的會戰。涅歐率領七千名士兵，半夜裡悄悄地離開。

八百公里的距離，不眠不休地趕路。平常羅馬軍的行軍距離為一天二十公里，但涅歐軍甚至一天行軍距離有破百的記錄，之後刷新涅歐行軍速度的，則是一百五十年後的凱撒了。

從利米尼沿亞德里亞海南下三十公里處，正是從羅馬來的弗拉米尼亞大道出口。這條大道在越過亞平寧山後，進入這個地區的感覺不太相同。梅他吾隆河沿著這條大道的南邊，經過寬廣的平野，注入亞德里亞海。從這個出海口，沿著海岸線北上就可抵達利米尼。

執政官李維斯就在梅他吾隆河的南岸紮營，不僅可以阻止漢席多拔沿亞德里亞海南下，就算從弗拉米尼亞大道過來，也可加以防堵。執政官涅歐與七千名兵抵達李維斯的陣營時，漢席多拔早已在梅他吾隆河北岸紮營。

涅歐一方面根據信件的內容，一方面憑著經驗，猜想漢席多拔會沿著亞德里亞海南下。但是當涅歐的七千名士兵加入陣營，羅馬兵力在一夜裡增強後，便改變原定計畫。從弗拉米尼亞大道進入義大利中部，再南下至義大利南部。

但是漢席多拔不知道弗拉米尼亞大道靠海這邊雖是平原，但進入山區後，象群及大批士兵則不易進入，很容易遭受突擊。漢席多拔這點和漢尼拔不同，不懂得事前的情報蒐集。

羅馬軍看到五萬名敵軍前來，便追擊在後。在梅他吾隆河口附近是寬廣的平原，漢席多拔

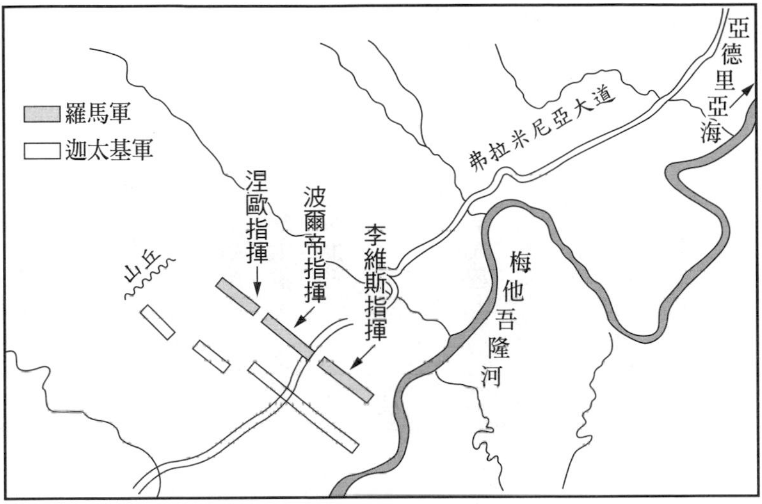


梅他吾隆會戰（第一階段）

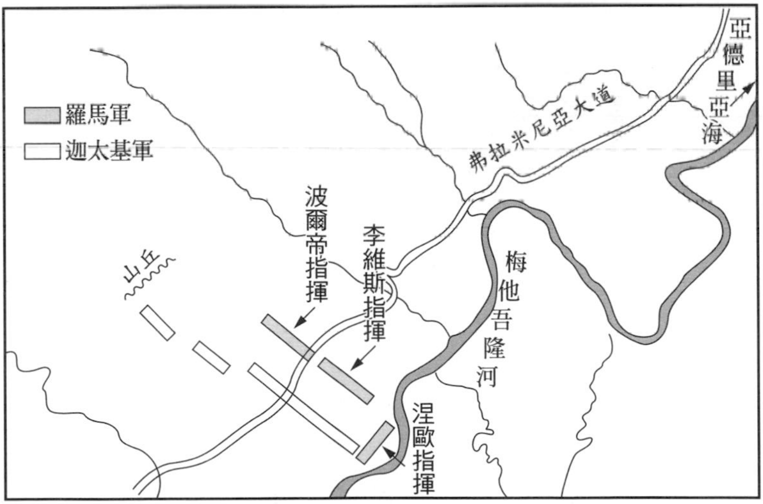


梅他吾隆會戰（第二階段）

沒辦法只好向右，迎擊會戰，但五萬名的漢席多拔軍在兵力上仍是優勢。

在梅他吾隆河口附近展開會戰，中間夾著弗拉米尼亞大道，附近又有山崖，這個地形對人數龐大的軍隊有好有壞。

兩軍擺出陣勢，準備會戰。執政官涅歐在河流上游率領羅馬軍的右翼，中間是由駐在利米尼的隊長波爾帝，左翼由執政官李維斯擔任指揮，共有四萬名兵。

另一方面，迦太基軍由大象打頭陣，人數攀升為五萬五千人。

羅馬軍以聲音壯大氣勢，透過山崖的回聲，使音量變為二倍，大象因此受到驚嚇，反而往後奔跑。漢席多拔見狀命令讓大象撤離戰線，因此大象的駕馭兵從大象耳後刺針殺死大象。撤銷大象後的迦太基軍，反而能更輕便展開總攻擊。羅馬軍的右翼因為山丘阻隔，無法發揮戰力攻擊敵人的左翼，幾乎只有中間及左翼全力迎戰。

如此一來，原本人數上就處於劣勢的羅馬軍，更加不利。涅歐於是率領右翼軍隊，繞過自軍的背後，迂迴到敵軍的右邊。在梅他吾隆河岸邊，從側面攻擊敵人的右翼。

迦太基軍遭受前方及側面的夾攻包圍，左邊有山崖擋住，背後的弗拉米尼亞大道也被包圍，高盧兵最先崩潰，漸漸地兵敗如山倒，接著三萬名從西班牙跟隨漢席多拔來到義大利的士兵全被殲滅。漢席多拔也許是知道這次戰役必敗無疑，換上迦太基軍總司令官的正式服裝，騎馬進入敵軍的陣地，壯烈犧牲。

歷史學家李維斯曾寫下這段話：

「漢席多拔不辱其父漢米卡及其兄漢尼拔之名，光榮戰死。」

那一年，漢尼拔正值四十歲，所以漢席多拔應該只有三十幾歲。

涅歐將會戰的善後工作交給同僚，自己再率領七千名士兵，以急行軍的方式南下。他祕密從陣營出發，在梅他吾隆河口與漢席多拔交戰，再回到陣營，共花了十四天。而這個期間內，漢尼拔完全沒有察覺到，也不曾擔心弟弟為何沒有聯絡，因為根據他的估算，弟弟才剛從阿爾卑斯山下來。

直到有一天漢尼拔陣營被丟入一個包裹，打開包裹竟是漢席多拔的頭，漢尼拔才知道所有曾經發生的事。對漢尼拔而言，這是十一年來第一次與弟弟見面，只是沒想到竟是這種情況。

當夜，漢尼拔撤離陣營，回到卡拉布里亞地方。那時還是夏天，這年的戰期雖然還有好一段時間，但四十歲的絕代戰術家一直停留在「義大利的鞋尖部位」，那一年及第二年都沒有離開。

人們在羅馬舉行凱旋式，慶祝梅他吾隆會戰的勝利。李維斯以凱旋將軍的身份，站在四匹馬拉的戰車前頭，因為這是他所負責的戰線，執政官涅歐雖然沒有因為脫離戰線而受到處罰，但也不容許冠以凱旋將軍的榮譽。他只能以右翼指揮官的身份，騎馬跟在凱旋將軍的戰車之後。雖然如此，羅馬市民都知道誰才是真正的凱旋將軍，這對蓋烏斯·克勞狄斯·涅歐來說已經足夠。

## 艾利帕——第七回合戰役

第二年，西元前二〇六年，在西班牙的迦太基軍決定全力反擊。

西元前二〇九年，他們的根據地——卡塔赫那受到西比奧攻掠。

西元前二〇八年，別庫拉會戰中，漢席多拔敗給西比奧。

西元前二〇七年，進攻義大利的漢席多拔敗給涅歐並戰死。

馬構涅深感維護巴卡家族榮譽的責任重大，為了集結迦太基勢力，展開總攻擊，願意將總指揮一職讓給吉可涅。

會集後的步兵有七萬名，以吉可涅為總指揮。馬構涅自己指揮二千名騎兵軍團，另一半二千名的騎兵團為努米底亞騎兵，由努米底亞人馬西尼沙率領。

合計共有七萬四千名兵，加上三十二頭大象。聚集在西班牙南部的艾利帕等待敵軍，這裡靠近現在西班牙的西比利亞。擁有敵軍二倍以上的兵力，挑起會戰較為有利。而艾利帕位於平原，可讓大象、騎兵及人數較多的步兵充分發揮。

另一方面，西比奧充分掌握迦太基軍的動向，那一年從塔拉格那出發，不讓敵軍有時間集結更多的士兵。

在卡塔赫那稍做休息的西比奧，繼續往艾利帕前進。先進入內陸，再沿著河流南下到艾利帕。他率軍進入內陸還有另一個目的，就是試探西班牙原住民的意向。由於當時四萬五千名步兵加上三千名騎兵組成的羅馬軍，仍帶著勝利的戰果，有不少西班牙原住民願意加入參戰。西比奧也和漢尼拔一樣，為了要運用主戰力，必須有一批非主戰力。

七萬四千對四萬八千，在人數處於劣勢的情形下，二十九歲的西比奧必須考慮更多事情。

西比奧並未在敵軍陣營附近紮營，而在遠遠的南邊落腳，搭起堅固的營帳。此地除了有適合紮營的山丘可利用外，也可以阻止敵人朝南邊的海港城市加地斯逃跑。

艾利帕平原的北邊及南邊都是小型的山丘，分別有羅馬軍及迦太基軍的陣營，中間是廣闊的平原，將成為戰場。

等待已久的迦太基軍首先挑起會戰，派士兵埋伏在平原。西比奧也命全軍下到平原布陣待命。

西比奧布陣完畢，但迦太基方面卻按兵不動。而西比奧也不下達開始戰鬥的命令。雙方對峙互看，直到太陽西下，但兩軍卻像經歷激戰後一樣，疲憊地回到各自的陣營。

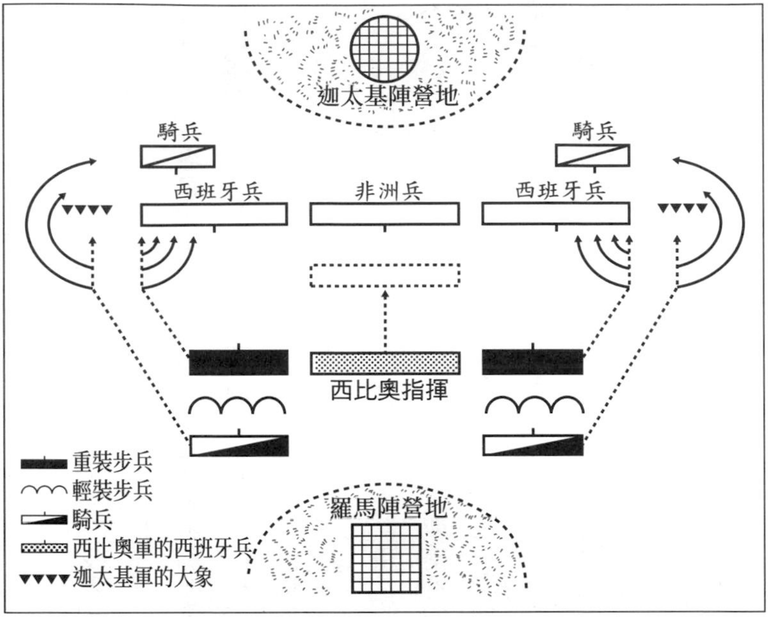


艾利帕會戰當天的布陣
（摘自 Liddell Hart, *A Greater Man, Napoleon's: Scipio Africanus*）

第二天的情形也是一樣。接下來的二天仍是如此。迦太基軍方面是因為總司令官吉可涅一直無法下定決心，而西比奧則是完全依照計畫行事。

每天的戰場上不斷地重演著出兵布陣，日落收兵回營的故事，而迦太基軍出兵的時間一天比一天晚，甚至到太陽完全升起，戰場上卻完全看不到迦太基兵的身影。

當天晚上，西比奧第一次命令全軍，明早天亮前，供應充足的早餐，整裝完成，準備上場。

第二天早晨，迦太基軍看到埋伏在戰場的羅馬軍大吃一驚，士兵在指揮官的催促下，連早餐也沒吃就急忙布陣。來不及配置前線，只好把大象配在兩翼。其餘的陣容都和前一天相同。但是羅馬軍的陣勢煥然一新。

羅馬軍的中央是非主戰力的西班牙兵，羅馬的主力重裝步兵分成左右兩邊，固定在西班牙步兵團側邊。

兩軍以這個陣形前進到相距八百公尺處，都下達攻擊的命令。

迦太基軍全軍一起向前攻擊，而羅馬軍正面受攻擊的只有中央的西班牙步兵團，左右兩邊的重裝步兵團以斜行的角度包圍。西比奧以最強的兵力攻擊敵軍最弱的部份，而且是採取攻守皆不易的側面攻擊。

戰況開始分出勝負，大象被輕裝步兵的箭射得亂衝，不聽使喚。狂怒的象群反而向後轉，踐踏自己軍隊的騎兵。

眼看迦太基騎兵陷入象群的混亂，羅馬騎兵開始攻擊，縱使是努米底亞騎兵，卻也是英雄無用武之地。整個艾利帕戰場上，兩軍的騎兵人數相當，但迦太基騎兵左右兩翼都配置在步兵團的後方，又被羅馬騎兵攻入。騎兵不同於步兵，只有當向敵突擊時，人馬一體的戰鬥力才能發揮至十全十美。艾利帕會戰上，羅馬軍的騎兵在這方面發揮得淋漓盡致。

日正當中，連位於後方的西比奧都知道迦太基軍士兵已疲憊不堪。迦太基軍從外到內一層一層被羅馬軍攻擊，最後迦太基軍團的主力只剩下非洲的傭兵團，左、右、前受敵圍攻，孤軍奮鬥。羅馬軍成功地將主戰力非戰力化，傭兵全部殲滅後，其餘的只能向後方逃命。

迦太基軍全軍覆沒，但羅馬軍不得不暫停追擊。原因是艾利帕平原正受到猛烈的雷雨襲擊。迦太基軍因此得以逃到山裡的僅約六千名士兵，但西班牙原住民的部份，人數則不得而知。總而言之，七萬四千名兵剩下不到六千名。

總司令官吉可涅和漢尼拔的弟弟馬構涅因為加地斯已被封鎖，只好往西邊的大西洋海岸逃命。只有馬西尼沙成功帶領努米底亞騎兵衝出敵軍突圍，逃到加地斯。除了敵軍的三位將領沒能抓到外，艾利帕會戰的戰果幾乎可與坎尼會戰相提並論，雖然死亡人數還是不如坎尼會戰多。在坎尼一役，羅馬戰士多半是羅馬的公民兵。

西比奧派人送勝利的消息到羅馬，向哥哥魯奇斯報告，但西比奧人沒有離開艾利帕。西比奧並非考慮追擊吉可涅或馬構涅，而是想著其他的事情。二十九歲的勝利者派遣使者到加地斯，要和馬西尼沙和談。

西比奧這時的年紀與當年越過阿爾卑斯山進入義大利時的漢尼拔相同，他想把戰場移至迦太基軍的根據地——非洲。

他首先考慮的是增強騎兵的戰力。要增加自己的騎兵，同時削弱敵人的騎兵，這是最好的方法。

因此，西比奧想到昨天還是敵人的馬西尼沙。他展開交涉的對象不僅限於馬西尼沙，也向努米底亞國王錫芳齊進行外交談判。西比奧回應錫芳齊的要求，祕密離開西班牙，前往現在阿爾及利亞的努米底亞領土。西比奧急需騎兵，而且是地中海世界中最強的騎兵。

這兩位努米底亞人向來與迦太基國關係深厚，不太可能馬上給西比奧具體的回答。王牌在握，至於是否出牌，最終還是由他們做決定。

西元前二〇六年的冬天，除留下兩個軍團防衛西班牙本土外，西比奧帶著常年在外作戰的士兵經海路回國，這是四年來第一次回到羅馬。

第六章

# 第二次布尼克戰役末期

（西元前二〇五年～前二〇一年）

羅馬係採用少數統治的寡頭共和政體，並非有國王訂定政策、付諸實行的君主國，也不是個具備官僚體系的國家。在共和政體的羅馬，元老院是指導階層。經元老院同意，才可能有政策的實施。元老院內的勝負，取決於辯論。個人認為，拉丁語的特色在於簡潔明晰，是辯論的重要武器。即使是西比奧，他在戰場上雖運用側面攻擊，但在辯論場上則與其他羅馬菁英相同，選擇正攻法。現在，他正考慮改變對抗漢尼拔的路線。

他回到羅馬後，第一件事要求向元老院報告戰況。還有幾個月才滿三十歲的西比奧，沒有資格成為元老院議員。在元老院報告完畢後，西比奧並未要求為他舉行凱旋式。

這不是因為他在西班牙的戰果不足以慶賀，相反的，應該好好大肆慶祝一番。但是在共和政體下，只有執政官、前執政官、法務官、前法務官有資格指揮兩個軍團。西比奧被派往西班牙時只有二十五歲，這已是破例授與指揮權。完成稱霸西班牙的偉業後，西比奧也才二十九歲。如果以這個年紀就為他舉行凱旋式，那真是例外中的例外了。在重視長幼有序的寡頭政體中，這個舉動未免太刺激元老院。

西比奧只好自願犧牲象徵羅馬武將最高榮譽的凱旋式，但條件是元老院須在第二年，也就是西元前二〇五年時，認可他具有執政官候選人的資格。

擔任執政官的最低年齡是四十歲，第二年也才三十歲的西比奧，還差十歲。因此元老院對於認可資格一事表示有困難。

但在元老院之外，則呈現另一種風貌。雖然沒有凱旋式，但整個義大利都知道西比奧在西班牙的輝煌戰績。住在各殖民城市及同盟國的羅馬公民權所有人，都到羅馬來投西比奧一票，集合的人數比往年都多。羅馬的選舉方式並非一人一票，而是一百人為一組，一組一票。在公民大會還沒召開前，就有所謂的「百人組」公開表示要把票投給西比奧。

元老院知道勢不可逆，因此認可西比奧的候選資格，而西比奧也以壓倒性的多數獲選為執政官。

但是當要決定新執政官西比奧的任職地點時，元老院對西比奧志願前往的地點表示不能同意。

經公民大會選出的執政官，不僅是羅馬的最高官職，同時也是軍隊的最高司令官。而兩位執政官的任職地點表面上是由抽籤決定，但事實上是由元老院決定司令官負責的戰線。這是為了貫徹戰略上的政策，一般公民所組成的公民大會，缺乏戰略方面的專業知識及經驗，惟有由官職及軍職資深官員組成的元老院，才能作出專業的判斷。

西比奧要求元老院將自己派遣到北非，然而遭到法比烏斯強烈的反對。

羅馬在坎尼慘敗後，法比烏斯持續主張持久戰法。當時法比烏斯已經是七十歲高齡，德高望重。他從當初「堅持的男兒」變成「持久戰主義者」，甚至被稱作「義大利之盾」，擁有相當的權威，也受到敬重。羅馬元老院有「首席」的制度，擁有第一發言的權利，法比烏斯一直是元老院議員的「首席」，他的發言在元老院引起一場論戰：

「在廣場上散布著一種流言，說我是因為嫉妒這個年輕人的輝煌戰果，所以才持反對意見。他的年紀比我的兒子還小，我怎麼會和他計較這些，我完全是為了國家的利益著想。既然當上執政官，首要任務就是除去在義大利本土上的漢尼拔，而不是跑到北非去。你不能保證在進攻北非之後，漢尼拔就會回到北非去。」

接著，法比烏斯舉例說明，他說雖然把漢尼拔趕到「長靴的尖端」，但漢尼拔的危險性並不因此減少，從迦太基本國來的補給仍不間斷。果真，第二年漢尼拔的弟弟馬構涅率領支援船隊從傑農華登陸，證明老法比烏斯的憂慮不是沒有道理。法比烏斯繼續說：

「各位年輕人，也許你們不清楚。在第一次布尼克戰役時，執政官雷古拉斯曾經歷遠征北非失敗的痛苦，我們在非洲沒有同盟國，我不希望你們重蹈覆轍。漢尼拔在義大利沒有補給也撐這麼久，如果回到非洲，在支援充足的母國作戰，將會是如何的一種情況，你們好好地想想。

我們讓年輕的西比奧當選執政官，是為了羅馬與義大利，不是為了滿足他個人的野心，羅馬不是個需要英雄的國家。」

很可能成為英雄的格拉古及馬爾喀斯都已戰死，在梅他吾隆會戰的勝利武將涅歐擔任沒什麼權限的財務官，未能留在前線，他離開戰場也有一年的時間了。這一切的安排都是為了讓西比奧擔任執政官，可說是相當的讓步。

法比烏斯認為要把漢尼拔趕出義大利，只是時間的問題。最後他表示：

「首先第一要務是讓義大利恢復和平，至於進攻非洲是其次的事了。」

元老院原本就瀰漫著反西比奧的氣氛，這下子因為法比烏斯的發言，幾乎是更為確定。西比奧要求發言，他走到議場中央，以尊敬且謹慎的口氣，明快地說出他的重點。

「法比烏斯及所有議員們，個人不相信法比烏斯反對我去非洲是出於嫉妒，我對他的偉大十分敬重。

個人認為我雖然年紀輕，但戰場經驗豐富，目前的成功並不表示可以永遠成功。必要時應有所改變。現在就是應該改變的時候了。」

的確，現在正是機會來臨的時候，那一年，不僅完成稱霸西班牙的偉業，也與馬其頓王國和談。之前，馬其頓遲遲未能突破羅馬的封鎖，無法登陸義大利與漢尼拔共同戰鬥，最後馬其頓還是選擇了與羅馬和談。

但那一年在義大利的戰線，欲振乏力。雖有兩位執政官投入，但一直沒有進一步的突破，漢尼拔仍在卡拉布里亞待了一年。西比奧繼續說明：

「五年前，就是在這個議場中，允許將我派往西班牙。為何今天還要以年齡的問題而提出反對？今天的局勢比當時還要艱困，當時父親及叔父在西班牙戰死，西班牙戰線一敗塗地，但經過幾年後，各位不是都承認我在西班牙的成績了嗎？過去是迦太基向羅馬挑戰，從現在起應該是羅馬向迦太基挑戰。漢尼拔在義大利的所作所為，羅馬人也要在非洲還以顏色。直搗敵穴的效果，大家都可從漢尼拔身上看到。另外，漢尼拔才四十一歲，要等待他消耗殆盡，我們不知道還要等多久。」

接著，三十歲的西比奧對著七十歲的法比烏斯說：

「法比烏斯，我會如你所忠告的，與漢尼拔對決。只是地點是由我來選擇，並非等著漢尼拔出現。要對抗漢尼拔，只有靠會戰。整個迦太基就是我們的戰利品，而不是半毀狀態的卡拉布里亞地方。」

頓時元老院內的空氣變得十分詭異，站在法比烏斯立場與站在西比奧立場的議員各占一半。

這兩半並非貴族對平民的二分法，法比烏斯家族及西比奧所屬的柯爾涅留斯家族都是羅馬的名門貴族。這兩半象徵舊世代與新世代的不同，法比烏斯獲得年長者的支持，而年輕的議員則贊成西比奧的想法。

這些年長者並非頑固，如果是一般人到了這個年紀可能是身體衰弱，精神狀況不佳；但他們多半擁有輝煌的戰場業績，是優異的長輩。他們頑固的不是年紀，而是執著於成功。即使狀況改變，需要改革，他們對於曾經創下的成功十分堅持，執著於過去所選擇的方式。改革要能成功，必須有優秀的才能，同時沒有過去成功的包袱。通常年輕人容易做到，因為新世代沒有被過去成功模式牽絆，反而勇於進行全面性的改革。

法比烏斯徹底執行持久戰法對抗漢尼拔，把漢尼拔趕到「長靴的尖端」，是維持今日羅馬生存的第一功臣。當然他會反對西比奧的意見。

雖然如此，法比烏斯及他的支持者的想法並未完全失去彈性，他們了解要打開卡拉布里亞地方的僵局，必須殺出一條血路出來。最後，在既不傷年長者的面子，又讓年輕一輩的改革想法能夠達成之下，提出了折衷的方式達成共識。

將西比奧派遣到西西里。西西里是羅馬的屬省，如此就符合執政官任職地點須留在國土的規定。同時允許西比奧在第二年，如果因為國家的需要，可前往非洲。

西比奧並未獲得在首都召集兩個軍團的權利，他只能在西西里當地募集志願兵。這意味著西比奧未取得執政官應擁有的正規兵指揮權，而且遠征非洲也不是受正式承認的軍事行動。倘若遠征失敗，責任不在於元老院，完全由西比奧一個人承擔。

一般來說，應該不會接受這樣的條件，但西比奧接受了。不等西元前二〇五年的春天來臨，三十歲的執政官就朝西西里出發了。另一位執政官里奇紐斯則被派往卡拉布里亞地方對抗漢尼拔。那一年，羅馬投入的兵力共十八個軍團，較前一年少了兩個軍團。最艱困時曾經同時有二十五個軍團投入戰場，相較之下，有些今非昔比的感覺。將漢尼拔趕到「長靴的尖端」的這個時期，的確是改變戰略的好時機。

西元前二〇五年，提早抵達西西里的西比奧，趕緊展開編組軍隊的工作。

元老院認可了七千名志願兵的費用。西比奧在西班牙的戰績發揮了吸引士兵加入的作用。而元老院的「冷淡待遇」也發揮功效，無論是羅馬公民或是同盟國公民，反而因此同情三十歲的武將，將希望寄託在他的身上。沒有多久，西比奧就召集了六千二百名步兵及三百名騎兵。其中有許多是曾與西比奧在西班牙共同作戰、解甲歸田的老戰友。

此外，許多支援遠征非洲的物資陸續寄達，不少是從「羅馬聯盟」的同盟城市所寄來的。光舉托斯卡那地方的例子，阿里佐願意提供小麥、標槍五萬支，維爾提拉願意提供建造船隻用的木材，塔爾庫尼亞願意提供帆布，皮歐比諾願意提供鐵等。這些物資對經費拮据的西比奧來說，十分珍貴。三十艘軍船滿載六千五百名士兵及大量物資，在西比奧之後隨即抵達西西里。

原本在西西里就有兩個軍團駐屯，他們是坎尼會戰的殘兵，派他們駐守坎尼作為處罰，也一直不許他們返鄉，長期駐守在西西里。但之後在馬爾喀斯的領導下，進攻敘拉古，一掃敗兵的自卑，反而變成超級的資深戰士。在十年後，他們迎接西比奧這位新的司令官。

西比奧也曾出現在西元前二一六年坎尼會戰的現場，他新婚妻子的父親執政官艾米里斯·保羅，在當時是坎尼會戰的執政官，會戰中壯烈成仁。這些自稱「坎尼軍團」的超級戰士，當然是以特別歡欣的心情迎接年輕西比奧。

義大利本土的志願兵加上「坎尼軍團」，西比奧尚嫌不足，但已經沒有多餘的經費可以招募更多的士兵。西比奧將自己定位為西西里戰線的指揮官，同時也是屬省西西里的最高統治者。

西西里在第一次布尼克戰役後成為羅馬的屬省，六年前經馬爾喀斯的進攻後，將敘拉古納入屬省的版圖。屬省沒有自治權，須繳交收入十分之一的稅，沒有提供兵力的義務。土地收歸羅馬國有，因此農民須向羅馬租借耕地。「羅馬聯盟」的同盟城市，與屬省的情形又不相同。

西比奧將沒收的土地交還給屬省省民，至於是全數歸還或只是還給一部份有力人士，那就不得而知。總之，西比奧採用獨斷但不違法的手段，進行前所未有的改革。西西里人免除繳交耕地租金，因而對西比奧充滿感激，開始有自費願意加入軍隊者。西比奧的軍隊因此增加至二萬五千名士兵及一萬二千名船員。

把西西里人的東西還給西西里人，除了使士兵人數增加外，最重要的還是將西西里變成一個補給基地。要成功遠征非洲，確保一個近距離補給基地之間的補給線是不可或缺的。

西比奧也不忘對各地前來的士兵施予訓練，這是一支混合軍，必須加以組織、訓練，才能上場打仗。他以當初在西班牙的那一套訓練課程，將這些老兵、新兵、志願兵，變成他要的戰士，以發揮他想要的戰術。

除了訓練軍隊外，三十歲的執政官也不忘進行蒐集非洲情報的工作。西西里距離迦太基很近，有不少居民對非洲很了解。西比奧在夜裡與他們交談，了解非洲的情形。並派副將雷力吾斯到迦太基以外的北非沿岸，蒐集第一手的資料。此外，他也與努米底亞的錫芳齊及馬西尼沙聯繫，想借重努米底亞騎兵。

西比奧充分發揮他掌握先機的長才，準備遠征非洲。

西比奧得知卡拉布里亞地方的海港城市羅庫力是迦太基本國補給船隊支援漢尼拔的重要海港，立刻派出三千名兵攻下羅庫力，等漢尼拔趕到時已來不及。羅馬十年來首次收回羅庫力的制海權，也使得羅馬對在「長靴尖端」漢尼拔的包圍網更加緊密。

閃電作戰收回羅庫力，也間接刺激了元老院內的年長派。未經元老院同意即派兵前往非責任區域，涉嫌違反規定，因此元老院派遣調查團前來，西比奧當然也覺得有些歉疚。元老院方面雖有批評，但沒有壓力。相對於執政官里奇紐斯帶著四個兵團對抗漢尼拔，卻毫無戰果可言，元老院對西比奧自然不好多加責難。

第二年，西元前二〇四年，西比奧被認可具備前執政官的資格，握有絕對指揮權，率軍從西西里西岸的馬爾沙拉出發。帶著四百艘運輸船、四十艘軍艦、二萬六千名士兵及四十五天的糧食和水。其中十五天的糧食是現成可立即食用的。

以現在的船隻從馬爾沙拉到突尼斯需要八小時。二千二百年前的技術，只要是順風，大概一天一夜可以抵達。

自第一次布尼克戰役後以來，這個海域的制海權一直掌握在羅馬手中。然而風向無關制海權，原本以迦太基首都的西方為目標，但抵達的地點卻是迦太基首都的東方，幸好迦太基的港灣很寬闊，而迦太基艦隊也沒有出動挑起海戰，不影響原定計畫。迦太基人看到久違的羅馬大軍只會慌張失措，西比奧在迦太基第二城市尤蒂卡(Utica)附近登陸。

儘管全軍平安登陸，但卻有一堆烏龍事等著西比奧。

努米底亞王錫芳齊正想接受西比奧提出的結盟之際，卻又決定向迦太基靠攏。在西班牙吃了西比奧敗戰的吉可涅武將，將女兒許配給努米底亞王馬西尼沙，想運用懷柔政策，但這位絕世美女最後卻嫁給錫芳齊。

西比奧原本也寄望馬西尼沙，但馬西尼沙在他父親死後，王國遭錫芳齊侵略奪去，不僅賠了夫人，王位也丟了。

優秀騎士的產地努米底亞，雖然原本就分裂為兩個國家，但現在其中一國名存實亡，勝利的這一國又偏向迦太基這邊。

只有二百騎隨從的馬西尼沙，出現在西比奧的眼前，仍然像一匹沙漠中的狼一般精悍，直視著西比奧說：

「二年前你希望和我結盟，但現在我能提供的只有我自己了。」

西比奧心底暗暗吃驚，但不顯露出來，他以一貫的笑容回答：

「有你就足夠了。」

剎那間，三十四歲的努米底亞人與三十一歲的羅馬人間，產生了男人間的友情。

西比奧並未將這個只帶了二百騎的馬西尼沙當作外人，之後西比奧的戰略都是以西比奧、馬西尼沙及雷力吾斯這三位三十出頭的武將為主軸，共同作戰，這也是西比奧與只信任親友的漢尼拔最大的不同點。

西比奧公開宣稱他以漢尼拔進攻義大利的手法，進攻非洲；但第一年的戰果卻與漢尼拔大不相同，可謂乏善可陳。花了四十天才攻下迦太基第二城市尤蒂卡，馬西尼沙指揮的騎兵隊在周邊燒殺掠奪，但稱不上是戰鬥。

沒有具體戰果的最大原因，在於迦太基方面沒有什麼迎擊的行動。對沒有兵役的迦太基人而言，戰爭就是在西西里的第一次布尼克戰役。而第二次布尼克戰役是漢尼拔率兵到義大利，或是在西班牙進行，一般的迦太基人根本不清楚什麼是戰爭。這份幸運也讓迦太基不懂得處理危機，更不知如何因應；直到知道羅馬軍登陸後，才慌慌張張整編軍隊，但也花了好幾個月的時間，最後在西元前二〇四年的秋天成軍，由吉可涅的三萬三千名傭兵及錫芳齊的六萬名努米底亞軍共同組成，而具體的戰鬥要等到第二年才會展開。

然而羅馬的元老院把焦點集中在北義大利，因此沒有注意到西比奧在北非貧乏的戰果。迦太基政府眼看制海權操控在羅馬手中，不太可能支援在南義的漢尼拔。但在西元前二〇五年的秋天，迦太基政府派遣援軍從羅馬海軍監控之外的傑農華登陸義大利。此外，漢尼拔的弟弟馬構涅帶著一萬四千名兵及大象，預定在西元前二〇四年的春天南下義大利，與哥哥漢尼拔會合。

元老院得知這個消息，與漢尼拔的大弟漢席多拔入侵時一樣，進入備戰狀態，由一位執政官及兩位法務官率六個軍團北上。但是此時與西元前二〇七年漢席多拔入侵時的情形不同，高盧人眼見迦太基在義大利的勢力衰退，不願加入馬構涅的軍隊。雖然迎擊馬構涅的三名羅馬武將都是泛泛之輩，但因為馬構涅的軍隊未如預期強大，馬構涅負傷，只好撤退回到傑農華。

停留在卡拉布里亞地方的漢尼拔，完全沒有什麼動作。羅馬軍雖未接近，但漢尼拔一步也沒踏出。

終於還是因為非洲這條戰線，才打破這僵局。

漢尼拔是在西元前二一八年進攻義大利，當時的西比奧只有十七歲。漢尼拔完全主導戰役的時期為西元前二一八年至前二一〇年這八年間。西元前二一〇年時，西比奧正值二十五歲，可見西比奧及他的副將雷力吾斯的世代是在漢尼拔壓倒性的影響下長大的。

原本羅馬的武將是經由公平戰鬥下產生，透過公平戰鬥而獲勝者，才是值得誇耀。然而漢尼拔教導了羅馬人可以策略取勝，即使是公平競爭，結果輸了就什麼都不是。最直接吸收到這樣資訊的就是西比奧這個世代的羅馬人。

有「柯爾涅留斯陣地」之稱的羅馬冬營地，僅與迦太基、努米底亞聯軍的冬營地相距十公里。

如果春天來臨的話，戰鬥就將開始。西比奧軍有二萬六千名兵，迦太基、努米底亞聯軍有九萬三千名。三十一歲的羅馬新世代決定善用冬季的自然休戰期。

西比奧在稱霸西班牙時，就曾向努米底亞的錫芳齊提出與羅馬結盟的邀請。也配合錫芳齊的要求，前往阿爾及利亞與他密談，但沒有具體結果。而今錫芳齊效忠迦太基旗下，與羅馬軍相距只有十公里。

西比奧曾向錫芳齊表示要再次和談，暗示錫芳齊能否擔任羅、迦兩國間的中介橋梁。錫芳齊因為妻子的關係，投靠迦太基這邊，他趕走馬西尼沙，成為努米底亞的國王，但參戰對他本身並不利。錫芳齊取得美女與國王王位後，也希望擔任強國迦太基及強國羅馬間的仲裁者。

錫芳齊接見西比奧派出的使節後，立即向二公里外的吉可涅傳達西比奧的意願。在艾利帕會戰被西比奧打敗的吉可涅，雖然接受政府命令出陣，但其實不想與西比奧打仗。錫芳齊在得到吉可涅的同意後，挑起中間協調的任務。

努米底亞王所提出的和談內容，包括西比奧從非洲撤退，漢尼拔同時也從義大利撤出，今後羅馬與迦太基互相尊重主權，重新建立關係等。

看來十分妥適的內容，即使迦太基同意這份和約，但羅馬不見得願意簽署。歷經十五年戰爭的羅馬，國土有一半被戰火洗禮，犧牲的士兵在十萬人以上，而至少有十名以上的司令官在戰爭中成仁，實在很難同意這樣的和談。但西比奧並未立即加以拒絕，他告訴錫芳齊，他想派出使節進行交涉的事宜。

西比奧的使節開始奔走於努米底亞軍的冬營地及「柯爾涅留斯陣地」之間，錫芳齊相信西比奧有誠意要和談，而他也懇切應對。西比奧以將官級的貴族為使者，並派有隨從及馬伕，但他們不是真的隨從及馬伕，而是身經百戰的將官及百人隊長穿著奴隸的衣服。

交涉的期間很長，事實上是故意拉長。進行和談交涉的期間等於是休戰，無須擔心敵人會進攻。且交涉時間愈長，使節往來次數愈頻繁，打扮成隨從及馬伕的戰士也就更能仔細觀察敵

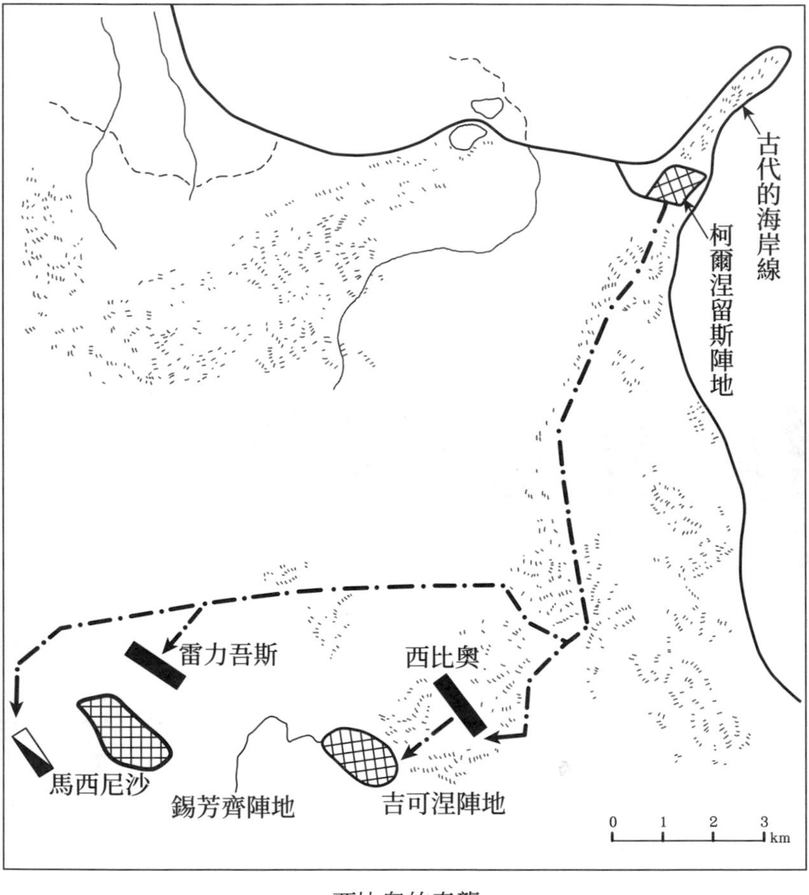


西比奧的奇襲

（摘自 Liddell Hart, *A Greater Man, Napoleon's: Scipio Africanus*）

營的狀況。使節當然必須進入國王的營帳內談話，但隨從及馬伕可在談話的時間內在敵營中自由走動。錫芳齊也以為他們是一般的隨從馬伕，因此沒有加以約束。

如此度過了冬天，春天來臨。西比奧也對敵軍的狀況有了全盤的了解，送出最後一次的使節，讓他代轉一封信。信的內容大致是表示他個人傾向於同意和談，但由於作戰會議的將官們多數不贊成，因此和談的交涉不得不中止。接著便展開延續前一年攻擊尤蒂卡的行動，但只投入三分之一的戰力，主要是為了不想引起吉可涅及錫芳齊的注意。

西比奧、雷力吾斯及熟悉地形的馬西尼沙三人擬訂了夜襲的計畫，其他的將官直到行動當天的下午才知曉。

攻擊尤蒂卡的軍隊分為三部份，一部份留駐軍營，其餘分為第一軍及第二軍。西比奧率領第一軍，夜襲迦太基軍。雷力吾斯及馬西尼沙率第二軍，攻擊努米底亞陣營。

夜間的突擊決定由第二軍以火把首攻，因為努米底亞陣營地多以木材及蘆葦搭建，都是易燃之物。當藏在暗處的西比奧軍看到火光時，再開始攻擊迦太基營地，兩個陣營之間雖有二公里的距離，但都位在平原上，視線良好。

羅馬軍將日落到日出的時間，劃分為四個時段，崗哨輪值四次。每一哨輪值的時間約為三小時，因此夜間時間的計算方式為第一哨、第二哨、第三哨及第四哨。決定夜襲當晚，總司令官西比奧決定於第一哨及第二哨間的交換時間，也就是大約晚上九點左右，下令集合所有的士兵。

時間一到立即出發，剛開始全軍一起出動，到半路才分為兩邊。雷力吾斯及馬西尼沙所率領的第二軍在第三哨結束時到達努米底亞陣營，約為半夜三點，立即展開包圍敵營的工作。四面八方來的火把，使得木材及蘆葦搭成的軍營立即燃燒起來。由於各個營帳間的距離很近，火苗竄升得很快，馬上延燒開來。努米底亞士兵以為發生火災，也沒帶兵器就跑出兵營，逃到營地的柵欄之外，遇到守候多時的羅馬兵，又往軍營裡跑。在羅馬兵及火焰兩面夾攻之下，努米底亞士兵陷入極度混亂，有的被羅馬兵的標槍刺中，但有更多士兵是被自己的同袍踩死。努米底亞王錫芳齊的陣營地，當時有六萬名兵之多。

西比奧率領的第一軍及迦太基軍陣營地的士兵都注意到努米底亞陣營地起火燃燒，但迦太基軍剛開始也以為是失火，等到登上陣營地的柵欄一看，才發現事態不妙。但是沒多久，迦太基軍營也陷入火海。

之後，努米底亞軍營所發生的事情在迦太基軍營重演。迦太基、努米底亞兩軍營共有三萬人死亡，但吉可涅和錫芳齊兩位司令官成功逃出；吉可涅逃回首都迦太基，錫芳齊帶著兵回到努米底亞的領地。被火焰及羅馬兵夾殺的士兵們，像蜘蛛一樣四處逃逸。因為是半夜，西比奧放棄繼續追擊。這是一次極為成功的夜襲行動，羅馬軍方面未損失一兵一卒。

在初春吃了敗仗的迦太基軍，想捲土重來。當初四散逃亡的士兵又重回軍隊，四千名從西班牙來的傭兵也乘船抵達首都，迦太基軍合計有三萬名兵。再次邀請努米底亞王參戰，錫芳齊

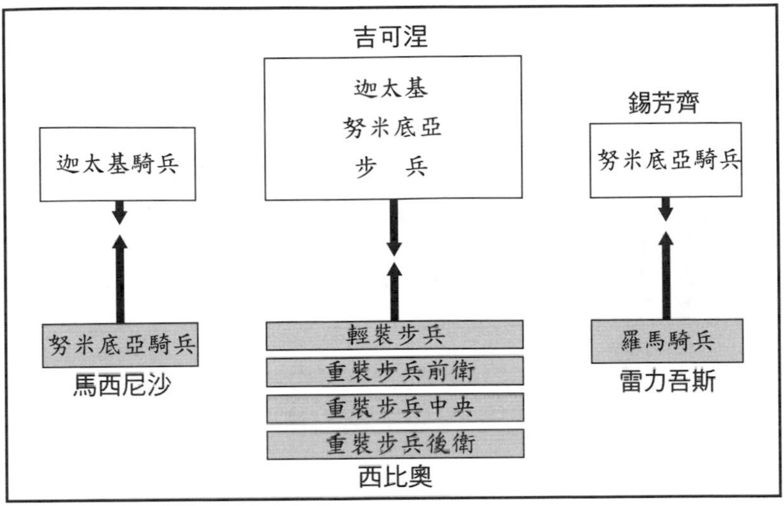


會戰（第一階段）　羅馬軍　迦太基軍

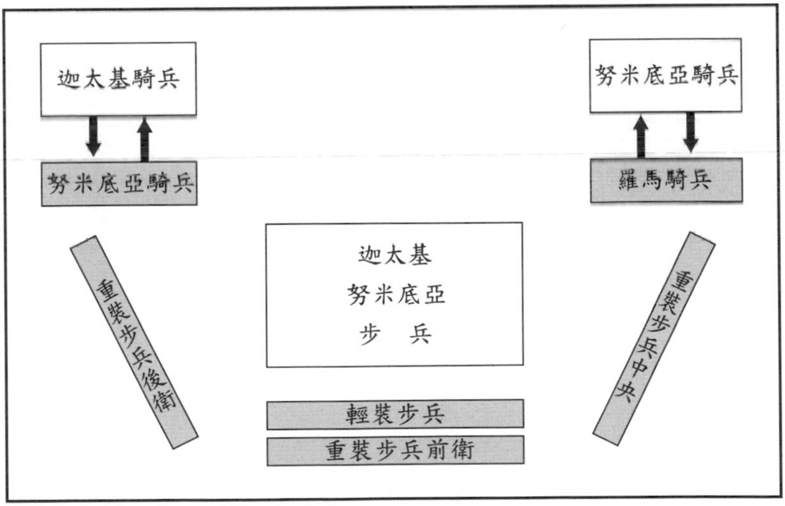


會戰（第二階段）

也答應率軍加入，不過人數上不如前次來得多。

初夏時，迦太基軍及努米底亞軍，在努米底亞王國附近的內陸平原上會集。在努米底亞王國附近集合的主因，是錫芳齊鑑於西比奧夜襲的慘痛經驗，有些猶豫是否參戰，再次指揮迦太基軍的吉可涅只好以強大軍勢讓他有些信心。

西比奧知道敵軍會集的消息後，未等敵人攻來便開始行動。雖然羅馬軍的人數不到敵軍的一半，但西比奧抱著一決勝負的信心。

兩軍的陣形完全是按照既定戰法排列，但開打後，只有錫芳齊和吉可涅按既定戰法作戰。所謂既定戰法就是以輕裝步兵為先鋒，接著是騎兵的猛攻。但是錫芳齊所率領的騎兵卻敗下陣來，又遭到追擊，影響到迦太基及努米底亞聯軍的步兵團，步兵的兩邊形成空洞的狀態。

西比奧見狀，下令步兵開始攻擊，這批在西西里接受良好訓練的步兵，以整齊的隊形開打。輕裝步兵及重裝步兵的前衛夾攻敵軍的中央，重裝步兵的中央包圍敵軍步兵的右側，重裝步兵的後衛包圍敵軍步兵的左側。敵軍的步兵受到三方圍攻，動彈不得，無法發揮。西班牙來的四千名傭兵全被殲滅，步兵的屍首堆積如山。

迦、努聯軍的騎兵戰力雖然優異，但沒有機會與敵軍的騎兵對戰，更談不上包圍作戰了。吉可涅及錫芳齊從後方敗走，吉可涅逃回首都，錫芳齊逃回努米底亞。

當天，西比奧繼續追擊。雷力吾斯與馬西尼沙所率的羅馬軍騎兵，追擊錫芳齊，進攻努米底亞境內，俘虜了努米底亞國王。

之後，依西比奧的命令，兩人停止追擊行動。但馬西尼沙想趁機奪回努米底亞王國，努米底亞王國首都的城門大開。

馬西尼沙進入王宮，見到錫芳齊的王妃——索芳妮，她曾經是馬西尼沙的未婚妻。馬西尼沙毫不猶豫立即與她結婚，他現在已經不是沒有王國的國王了。

馬西尼沙回到軍營，西比奧正等著他。西比奧雖然向他祝賀收復王國，但不同意他與敵人的王妃結婚。三十二歲的羅馬武將對著比他大三歲的好友說：

「錫芳齊背叛與我之間的和談，投靠迦太基，是我羅馬軍的罪人，必須帶回羅馬。他是羅馬的東西，包括他的所有東西都屬於羅馬，索芳妮也不例外，我要護送她回羅馬。但是，如果她變成你的妻子，我沒辦法如此對待她。」

馬西尼沙不發一語地離開，交給使者一封信及一瓶隨身帶著的毒藥，送去給索芳妮。信上寫著：

「保護妻子是丈夫的首要義務，但我卻無法盡到，只好盡我第二義務，讓我的妻子不會遭到不幸，將它與此信一起帶上。」

索芳妮把信讀完後就喝下毒藥，她只說，這是丈夫給我的結婚禮物。

西比奧為了給他的好友打氣，召集所有的士兵，公開宣布馬西尼沙為努米底亞國王，而努米底亞將成為羅馬的同盟國，並把自己用的執政官紅色外袍送給他。

元老院及公民大會聽取西比奧的報告後，認同他的作法，並慶祝羅馬在非洲地區第一個同盟國的誕生。錫芳齊在西比奧的護送下回到羅馬，他住在義大利的一個小城市，在監視下度過餘生。

迦太基第一次在自己領土內吃了敗仗，全國陷入混亂。政府內部的意見分歧，沒有一致的方針。

一部份人主張積極作戰，出動艦隊攻擊羅馬軍艦。

一部份人主張整修首都外圍的城牆。

另一部份人認為應該與西比奧和談。

也有人大聲疾呼召回漢尼拔，對抗羅馬軍。

結果並未選擇某一種方針，而是四種方法併行。此時的季節，已進入秋天。

迦太基本國派使節送出政府的公文，命令在南義庫洛得的漢尼拔及在北義傑農華的馬構涅回國。

同時派遣使節告訴西比奧，迦太基想與他進行和談。西比奧經過一天的思考後，列出幾項和談的基本條件，要使者帶回，如果迦太基政府能夠同意這些基本條件，才願意開始談判。西比奧提出的條件包括下列幾項：

一、羅馬承認迦太基的獨立自主及自治權。
二、在義大利及阿爾卑斯山以南高盧地方的迦太基軍，全部撤退（這當然包括漢尼拔兄弟必須撤退的意思）。
三、完全放棄迦太基在西班牙的既得利益。
四、承認馬西尼沙的王國，尊重其主權。
五、除保留二十艘軍艦外，其餘皆交給羅馬。
六、談判期間，迦太基提供軍糧給在非洲地區的羅馬軍。
七、支付賠償金五千羅馬幣給羅馬。

從這些條件看來，當時西比奧是真心想要與迦太基進行和談。他遠征非洲的目的就是要漢尼拔從義大利撤離。戰鬥，尤其是在平原上的會戰，即使事前準備再周密，仍是一種賭注，而對抗漢尼拔不能憑藉賭注。從以後他的言行中我們也可以得到證實，西比奧是個計算精密、事前充分準備的武將，絕對不會輕舉妄動。

復仇對他來說沒什麼意義，曾經是敵人的馬西尼沙都可以變成好友。五千羅馬幣通常是以三十年或五十年的期間分期償還。迦太基本國光是經營農地的收入，一年就有一萬二千羅馬幣，要支付這筆賠償金並不困難。最大的問題只有一項，只能保有二十艘軍艦，等於是實質上瓦解迦太基海軍的條款。

迦太基政府內部的討論如何不得而知，但採取邊打邊談的迦太基政府，接受所有的條件，因此羅馬與迦太基在和談的前提下進入休戰狀態。

馬構涅接到返國命令，已乘船從傑農華出發返回迦太基。但之前重傷未癒的馬構涅，在船隊接近薩丁尼亞島時，不治身亡。但其餘的士兵皆平安回到迦太基。

漢尼拔也接到返國的命令，當時他四十四歲，進攻義大利以來已經過了十六年。可惜沒有任何文獻記載漢尼拔接到命令時，是如何的心情。

由於沒有任何文獻記載漢尼拔個人的軼事，生在後世的我們，實在很難捕捉到這個男子當時的表情。同時，也沒有文獻記載那些跟隨他十六年的士兵們是如何看待這位武將，僅僅有一個地方提到。歷史學家李維斯參考漢尼拔隨行記錄員錫連納所寫的作品中提到，敘述如下：

「他默默承受寒冷與酷熱，想吃就吃，想睡就睡。他一個人必須處理的事情太多，說他睡覺，不如說是利用零碎時間休息。對他而言，晝夜沒有什麼不同，睡眠與休息的意義也沒有什麼區別。

士兵們經常看到的是在樹蔭下裹著披風就睡的漢尼拔，士兵們經過漢尼拔身旁時，皆小心翼翼地走過，注意不要發出武器的聲響。」

漢尼拔在西班牙時曾與一名原住民部族長老的女兒結婚，生下一個兒子。在進攻義大利後，幾乎不近女色。一直是勝利者的他，不管他要或不要，身邊是不可能欠缺女人的。

在羅馬軍成功斷絕補給線的策略下，漢尼拔在十六年間只獲得兩次補給，在這段期間內，他是如何維持三萬的兵力呢？

原本在普利亞地方時，由於當地盛產小麥，情況還好。但是到了「義大利的鞋尖」，究竟是如何飲食度日的，至今仍是謎團，沒有歷史學家能夠解答。卡拉布里亞地區位於山區，即使是現在，仍是義大利最貧瘠的地方。雖有庫洛得或羅庫力等希臘殖民城市海港，但制海權在羅馬海軍手中，斷絕了通商往來。光靠掠奪附近的城市及農村，實在很難讓三萬名士兵餬口。除了有一次遭羅馬軍攻擊，四千名士兵投降外，其餘士兵完完全全忠誠地跟在漢尼拔身邊。

漢尼拔所率的軍隊是由非洲、西班牙、高盧等地的傭兵所組成，士兵之間語言無法溝通。在羅馬軍節節逼近下，物資不足，當然很難發出酬勞。漢尼拔的士兵是傭兵，不像羅馬的公民兵，服兵役是義務。但為何他們甘心留在發不出薪水的司令官之下呢？

漢尼拔基本上是個較為閉塞的人，也不會與士兵打成一片，和心胸開放、不拘小節的西比奧不同。

那麼，傭兵們為何願意追隨高傲的漢尼拔呢？

馬基維利對此曾作出一番評論，他認為士兵們對漢尼拔嚴峻的態度心生畏懼；同時，當這位天才武將遭遇前所未有的困難時，士兵們產生一種不能割捨的感情。因此當漢尼拔好不容易休息時，士兵們都不敢驚動他。

優秀的領導者不只是有優秀的才能，他還讓被領導者感到自己存在的重要性。持續的人際關係必須是互動的，光是單方向的關係，則無法久存。

漢尼拔受命返國前，曾站在庫洛得南方的一個神殿前。這一帶的希臘裔居民信仰虔誠，在這個神殿供奉女神希拉，現在仍有一根圓柱。在古代這是以美麗出名的神殿，在天青海藍的襯托下，白色的神殿展現希臘人的美感。

接受返國命令的四十四歲迦太基武將，命令屬下將刻有文字的銅板，鑲在神殿祭壇旁的牆上。

銅板上刻著漢尼拔從西班牙出發後的所有戰果。後世出生的我們，可得知他走出西班牙時軍隊的士兵人數、渡過隆河時的士兵人數，乃至於越過阿爾卑斯山進入義大利時的兵力狀況。五十年後，歷史學家波力比維斯造訪此地，讀了銅板上的文章。有趣的是，羅馬人對漢尼拔恨之入骨，為何還讓這塊銅板保留了五十年？我更感興趣的是，這塊銅板上所使用的文字。

根據波力比維斯的記載，這塊銅板分為兩半，一半是以迦太基的官方文字——腓尼基文寫成，另一半是以希臘文寫成，兩邊的內容相同。波力比維斯是希臘人，所以閱讀沒有問題。但為何不是以拉丁文寫成，而是以希臘文寫成呢？

拿破崙遠征埃及時發現「羅塞塔石」，上面有埃及的象形文字、埃及民間用的文字及希臘文三種文字，因此得以解讀古埃及象形文字而出名。這塊「羅塞塔石」是西元前一九六年製作的，而漢尼拔的腓尼基文與希臘文併記的戰績銅板是西元前二〇三年寫成，兩者僅相差七年。

在「羅塞塔石」上刻字的人，並非為了讓後世解讀象形文字而加上希臘文，我認為當時的希臘文，應該相當於今天的英文。

第二次布尼克戰役後，羅馬雖稱霸天下，但文化上卻反被希臘侵略。西元前一世紀時，拉丁文已發展得十分健全，但羅馬人仍是個雙語的民族。當時的羅馬人是世界的統治者，但並未強制要求住在希臘圈的被征服民族學習拉丁文，反而是他們熱衷於學習希臘文。

再回到漢尼拔時代的故事，在那個世代出生的羅馬元老院議員彼德，曾寫下羅馬人所稱「漢尼拔戰爭」的第二次布尼克戰役的戰史。他的著作可說是第一部羅馬人寫的歷史，他不是使用自己的語言——拉丁文寫成，而是以希臘文寫成。就像日本人的研究學者以英文發表論文一樣。

漢尼拔在沒有成功打倒羅馬，必須離開義大利時，將他從二十九歲到四十四歲間的豐功偉業，以腓尼基文及當時的國際語文希臘文記下，遺留給後世。也許我們可從這塊現在已經消失的碑文上，體會出一點點四十四歲漢尼拔的心情吧！

漢尼拔只帶了一萬五千名兵回到迦太基，其中八千名是他從西班牙帶去的二萬六千名士兵，與漢尼拔一起奮鬥十六年後，最後剩下八千名。另外的七千名是在南義當地的士兵，都是最精銳、最忠誠的士兵。

其他的士兵因害怕受到羅馬的報復，央求漢尼拔帶他們走，甚至攀在船緣上不肯放手，漢尼拔不得已命令士兵射箭驅離。

船從庫洛得出發，從船上望著佇立在海崖上的白色大神殿，漸漸從水平線上消失。將要四十五歲的漢尼拔，是以怎麼樣的心情眺望這座神殿的，沒有史料記載，或許他根本沒看也不一定。

首都羅馬同時接到從北義及南義傳來漢尼拔兄弟已撤離義大利的消息，羅馬各地一片歡欣鼓舞。神殿裡擠滿前去祈禱感謝神明的民眾，而前往法比烏斯家中祝賀的元老院議員也絡繹不絕。

這位在羅馬最險惡的時期、堅持持久作戰的老將，在得知漢尼拔撤離後的一個月去世，享年七十二歲。

## 扎馬——第八回合戰役

西比奧提出的羅、迦和談條件，獲得元老院及公民大會的認可，只要迦太基長老會議同意，和談就可以成立。這段期間，西比奧堅守休戰原則，沒有任何軍事行動。

但休戰期間發生一起事故，羅馬的補給船艦遇到暴風雨，在迦太基首都外海四十公里處避風，迦太基人奪下這個船隊並拖回港內。西比奧得知後，立即向迦太基政府提出抗議，要求歸還。長老會議正在討論此事時，漢尼拔抵達迦太基的消息傳到。

為避免羅馬海軍的阻撓，漢尼拔在迦太基南方的哈德魯門上岸，馬構涅也在同一時期從迦太基港回國。

這也是迦太基人的強悍，長老會議決定不理睬西比奧的抗議及要求，誰也不願意提和談的事。西比奧見此形勢，知道戰爭隨時都可能會爆發。

漢尼拔在哈德魯門過冬，但馬構涅暗地裡送來一萬名兵。第二年，西元前二〇二年，漢尼拔共集結了四萬六千名步兵及四千名騎兵，外加八十頭大象。正如法比烏斯所擔心的一樣，漢尼拔回到母國後，有充分的資源整軍。

但漢尼拔並不就此滿足，騎兵方面的戰力不夠，質量皆不佳。原本提供迦太基軍騎兵來

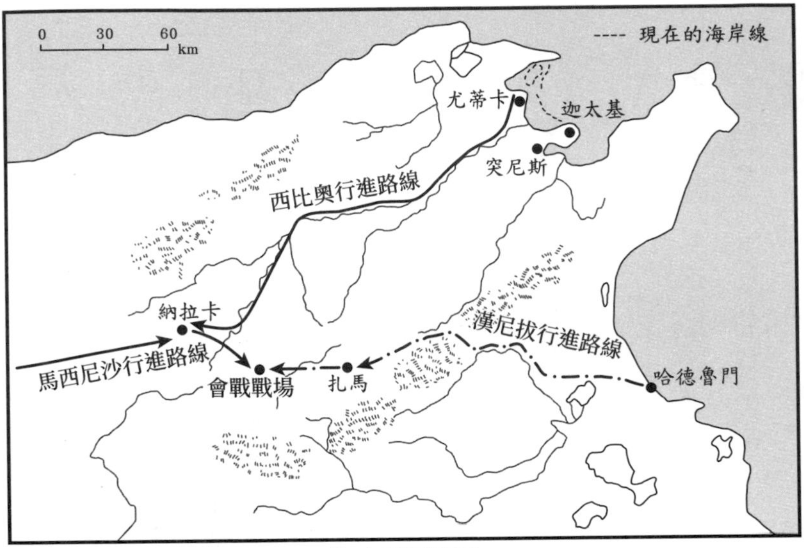


迦太基周邊圖
（摘自 Liddell Hart, *A Greater Man, Napoleon's: Scipio Africanus*）

源的努米底亞，都變成馬西尼沙的統治範圍，他是羅馬的同盟國，無法再要求提供騎兵。漢尼拔轉向前努米底亞國王錫芳齊的兒子，請他帶著旗下的騎兵加入。錫芳齊的兒子同意，約定有二千名騎兵參戰，但尚未抵達。

漢尼拔回國且和談的談判破裂後，西比奧知道將與漢尼拔決戰，於是派遣使者要求馬西尼沙參戰。得到羅馬軍的助力因而收復努米底亞的馬西尼沙，爽快地同意提供步兵六千及騎兵四千。加上這一萬名兵，西比奧的軍隊共有四萬名戰力，但是馬西尼沙遲遲未抵達。

換句話說，西元前二〇二年的春天，漢尼拔與西比奧將要開戰之時，雙方的援軍都還沒抵達，使得兩軍的行軍顯得毫無章法。

西比奧的大本營「柯爾涅留斯陣地」與漢尼拔在哈德魯門的軍營，形成三角形的兩點，兩軍如果要開戰，應該是朝著這兩點所連結的線上某一點前進。但是兩軍卻是朝著三角形的另一點前進，這一點就是努米底亞，他們都想要接近河川的上游，以占領地勢上的優越地位。但原因不僅是如此，因為兩軍都想接近努米底亞，以便和援軍會合。

漢尼拔軍因士兵人數多加上大象，行軍速度較慢。西比奧軍的人數只有漢尼拔軍的一半，加上他怕讓漢尼拔搶先一步，切斷了他與馬西尼沙之間的聯繫，因此行軍速度極快。

但兩軍的行軍並非一心一意地直奔目的地，無論是西比奧或是漢尼拔，都是一邊試探敵人，一邊行軍。

迦太基政府多次要求漢尼拔盡早攻擊西比奧，但漢尼拔的回答總是如此：

「其他事情我不過問，但在何時、何地、以何種武器攻擊，由我決定。」

這個問題也是西比奧經常思考的事情，這兩位英勇的武將，正漸漸接近努米底亞國境。

如果要舉出古代五位名將，漢尼拔和西比奧必定名列其中。如果要舉出歷代十個優秀的武將，這兩人也一定榜上有名。像這樣兩位具有相當才能武將對戰的情形，在歷史上的例子實在很少。而這個例子將在扎馬的戰場上實現。

漢尼拔到達扎馬，得知敵人正在西方一百公里的納拉卡。漢尼拔派出三名偵察兵去打探敵情。但這三人卻被羅馬軍逮捕，他們知道接下來的必是嚴刑拷打。

西比奧知道逮捕到漢尼拔的偵察兵這個消息後，命令屬下帶進這三人，開始訊問漢尼拔賦予他們的任務是什麼。這三名偵察兵知道自己必死無疑，反而光明正大地說出他們要打探敵情的任務。西比奧傳進一名將官，囑咐讓這三人看到他們想看的。

將官帶著這三人在陣營內到處參觀，第二天馬西尼沙的努米底亞騎兵抵達，全軍歡呼。這三人不僅親自目睹這一幕，甚至連努米底亞兵的人數都一清二楚。

第三天，西比奧再次訊問這三人，問他們看夠了嗎？他們三人心想這下子就是死期已到，回答說已經很滿意。出乎意料之外，西比奧告訴他們回去好好向漢尼拔報告，甚至派遣騎兵隊護送他們回去。

這三人回到扎馬，一五一十地向漢尼拔報告。漢尼拔靜靜地聽完後，下令派使節前去提出要和西比奧會談。

西比奧答覆說知道此事，至於何時、何地進行，由他決定，等決定後會另行通知。

兩軍繼續行軍，兩軍間的距離到達六公里時，西比奧派出使節告知會談的時間與地點。兩軍都停在該地，開始搭建軍營。西比奧的陣營離河川很近，取水方便；相反的，漢尼拔軍的陣營離河很遠。

第二天，漢尼拔與西比奧都僅帶著一隊騎兵至指定的地點，位於兩軍之間的一處低丘。走

西比奧

漢尼拔

到山腰，騎兵止步，僅有翻譯人員跟著武將向前。

兩位才能洋溢的武將對戰已是極為難得，而對戰前還先會談，在歷史上簡直是破天荒的一段故事。歷史學家波力比維斯及李維斯根據當時一位元老院議員彼德所寫的《戰記》一書，寫下會談的情形。在波力比維斯的作品中幾乎全文翻譯，而李維斯只簡潔的論述要旨。

會談開始，漢尼拔先開口。

「對羅馬及迦太基最好的選擇應該是，羅馬留在義大利內，迦太基也不跨出非洲以外地區。因此戰火的開端應該是來自於西西里、薩丁尼亞、西班牙等地吧！

但這些都是過去的事，問題是現在。我們雙方都拿著自己國家的安危做賭注，如果要避免這個危險的賭注，最好就是停止戰爭。我也有此打算。從我的經驗中，我知道運氣這種東西，就像小孩的遊戲一樣。

西比奧，你還年輕，也許不能體會。無論是在西班牙或是非洲，你都不曾嘗過敗戰的滋味，所以你可能很難接受。當然我們也不必要靠歷史上的例子才可得到證明。現在就是最好的範例。

坎尼會戰後，我稱霸義大利，曾經兵臨首都羅馬城下。當時的漢尼拔是羅馬人民及國家生命的審判官，而現在回到非洲，與你談著迦太基的存亡問題。

我不想被說成是一個高傲的人，未來的事現在當然不能預測，擇善固執是我們唯一可以選擇的對策。

任何一位慎重的人，在危險逼近時都會挺身而出。如果今天你贏了這場戰爭，你和羅馬的聲望不會更加提高；但相反的，如果你輸了這場戰爭，過去的輝煌戰果將會一筆勾消，你的一生也就因此完蛋。

現在我提出個建議，將西西里、薩丁尼亞、西班牙等迦、羅兩國的爭端之地，正式劃為羅馬所有，而迦太基人也保證這些地方的安寧，不再為此打仗。我認為，這些條件將能保證迦太基的安全，使你個人及羅馬人得到至高的榮譽。」

漢尼拔話說畢，輪到比他小十二歲的西比奧說話。

「開啟戰端的不是羅馬人，而是迦太基人。漢尼拔，你應該比誰都清楚這個事實。如果神明引導羅馬人走向勝利，那是因為神明知道錯在於何方，神明要站在正義的一邊，並幫助他們。

我知道命運是詭變的，我也知道人力可以做到何種程度。

如果在羅馬軍進攻非洲前，或者在和談破裂前的那個時候，你已自動撤離義大利，你今天的提案應該是個令雙方都滿意的提議。

但是，你從義大利撤退並非出於己願，是因為羅馬兵進攻非洲你才撤離。因此和談的條件當然大不相同。經過羅馬公民大會認可的和談，是你們迦太基加以破壞的，這一點請別忘記。

今天在此，你對我說什麼都沒有用。倘若你站在我的立場上，你會怎麼做呢？無論是你或是迦太基政府覺得不服氣，和談的條件還是由我決定。

我只會建議你好好準備明天的會戰，因為迦太基人，特別是你，是不習慣在和平中過日子的。」

兩位武將分左右兩邊各自下山，歷史上有名的「扎馬會戰」就要在明天開打。

這是一場迦太基對羅馬、五萬對四萬、戰術上師傅對徒弟的一場對決。

這是一場戰術的最高傑作，與「坎尼會戰」不同，「扎馬會戰」不僅決定了戰役的方向，也將決定地中海世界的未來。

西元前二〇二年的秋天，兩軍在扎馬及納拉卡間的平原布陣完畢。漢尼拔所率領的迦太基軍共有步兵四萬六千、騎兵四千及大象八十頭。錫芳齊的兒子原本答應支援二千努米底亞騎兵，但始終沒有抵達。

另一方面，羅馬軍由西比奧擔任總指揮，雷力吾斯負責左翼軍，馬西尼沙負責右翼軍，加上馬西尼沙旗下的努米底亞兵，共有步兵三萬四千名及騎兵六千名。

以總戰力來看，迦太基軍較占優勢，但如果以騎兵戰力作比較，四千比六千，則羅馬軍占優勢。而以軍隊中步兵與騎兵的比例來看，迦太基軍是十一比一，羅馬軍是六比一。羅馬軍這個組成比例可說是打破羅馬軍的傳統，反而是比較漢尼拔式的作法。相反的，迦太基軍的內部結構，不太像漢尼拔一貫的作風，有些羅馬式的味道。

四十五歲的絕代戰術家當然不是沒有注意到這個問題，極富機動性的騎兵是有效發揮全軍戰力的要素之一。這支軍隊的騎兵戰力不足，在扎馬這個戰場，讓精於戰術的漢尼拔似乎不容易施展開來。

因此漢尼拔特別設計了一個普通武將想不到的陣形，準備想以此搏得勝利。這個陣形至今仍讓許多戰術家讚嘆不已。

在最前線配置八十頭大象。

其次，第二列配置一萬二千名傭兵步兵。

第三列，配置迦太基公民兵、非洲及馬其頓的一萬九千名傭兵步兵。步兵團的兩側各有二千名騎兵。

最後一列是一萬五千名步兵，距離後方有二百公尺之遠，這批是他從義大利帶回來的精銳子弟兵。

漢尼拔的想法如下：

一開始由八十頭大象突擊，使敵軍中央的步兵團陷入混亂，繼續由第二列及第三列的傭兵團投入戰場。此時兩軍投入的戰力，迦太基軍是三萬一千，而羅馬軍是三萬四千，大概可以打上好一陣子，就算讓羅馬軍略占優勢也無所謂。等到羅馬軍的重裝步兵團開始疲憊時，再使出最後的法寶，也就是一萬五千名的精銳部隊。雖然騎兵隊較弱，只要不離開步兵兩側，也就足夠。

如此才能解釋為何要將軍隊的主戰力置於距離後方二百公尺遠的位置。漢尼拔過去總是以騎兵當作他的最後法寶，但這次卻是一萬五千名子弟兵。以第二列及第三列步兵當作誘餌，就算沒有殺個片甲不留，至少可以拖垮羅馬軍部份的戰鬥力，漢尼拔是這麼想的。

這套戰術如果是對付過去交手的那些羅馬武將，必勝無疑。但西比奧這位羅馬武將不是泛泛之輩，他懂得迦太基人的戰術。真正優秀的弟子，不是光會模仿師傅的作法，必定是就現有的客觀條件加以運用。

西比奧將三萬四千名步兵團置於中央，他將在扎馬會戰採取前所未有的戰術。

羅馬重裝步兵的排列順序是前衛、中央、後衛三縱隊，最前面一排是屬於資產較少的公民階層，他們不負有重裝步兵的兵役。重裝步兵的三個縱隊，每隊再分為六十人到一百二十人不等的小隊，而輕裝步兵是沒有小隊制度的。但此次西比奧將輕裝步兵也編小隊，且將輕裝步兵小隊安插在重裝步兵小隊間。

以前的戰爭裡，敵軍可以很容易看出小隊與小隊間的間隔，但這次看不到小隊與小隊之間的間隔，只見橫線一排的戰列。由於重裝步兵小隊的間隔有輕裝步兵小隊填補，敵人看不出小隊間的間隔。

六千名騎兵分為左右兩翼，分別由雷力吾斯及馬西尼沙指揮，西比奧自己率領步兵團。

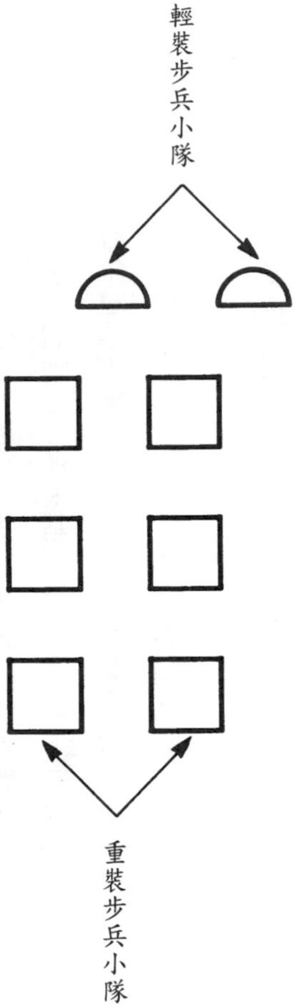


兩軍布陣完畢後，總司令官訓話以提高士氣。

西比奧從西班牙與非洲的戰果說起，喚起士兵的回憶，強調今天的敵人是想來求和的軍隊。他特別針對坎尼會戰的殘兵所組成的重裝部隊說，今天的辛苦將是最後一次了。

漢尼拔方面，他把對傭兵的訓話交給下面的將軍，他自己則是對著從義大利帶回來的子弟

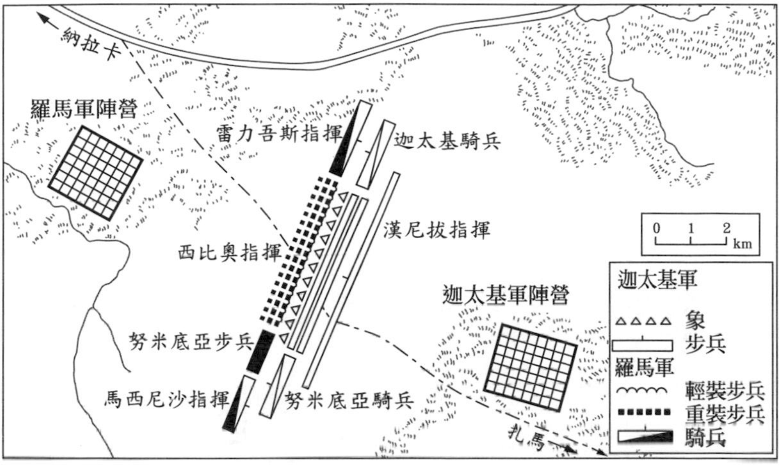


扎馬會戰（完成布陣後）
（摘自 Liddell Hart, *A Greater Man, Napoleon's: Scipio Africanus*）

兵發表演說。

「十六年的漫長歲月，在義大利的土地上，沒有一位羅馬武將曾經打贏過我們。今天敵軍的指揮官是在提西諾及特烈比亞的敗將之子，勝利將使漢尼拔及各位戰士們的名聲永垂不朽。」

這番話的確鼓動了在場的一萬五千名精銳士兵，特別是那八千位跟了漢尼拔十六年的弟兄，他們願意以自己的性命為漢尼拔作賭注。

羅馬軍左右兩翼騎兵的突擊開啟了戰端，漢尼拔立即下令象群出動。八十頭大象的前進，使得戰場上煙塵滾滾，頓時看不清敵我軍隊。

當象群快要逼近時，西比奧軍的輕裝步兵在煙塵裡一隊一隊插入重裝部隊中，隊伍變成橫排一列一列，小隊間產生了空隙。

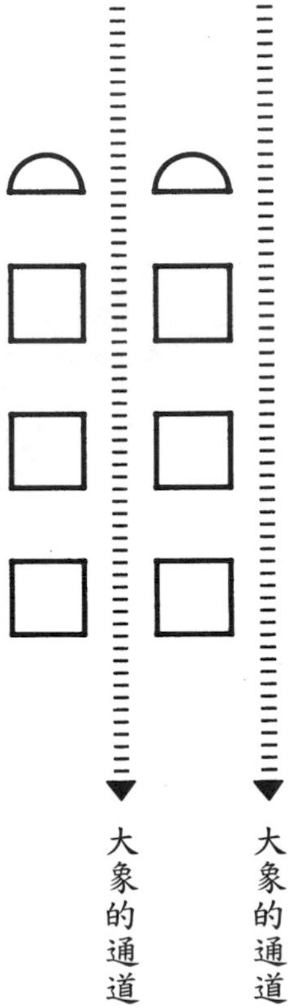


在廣大的扎馬平原上，這個空隙寬到可以成為通道，迦太基軍的大象就從此通道經過，這個通道緩和了大象的突擊力。原本大象是用來打亂羅馬軍步兵團的漢尼拔戰術，至此完全沒有發揮作用。

要控制大象的行動本屬不易，駕馭大象的士兵好不容易讓大象停下來，羅馬的輕裝步兵又以喇叭及標槍等擾亂大象，有的大象橫衝直闖，有的大象被捕，迦太基軍的大象完全從戰線上退去。

此時，兩軍的步兵開始在戰場中央打鬥起來，二萬八千名羅馬軍（二萬二千名重裝步兵加上六千名努米底亞兵）對三萬一千名迦太基軍（第一列加上第二列）。迦太基軍雖然在人數上占有優勢，但戰鬥力卻是羅馬軍較佳。

雷力吾斯及馬西尼沙所率的羅馬軍騎兵隊，在戰鬥開始後，立即展開攻勢，將迦太基軍騎兵壓倒在一旁，迦太基軍中央的兩側，呈現完全空洞的狀態。

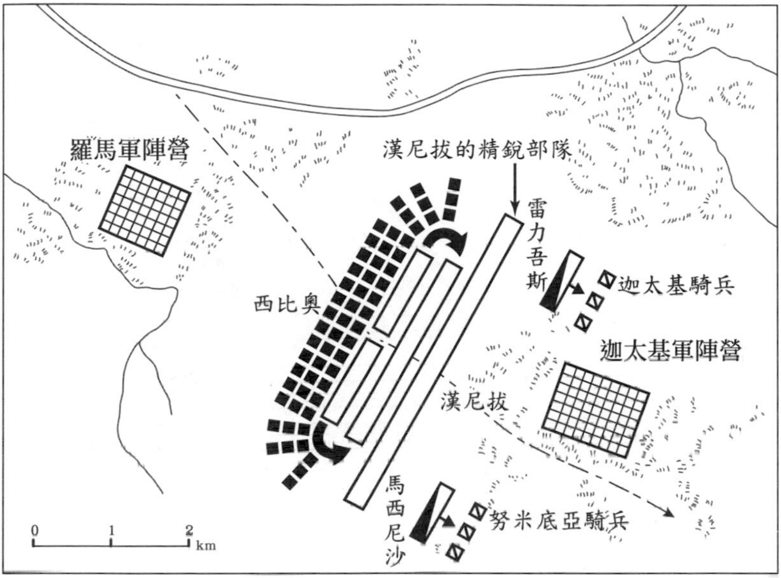


扎馬會戰（第二階段）
（摘自 Liddell Hart, *A Greater Man, Napoleon's: Scipio Africanus*）

西比奧把握機會，命令重裝步兵從正面及左右兩側攻擊。

迦太基軍傭兵受到羅馬軍三方攻擊，毫無招架之力。前面及左右無路可逃，連後退也沒辦法。因為漢尼拔曾下令，在後方持刀等待的精銳部隊對於逃兵格殺勿論。

傭兵們知道死路一條，因此瘋狂作戰，但死傷慘重。西比奧所引進的「西班牙箭」在狹小的空間裡，發揮了很大的威力。

西比奧並未追擊那些衝破三方突圍的迦太基兵，對他而言，敗走的敵兵已不算是戰力，連正眼也不看一下。

迦太基軍士兵死傷無數，血染大地，堆積的屍體甚至阻撓了羅馬軍的前進。

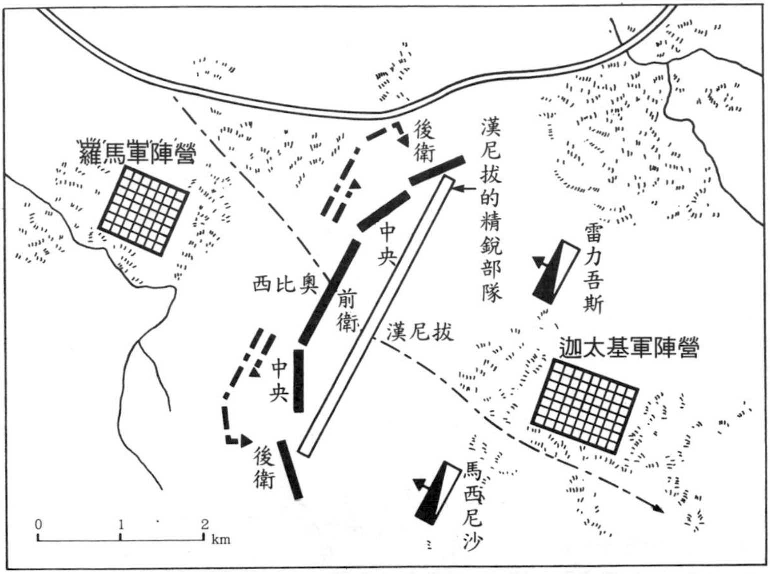


扎馬會戰（第三階段）
（摘自 Liddell Hart, *A Greater Man, Napoleon's: Scipio Africanus*）

漢尼拔見羅馬軍的士兵已經疲憊，認為這是投入我軍主戰力的好機會，命令一萬五千名的精銳部隊出發。

三十三歲的羅馬武將，看到這一群距離自己二百公尺的迦太基新戰力，立即下令軍隊重整隊伍，以下是一般武將所想不到的戰術。

依據總司令官的命令，羅馬的重裝步兵首先將負傷者運至後方，由輕裝步兵及努米底亞兵負責清理敵兵的屍首。原本呈縱隊的前衛、中央、後衛，變成弓形隊伍。西比奧認為自軍雖然疲憊，但有人數上的優勢，要好好善用這個優勢，同時利用這段時間，等待追擊敵兵的騎兵隊回到戰場。

回到戰線的輕裝步兵及努米底亞

步兵，再次從三方向形成包圍網。擊敗敵軍騎兵的雷力吾斯及馬西尼沙騎兵隊，也回到戰場。十四年前的坎尼戰場於扎馬平原再次演出，只是扮演的角色相反而已。四十五歲的名將只能眼睜睜看著自己的子弟兵被殺得片甲不留。一萬五千名的漢尼拔戰士，完全被殲滅。

迦太基軍的戰死人數超過二萬，另有二萬名士兵被俘虜。其餘的士兵逃回首都，而漢尼拔帶著幾名騎兵，逃到哈德魯門。羅馬軍方面僅有一千五百名犧牲者，西比奧大獲全勝。

在第Ⅰ冊中，曾經介紹過這一段插曲。這場會戰後，漢尼拔曾在羅德斯島與西比奧相遇，兩人曾有一段談話。

西比奧對年長他十二歲的漢尼拔，以尊敬的口吻說：「你認為在我們這個時代中，誰是最優秀的武將？」

漢尼拔立即回答：「馬其頓的亞歷山大大帝，他以微小的兵力，所征服地區的遼闊，超越人類所能想像，創下豐功偉業。」

西比奧再問：「那第二名呢？」

漢尼拔這次也毫不猶豫的說：「是伊庇魯斯國的皮拉斯王，他是一位一流的戰術家。」

西比奧再繼續問：「那第三名是誰？」

漢尼拔也立即回答：「毫無疑問的，是我自己。」

西比奧聽了微笑地說：「如果當初你在扎馬之戰，戰勝了我的話呢？」

漢尼拔也理所當然地回答：「那我將超越皮拉斯及亞歷山大，成為第一名。」

姑且不論是否真的超越亞歷山大，漢尼拔的自我評價可見一斑。

扎馬之戰，使漢尼拔成了敗將。漢尼拔採取靈活運用步兵及騎兵的包圍戰術，但反由羅馬的武將主導，證明這是有效的戰術。能夠因勢利導，這是西比奧的才能。但追根究底，這套戰術還是漢尼拔想出來的。

在古羅馬，除了盧奇阿諾斯 (Lukianos) 以外的全體羅馬人，都一致把漢尼拔列為武將的第一人，甚至排在救國英雄西比奧的前面。漢尼拔的不幸，在於他優秀的弟子出生於敵人那邊。然而就戰略家而言，漢尼拔犯了一大錯誤，他以為「羅馬聯盟」的瓦解易如反掌。生長於階級嚴明的迦太基社會中，他很難理解羅馬人以德報怨，扶持敗者的作法。

在扎馬戰後，漢尼拔也親身體會這種感覺。兩國進行談判，羅馬方面的首席代表是西比奧，迦太基方面的首席代表是漢尼拔。

「扎馬會戰」上，迦太基打出漢尼拔牌，卻得到敗戰的消息，感到驚訝不已。漢尼拔回到哈德魯門後，他站在長老會議面前，表明敗軍之將，最後只能選擇與羅馬和談。

西比奧在返回「柯爾涅留斯陣地」的路上，接獲迦太基求和的消息。西比奧也接受了。共和政體下的羅馬，和談的認可權由公民大會決定，但談判的工作則交由握有絕對指揮權的司令官負責。與迦太基進行和談談判的羅馬首席代表是西比奧，而迦太基方面的首席代表是漢尼拔。在戰場上對峙的兩人，又再次於和平的談判桌上見面。

兩人談判達成共識，羅、迦和談條約的內容如下：

一、羅馬承認迦太基係為獨立的同盟國，尊重其自治權。迦太基領土範圍內不設羅馬軍基地，也不留駐軍隊。同時承認第二次布尼克戰役前，迦太基在非洲所據有的領土。

二、迦太基放棄西西里、薩丁尼亞、西班牙等海外領地的所有權。

三、迦太基公開認可馬西尼沙繼任努米底亞國王。

四、迦太基今後不得與羅馬的同盟國及同盟城市交戰。

五、迦太基釋放全部羅馬人俘虜，俟和約簽署後，羅馬釋放所有迦太基人俘虜。

六、迦太基除保留十艘三層軍艦外，其餘軍艦及所有軍用大象皆交給羅馬。

七、未經羅馬同意，無論在非洲之內或之外，迦太基不得與他國交戰。

八、和談結束前，迦太基負擔羅馬軍留駐非洲的所有費用。

九、迦太基支付賠償金一萬羅馬幣，分五十年償還。

十、西比奧挑選十四歲至三十歲的迦太基年輕人一百名，送到羅馬當人質，作為迦太基的履約保證。

以上條款，與扎馬會戰前的和談條款差異不大，這點令人詫異。

第一、二、三條與會戰前的第一、三、四條完全相同，第四條的要求是羅馬國對所有戰敗國皆會提出的條件。

第五條也是任何一個國家均會提出的條件。

第六條是為了消滅迦太基海軍，與會戰前的不同只是迦太基可保留的軍艦，從二十艘變成十艘。

最具爭議的應該是第七條，這也是扎馬戰敗的最終結果。第七條否定了迦太基政府的自主交戰權，即使是自衛的行動，也須羅馬的批准，這將使得迦太基稱不上是完全的獨立國。

第八條與之前的第六條相同，是和談條款中必備的一項。

第九條是有關賠償金，從之前的五千增為一萬。分五十年償還，也就是每年二百羅馬幣。

第十條是有關人質，這是羅馬往後經常使用的手法。除了不能任意回國外，他們與公費留學生並無二致。挑選年紀較小的原因也在此。羅馬挑選敵國的領導階層子弟，也就是領導階層的預備軍，讓他們學習羅馬的事物，這是培育羅馬親信的好方法。這些人質並非真的關在牢房中，而是寄放在適當的家庭，當作家庭的成員一般，與該家庭的小孩一起成長，這是羅馬人所想的人質。

在此，我覺得很有趣的是，這裡無所謂正義與非正義，只有勝者與敗者之分，也就是戰爭並不是一種犯罪。如果打起戰爭罪犯的官司，漢尼拔首先就是頭號戰犯。

和談的條款的確嚴苛，但迦太基並未因此變成「羅馬聯盟」的一員，領土不須被征收為國有，耕種也不必繳納租金；當然也無須提供「羅馬聯盟」兵力，也不像西西里那樣變成羅馬的屬省。除了交戰權受限及海軍被瓦解以外，其餘仍保有自治國的地位，內政也不受羅馬干涉。從之後羅馬與馬其頓及敘利亞的和談條約來看，羅馬對於迦太基實在不算苛刻。

事實證明，第二次布尼克戰役是漢尼拔開啟戰端的，只是漢尼拔曾巧妙地誘導羅馬宣戰。十六年來，羅馬超過十萬人犧牲、十人以上的執政官層級將領戰死等，付出極大的代價。反觀戰敗國迦太基，犧牲卻少之又少。如此來看這份和約內容，可說是相當寬容，這應該也是受到西比奧的主導。這份和約在公民大會上未改一字地通過，顯現了羅馬人健忘的個性。

羅、迦和約也許嚴苛，但這不是一項報復，也非「正義」與「非正義」之間的對抗。戰爭，這個人類始終無法超脫的業障，何時才會不分勝者敗者，而是在乎正義與非正義呢?!即使將它區分出來，戰爭也不會因此消失吧！

但是迦太基政府內不少有力人士不滿這份和約條款，其中以吉可涅為代表人物，他曾與西比奧兩度交手也兩度失敗，但是沒有參加扎馬會戰。

吉可涅發表演說時，站在議席中的漢尼拔上前把他從講壇摺倒，全場對此野蠻行為啞然，

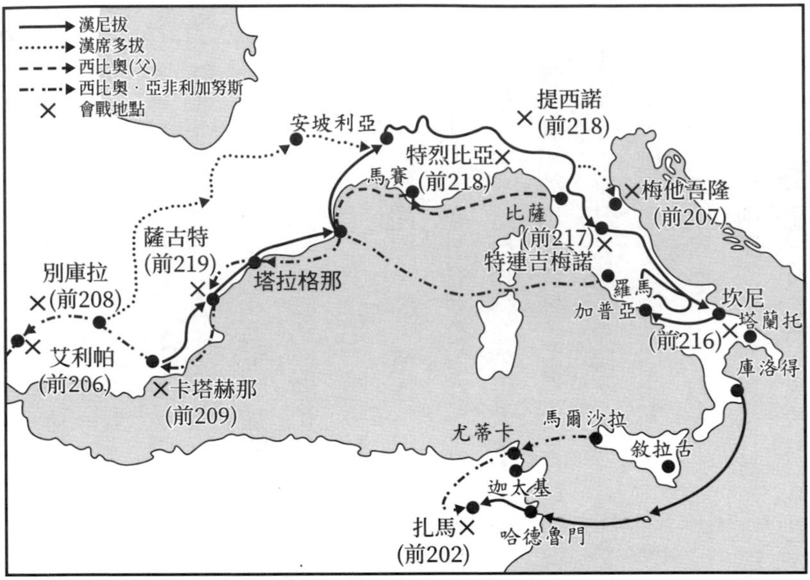

第二次布尼克戰役中有名會戰的地點及四位武將的路線

鴉雀無聲。漢尼拔也覺得自己有些過分，在吉可涅離去後表示：

「我從九歲離開祖國，三十六年來都在戰場上度過。我知道在戰場上應如何行動，但我卻對城市生活一無所悉。」

但是漢尼拔並未說明他為何熱切想要與羅馬進行和談，我們只能憑空想像。可能是見到自己的子弟兵全部犧牲，自己成為無兵之將，絕望透頂。向來在戰場上冷靜客觀的漢尼拔，知道精銳士兵盡失，是不可能與西比奧再行對抗的了。

雖沒有進一步粗魯的舉動，漢尼拔

繼續說：

「你們能做的不是高談闊論，而是接受和談，西比奧的建議頗能符合我國的現況。」

這些有力人士只有點頭，迦太基同意和談的內容，羅馬元老院及公民會議也照單認可，進入久違了十六年的和平時代。

和談成立後，西比奧率軍離開迦太基，經西西里，渡過墨西拿海峽，進入義大利本土，沿陸路回到羅馬。

騎著白馬的年輕凱旋將軍，沿途接受民眾的獻花及歡呼。這個夾道歡迎一直延伸到他抵達首都，無論是羅馬人或是義大利人，除了慶賀勝利之外，更歡迎和平的到來。

普布里斯．柯爾涅留斯．西比奧就此獲得「非洲征服者」（Africanus，亞非利加努斯）的封號，從戰勝漢尼拔的西元前二〇二年至凱旋返回羅馬的西元前二〇一年間，可說是三十三歲的西比奧一生中最美好的一段日子。第二次布尼克戰役也就此劃下句點。

# 第七章

# 布尼克戰役後

（西元前二〇〇年～前一八三年）

現在的研究者幾乎是認定「古代＝奴隸制社會＝搾取」就是罪惡，但很少有人說西元前二〇〇年的羅馬人是罪惡的。

我曾在第I冊中提到，羅馬從臺伯河旁的七座山丘起家，到統一盧比孔河以南義大利半島的五百年來，與現在的義大利相比較，不過統一了一半的領土，以此情況來看，談不上侵略。此外，當時羅馬的外交關係以「羅馬聯盟」為主軸，羅馬與同盟城市間的關係是一種共存、共榮的關係，而非統治與被統治的關係，這也是第一次及第二次布尼克戰役致勝的關鍵因素，獲得歷史學家湯恩比的讚賞。英國的學者甚至將這種關係比擬為二次世界大戰後，英國與大英國協成員之間的關係。

從義大利半島及西西里的地勢看來，很難將第II冊開頭就提到的第一次布尼克戰役看成是一種侵略戰爭，而第二次布尼克戰役發展到此，完全可說是一場防衛戰。為抵抗入侵本國而做的防衛，是各民族公認的自衛權利。

雖然如此，西元前二〇〇年之後的羅馬社會，卻是指責派抬頭。

指責派抬頭的主要理由，是西元前二〇〇年後的羅馬選擇帝國主義路線。所謂的帝國主義是以政治、經濟、軍事為目的，膨脹本國的侵略主義。

但是將帝國主義翻譯為"Imperialism"，這個詞彙是十九世紀以後才有的，換句話說，這是工業革命以後才有的字，在古代是沒有的。被羅馬人「侵略」的希臘民族，當然不會使用這個詞彙。

雖然"Imperialism"是以拉丁文「絕對權威」的意義所衍生出來，但是羅馬人的「帝國主義」所指的是什麼？是怎麼開始的？當時羅馬人的"Imperialism"是否與罪惡完全無關呢？

當整個羅馬還陶醉在西比奧「扎馬會戰」勝利的氣氛中，以雅典為首的希臘城市國家代表來訪。表面上，這是為了慶賀第二次布尼克戰役勝利的正式出訪，但元老院內的人議論紛紛，他們認為代表們此行的目的不只是祝賀而已。事實上，代表們是為了控訴馬其頓王國的侵略行動，希望羅馬能鼎力相助。

羅馬元老院的三百位議員中，有一個「首席」的頭銜，這並非指議長。在三百位元老院議員中，「首席」具有第一個或最後一個發言的權利，他也是在推動羅馬國政的元老院內，最有影響力的人。法比烏斯在西元前二〇三年逝世之前，領有「首席」的頭銜。這位主張以持久戰法對抗漢尼拔的七十歲老將，坐在「首席」之位是再自然也不過的事。法比烏斯逝世之後，當第二次布尼克戰役結束，三十四歲的西比奧被選為「首席」。對這位救國英雄，元老院除賜予"Africanus"（非洲征服者）的尊稱外，並以「首席」的職位相報。這麼年輕的「首席」當然是個特殊的例外，而西比奧也主導了往後十五年間羅馬元老院的外交政策。

在戰場上一級戰將的影響下，羅馬的外交政策並未立即改變為霸權主義。西比奧知道，回國時沿街人民歡呼撒出的花朵，除了是對勝利的喝采外，更是企求和平的象徵。當希臘城市國家的代表要求羅馬提供軍事援助時，的確也讓元老院猶豫了好一會兒。

西比奧所率領的元老院，內部必須面對問題，好好溝通。

在第二次布尼克戰役的十六年戰爭期間，埃及始終善意保持中立，羅馬派遣了執政官庫拉斯等四位元老院議員使節團，前往托勒密王朝致謝。但其中一人被緊急派到馬其頓王國的首都培拉，與菲力普王直接對話，要求停止馬其頓軍的軍事行動，可惜沒有成功。馬其頓軍南下進攻雅典，迫使羅馬必須盡快表態。

除馬其頓以外的希臘各城市，都是羅馬對抗漢尼拔陷入苦戰時期的同盟國。當漢尼拔於西元前二一六年坎尼會戰獲勝而沾沾自喜，馬其頓王國想與漢尼拔結盟的時期，這些希臘同盟國回應羅馬的呼籲，挑起封鎖馬其頓軍的第一線工作。同盟國有難必定相助是羅馬一貫的原則，而這些被侵略的同盟國，又是在羅馬艱困時期鼎力相助的同盟國，羅馬自然不能置身事外。

同時，元老院也認為有必要教訓一下馬其頓，萬一當初馬其頓與漢尼拔共同作戰成功，羅馬的下場將不堪設想。而馬其頓王菲力普之後又一邊與羅馬進行和談，一邊在扎馬會戰時送出傭兵團支援迦太基。現在既已允諾迦太基維持一個獨立國家的地位，當然不致於要滅亡馬其頓，但元老院全體一致同意，決定給馬其頓一個教訓。

但是這項決定遭到公民大會的反對，原因是馬其頓並未威脅到本國的安全，即使說是要支援同盟國，也不必勞師動眾，沒有任何一個百人組投下贊成票。可見得在第二次布尼克戰役後的羅馬人，心繫和平，不願再投入戰爭。

元老院卻義無反顧，堅持援邦。西元前二〇〇年上任的執政官加耳巴以演講的方式，直接訴諸公民，演講的內容大要如下：

「當初漢尼拔攻打薩古特時，羅馬軍隊如派出援軍，那麼第二次布尼克戰役的戰場將會在西班牙，而非義大利。當初就是因為我們及時支援墨西拿，使得第一次布尼克戰役的戰場是西西里。當同盟城市薩古特前來求援時，羅馬沒有把握機會與漢尼拔對話溝通，導致義大利變成戰場，結果造成長達十六年的征戰，這是誰都忘不了的痛苦經驗。今天馬其頓的菲力普王對雅典出兵的軍事行動，一如十九年前漢尼拔對薩古特所做的一樣。漢尼拔攻下薩古特後，花了五個月入侵義大利；如果馬其頓的菲力普王攻下雅典，那麼他不需要五天的時間就可從科林斯（Corinth）經海路進入義大利。問題要及早解決，等到敵人進到家門口時則為時已晚。」

執政官加耳巴演說後，公民大會再次舉行投票，結果多數贊成向馬其頓宣戰，只有一項附帶條件，就是派遣至希臘的軍隊須以志願兵組成，表示並非完全贊成軍事介入。

馬其頓的菲力普王知道羅馬將派兵介入，便率軍立即撤離雅典附近，但並非停止軍事行動，而是將侵略目標轉向在東邊的婆高蒙及羅德斯島。

但這對羅馬的行動毫無影響，雅典是羅馬在封鎖馬其頓作戰時的同盟國，而婆高蒙及羅德斯島也是當時與羅馬一起作戰的同盟國。

就這樣，羅馬一步一步涉入希臘事務，從某個角度來看，也許可說是純真的羅馬人被狡猾的希臘人利用了，但在此時，是那些策士沉溺於玩弄謀略。

## 希臘文化各國

短短十年內稱霸歐洲及亞洲的亞歷山大大帝在西元前三二三年英年早逝，當時他只有三十三歲。他死後留下的大帝國，則由旗下的將軍瓜分。

因此誕生了馬其頓的安提哥農斯 (Antigonus) 王朝、敘利亞的塞流卡斯 (Seleukos) 王朝以及埃及的托勒密 (Ptolemies) 王朝。此外，還有中度發展的婆高蒙王朝，在希臘則有許多城市國家分立。

生於後世的我們，從文化面稱呼這個時代為希臘化時代。在這個時期，埃及的亞歷山卓在文化上開花結果。但是政治方面，西元前三二三年至羅馬入侵的西元前二〇〇年之間，這些希臘諸國不斷重複著同盟抗爭的故事。從紀念貨幣所刻劃的國王肖像來看，意外發現他們的容貌有幾分神似。取名克麗奧佩脫拉 (Cleopatra) 的女子，不只是埃及有，在敘利亞及婆高蒙也很多，這是各王朝間不斷聯姻的結果。

希臘諸國的統治者都是希臘人，雖然彼此間跨國交流頻繁，但在國內還是東方味十足，國

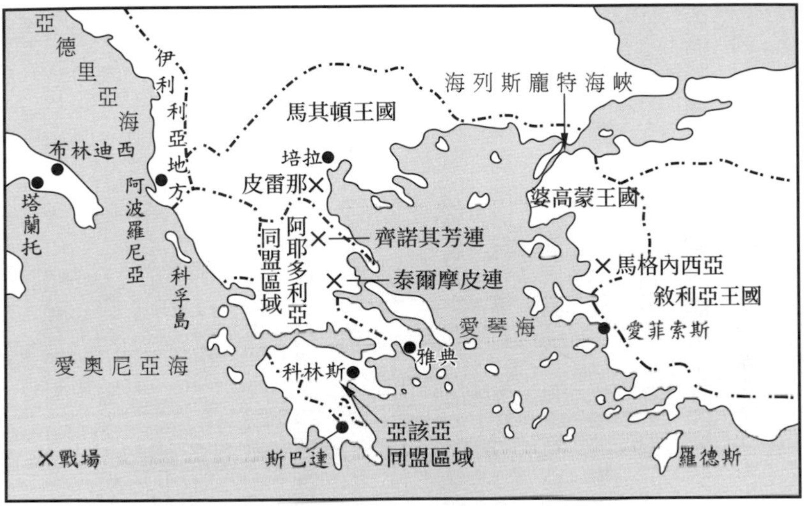


民的階級區別嚴明。「民族交流」這個亞歷山大的偉大志願，在希臘世界中，卻未得以實現，實在有些諷刺。

在希臘人統治東方人的埃及與敘利亞，對那些習慣被統治的人民，似乎沒有什麼問題，但是在不習慣被人統治的馬其頓，統治者與被統治者間存在著一種緊張關係。那些在希臘的被統治者，是個有一百人就有一百種意見的民族。

雅典及斯巴達的霸權衰退，在亞歷山大父親的時代，雅典人屈服於馬其頓的軍事力量。西元前三世紀至前二世紀的這段期間，希臘南部各城市結為亞該亞同盟，希臘中部各城市結為阿耶多利亞同盟，與統治者馬其頓形成對立的狀態。斯巴達與雅典採取時而參加、時而退出的策略，使整個希臘與馬其頓間的對峙並不明顯。就算這股反對力量結合起來，對於馬其頓也不構成威脅。在馬其頓王國統治下安心居住，實與希臘人的自主獨立精神無關。

這些希臘人將焦點擺在新興的羅馬勢力身上，他們期望羅馬能趕走馬其頓，恢復自己的自由與獨立。但對羅馬人來說，雖然想要教訓一下馬其頓，但沒有要滅亡馬其頓的意思。這個想法上的差異，使得西元前二〇〇年起的希臘戰役更形複雜。

軍事介入希臘之所以複雜化，主因在於當時的羅馬人仰慕希臘文化。在元老院儼然擁有潛在勢力的西比奧，以及負責第一次希臘戰役的弗拉米尼烏斯都是在羅馬出了名的希臘愛好者。對他們來說，即使參加義勇軍，也要挽救被馬其頓攻擊的雅典，他們想把希臘各城市從馬其頓的壓迫中解放出來，才剛滿三十歲的最高司令官弗拉米尼烏斯打從心底這麼認為。

馬其頓軍與羅馬軍之間的第一戰是發生在西元前一九七年特薩里亞 (Thessalia) 地方的齊諾其芳連。羅馬軍只有二萬名兵，其中一半是羅馬公民兵及「羅馬聯盟」士兵，另一半是來自希臘各城市的士兵。而馬其頓軍有二萬六千名士兵。從決定軍事介入到真正決戰有三年之久，加上參戰的羅馬兵人數不多，在在顯示羅馬對於是否以軍事介入希臘的行動一直舉棋不定。

這一支軍隊雖然是多國部隊，但從總指揮弗拉米尼烏斯以下的武將，都是學習西比奧式戰術的將軍，憑藉著靈活運用軍隊的各個部門，成功地將敵人的主戰力化為非主戰力。即使馬其頓王所率領的是稱霸希臘世界的馬其頓重裝步兵，仍然敵不過羅馬人的戰術。當羅馬人在西地中海從漢尼拔身上學習血的教訓時，住在東地中海的人仍堅信正面攻擊比什麼都來得有效。

會戰的結果震懾了東地中海地方的人。馬其頓軍戰死了八千人，五千人遭到俘虜，但羅馬軍方面只有七百人死亡。

逃回馬其頓境內的菲力普五世提出休戰，要求埋葬戰死士兵並進行和談的談判。最高司令官弗拉米尼烏斯接受了，但是加入羅馬軍的阿耶多利亞同盟各城市表示不滿。他們主張要直接攻入馬其頓境內，才能毀滅馬其頓，並抗議羅馬人在開戰前傾聽希臘人的意見後，卻又在戰後擅自做決定。此時，弗拉米尼烏斯如此回答：

「羅馬人的傳統是寬恕敗者，當初扎馬會戰後，我們也是這麼對待漢尼拔的。將敗者趕盡殺絕，這不是羅馬人的作風。只有當面對武裝敵人時，我們才會以武裝相待。當敗者已卸下武裝，我們的心當然也不必再武裝，這是我們一貫的作法。這次依舊援例，這是羅馬人託付給我的任務。

再說如果馬其頓王國消滅的話，經常侵犯希臘北邊的克爾特人及色雷斯人，更可肆無忌憚地威脅希臘。希臘人要把眼光放遠一點，謀求與馬其頓王國共存之道，如此馬其頓以後才不會再侵略希臘。」

那一年冬天，與馬其頓之間的和談成立。內容如下：

一、希臘人居住的城市恢復完全的自治，馬其頓王須尊重希臘城市自治權。
二、非馬其頓王國的領土但受馬其頓統治的地方，全部交給羅馬軍。屯駐在此地的馬其頓軍須在第二年春天以前撤退。
三、除保留五艘軍艦外，馬其頓將其他的軍艦交給羅馬。
四、馬其頓軍兵力的人數上限為五千名士兵。
五、非經羅馬許可，不得在馬其頓領土外打仗。
六、支付一千泰連羅馬幣作為賠償金，先立即支付五百泰連，其餘分十年償還。
七、不得在羅馬同盟國婆高蒙及羅德斯島打仗。
八、將國王的次子迪梅多利吾斯送至羅馬當人質。
九、承認雅典擁有雷慕諾斯等其他島。

希臘恢復和平，而且是回到多數希臘人所希望的和平模式，羅馬軍阻止馬其頓王國的侵略行為。但是希臘人仍然半信半疑，羅馬竟可打敗頂著亞歷山大光環的馬其頓，羅馬是勝者。這個羅馬將會如何處置希臘呢?承認自治權嗎?在東地中海，勝者就是法律。

第二年，西元前一九六年，羅馬勝將弗拉米尼烏斯將出席每年在科林斯所舉行運動會的消息，傳到了希臘。

科林斯的運動會不僅是體育競技的大會而已，也是一種高峰會議。讓希臘各城市的重要人士齊聚一堂，討論各種問題。而弗拉米尼烏斯的到訪，不可能只是來看比賽而訪問科林斯。

當年七歲的歷史學家波力比維斯在之後寫下《歷史》，波力比維斯出生於加盟「亞該亞同盟」的城市阿爾卡迪亞（Arcadia），是一個有勢力的家族。他即使當時沒有參加那個運動會，也應該從出席者的口中聽說過這件事。

「當天科林斯的競技場上觀眾爆滿，聚集了希臘所有的重要人士。和往年不同，他們並不關心競技場上的比賽，而在觀眾席上高談闊論。

羅馬人說要承認希臘人的自治權，卻又留駐軍隊。即使不在有名的城市留駐，但一定不放過戰略要塞。每年的貢金呢？希臘的獨立呢？希臘人的自由呢？」

他們的討論充滿了臆測，最後並沒有一個正式的結論。

競技終了，從弗拉米尼烏斯所坐的觀眾席，傳達手跟著喇叭手進入會場。喇叭的聲音在會場的各處響起後，要求觀眾肅靜。沉寂下來的競技場中，傳來傳達手的聲音。

「羅馬元老院及總司令官提圖斯．庫伊提吾斯．弗拉米尼烏斯在此做以下宣布：

從今天起，希臘人恢復完全的自由，希臘各都市對羅馬不須負擔繳納年貢金及租稅的義務，依據你們自己的法律享受充分的自由。羅馬從希臘撤兵，希臘各城市無須再提供軍事基地。」

四處響起一陣陣狂歡，再度淹沒了傳達手的聲音。站在會場角落沒聽到傳達手聲音的人，或是聽到但覺得懷疑的人，紛紛要求再宣布一次。這次傳達手走到競技場的中央，將弗拉米尼烏斯的宣告再重複一次。

希臘人幾乎不敢相信，羅馬人是異民族，竟可為了挽救瀕臨喪失獨立自由的希臘而流血戰鬥，而且達成任務後又全身而退，簡直無法相信。

我們經常可以看到，在競技結束後，人們向勝者道賀恭喜。那天，沒有人走到競技勝利者身旁，出乎意料之外的宣告，讓原本嚴肅的老人也變成少年一般，每個人都興奮至極。

許多人來到弗拉米尼烏斯的身旁，多得讓負責防衛安全的羅馬兵要開殺戒。任誰都想見或拍拍這位會說希臘語的三十四歲羅馬武將，弗拉米尼烏斯也好不容易才走出擁擠的競技場。

二十年前的坎尼會戰時，曾經有一批被漢尼拔俘虜的羅馬兵，在羅馬拒絕買回的情況下被賣到希臘。現在羅馬希望能找到這些羅馬兵，結果希臘方面找到了一千二百人。二十年前的八千人，在希臘歷經奴隸生活後，只剩下一千二百人。因為他們的身份是奴隸，必須向主人購買，所須的費用由希臘各城市負擔。這算是希臘人感謝羅馬及弗拉米尼烏斯的禮物，而弗拉米尼烏斯與這些二十年未踏上祖國土地的坎尼老兵一起凱旋歸國。

羅馬認為如此已解決希臘問題，也給馬其頓一個教訓，希臘各城市可免於受到馬其頓的威脅。

然而所謂介入，是在政治上、經濟上，或者是軍事上與對方發生連帶關係，而這種關係不可避免地具有連續性。

根據現代研究者的研究，在西比奧·亞非利加努斯影響下的羅馬元老院，對外政策可說是以穩健的帝國主義為主軸，這可從與迦太基及馬其頓的和約中探知。理由分析如下：

一、羅馬握有霸權。
二、其他強國的軍事力量、自衛能力水準低落。
三、但是羅馬不進行軍事上的占領，也不在軍事基地留駐軍隊。
四、承認各國完整的自治權。
五、期望各國持續和平發展經濟繁榮。

除了成為霸權國家的羅馬以外，迦太基、馬其頓、敘利亞、埃及都算是這個時期的地中海強國。西比奧所主張的「穩健帝國主義」係指在羅馬的霸權之下，與各獨立國共存共榮。在此，“**Pax Romana**”（羅馬統治下各民族和平）的思想開始萌芽，但終究還是穩健的形式。

但是要談穩健，如果對方不能同意仍是無效，這是一項缺點。要求強國承認羅馬的霸權並且遵從，這些強國將會如何反應？迦太基呢？馬其頓呢？還有尚未與羅馬交手的敘利亞及埃及呢？

第二次布尼克戰役的敗者迦太基，在戰後由漢尼拔致力於重整復甦國內經濟。迦太基向來是以增稅來彌補財源不足，但漢尼拔採取節約及改變花錢方式來改善經濟。此舉雖然發揮效果，但也因此樹立了敵人。具有強烈自信心的漢尼拔只當過軍隊的最高司令官，他的作法雖然正確，但也有些牽強。在輿論經常分歧的迦太基，六年下來已經有人受不了漢尼拔嚴苛的作法。

反漢尼拔派向羅馬告狀，而告狀的理由是漢尼拔與敘利亞王串通。

羅馬決定派遣一支考察團到迦太基調查非洲的現況，但漢尼拔並不相信考察團所標榜的目的。五十一歲的漢尼拔單槍匹馬離開祖國，一路騎到海岸，登上準備好的船，去找敘利亞王安提歐寇斯。謠言也許屬實，但無論如何，漢尼拔離開之後的迦太基，沒有人對羅馬霸權感到不滿。

至於屈服於羅馬軍事武力下的另一個強國馬其頓，這個國家的國王菲力普五世是個個性很耐人尋味的人。

西元前二三七年出生，比西比奧年長兩歲。被羅馬將軍弗拉米尼烏斯打敗後，與羅馬締結承認羅馬霸權的那一年——西元前一九七年，他正好四十歲。他在這個年齡，已當了超過二十年的國王，對複雜的希臘各國間的關係，他算是資深的專家，而且具有敏銳的觀察力。但是敏銳的洞察能力與豐富的經驗只是表象，他的內心深處經常是以亞歷山大的後繼者自居，這份驕傲隱隱在暗處浮現。

當他吃了弗拉米尼烏斯的敗仗，必須與勝者所提出的條件進行和談時，他曾說了以下這些話：

「自立的公民愈多，國家愈會強大，農地將會富饒。這與現在的希臘完全不同。相反的，我們看看羅馬的自由社會。在這個國家，連奴隸都是組成社會的一份子，有事時立即賦予他們公民權。不只是公民，甚至讓他們就任公職。看似堂堂一位羅馬公民，上一代可能是奴隸也說不定。

結果我們必須不斷對應新的羅馬人，羅馬人因為這樣的方式而強大，誰能贏得了他們呢？」

西元前二一六年坎尼會戰後，馬其頓王菲力普五世想與戰勝的漢尼拔共同組成反羅馬勢力戰線，然而這項策略不能不說有些失策。二十年後，在希臘地區稱雄的菲力普與羅馬交鋒失敗，只好甘拜羅馬霸權之下。英明的男子很清楚其中的道理。在談判桌上，坐在對面的羅馬方面首席代表弗拉米尼烏斯，雖然他言之有理，但菲力普知道自己只有答應的份。在他的心底，雖然對這位不須透過翻譯、能說希臘語的羅馬武將產生好感，但仍不能忘記自己的立場，必須向這個比馬其頓年輕的國家低頭，憤怒當然也無從抹滅。

當初被當作人質送至羅馬的王子迪梅多利吾斯，成為羅馬支持者後回國時，菲力普這份委屈的心情終於爆發出來。留在菲力普身邊的長子佩魯修斯(Perseus)，似乎看透父親心底的鬱悶，顯現出他對羅馬的反抗。但在菲力普有生之年，羅馬與馬其頓之間一直是和平相處。

然而，打破這份羅馬霸權下的和平者，不是屈居於羅馬之下的迦太基或是馬其頓，竟然是當初因羅馬介入而恢復獨立自由的希臘人，實在是很諷刺。

居住在希臘中部的阿耶多利亞人，北邊國境與馬其頓臨接，從西元前一九七年與羅馬和談時就心生不滿。而羅馬與馬其頓交好更令他們無法忍受，曾經加入羅馬軍的阿耶多利亞人更覺得被羅馬背叛。但只靠他們的力量對馬其頓起不了作用。在這種時候求助於外國介入，這是希臘人的惡習。

阿耶多利亞人拜託敘利亞王安提歐寇斯，而安提歐寇斯也認為這是對抗馬其頓、侵略希臘的好時機，彼此間趁虛而入是希臘諸國的一貫作法。而且當時漢尼拔人在敘利亞。

漢尼拔向敘利亞進言，他說明對抗羅馬的戰略。

首先，主戰場還是應放在義大利。

因此敘利亞王提供一百艘軍艦及一萬名步兵、一千名騎兵給漢尼拔，漢尼拔帶著這批兵力回到迦太基，說服迦太基政府進攻義大利。

另一方面，安提歐寇斯率領其餘的軍隊，攻入希臘，趁著壓制希臘之勢，登陸義大利。攻打羅馬的策略，採取漢尼拔從南、安提歐寇斯從東邊進攻的方式。

這是一項偉大的戰略，但是光聽就覺得實現的可能性很低，也很難確定這真的是漢尼拔的意見。無論如何，敘利亞王安提歐寇斯已開始準備進攻希臘。

當初羅馬想以外交戰解決問題。西元前一九三年，以西比奧・亞非利加努斯為團長與兩名元老院議員所組成的使節團，被派遣去覲見敘利亞王。這三人在小亞細亞西岸的愛菲索斯(Ephesus)會見國王。

會談沒有達成任何具體結果，但也沒有一觸即發的緊張氣氛。羅馬方面無意再以軍事介入，而五十歲的敘利亞王剛與一位年輕女子結婚，也不想急著上戰場。

聽說，漢尼拔與西比奧兩人曾在羅得斯島交談過，就是那段西比奧問漢尼拔「誰是最優秀的武將」的對話。如果這段插曲是史實的話，漢尼拔那一年應該是五十四歲，而西比奧應該是四十二歲。扎馬之役已經過了九年。

五十四歲的漢尼拔對出任政府官職感到不自由因而絕望，西比奧雖然年輕十二歲，但健康情況不佳，西比奧在年輕的時候就得過大病，不如漢尼拔像鋼鐵般強壯。兩位擔任主角的時代，一點一點地拉上布幕。

兩年後，西元前一九一年，敘利亞王安提歐寇斯終於開始行動。敘利亞的安提歐寇斯王朝，是希臘諸國中領土最大的王國。敘利亞王率領六萬大軍渡過海列斯龐特 (Hellespont) 海峽，從亞洲跨入歐洲。

另一方面，羅馬知道與敘利亞開戰已無可避免，便要求公民大會認可派遣軍團。而軍事介入的名義有二，一是阿耶多利亞人違反同盟協約；二是阻止敘利亞王侵略羅馬在希臘的同盟城市。此外，元老院請求各國販售軍糧給羅馬，要到海外作戰，確保軍糧是第一要務。

埃及同意直接運送小麥至希臘戰場，迦太基也答應出口大量的小麥及大麥，此外，贈送六千四百噸的小麥及大麥。但元老院卻說「羅馬公民只吃自己買的部份」而加以拒絕。換句話說，這部份也用買的。

努米底亞王馬西尼沙願意無條件提供軍糧，元老院也以相同的理由拒絕，改用購買的。但努米底亞王送來的五百名騎兵及二十頭大象，則以同盟國參戰者的身份加入。

馬其頓王菲力普如何回應羅馬的要求，受到矚目。但出乎多數希臘人的預料之外，馬其頓王不僅同意出口軍糧，並願意提供經濟援助及兵力。

元老院對於經濟援助的部份，以回答迦太基及努米底亞的相同理由拒絕；但對於士兵及軍糧的部份，表示如能送到在希臘戰線的執政官手上則感激不盡。

令人感興趣的是，迦太基分五十年償還的第二次布尼克戰役賠償金，至目前為止還有四十年的金額。迦太基表示準備一次全部還清，但卻被元老院拒絕。由此可見賠償金的分期償還，政治上的因素大於經濟上的因素，主因在於賠償金的償還期間，都算是和談的延續。

如此周到的準備功夫，到後來似乎有些白費力氣。來到希臘與阿耶多利亞人會合的安提歐寇斯軍隊，在士兵人數較少的羅馬軍面前，卻很快地敗下陣來。兩軍在泰爾摩皮連(Thermopylae)對戰，才剛開打，羅馬軍就獲勝。繼承西比奧的羅馬年輕武將，運用機動的戰術，徹底殲滅人數多且自認為會勝利的希臘諸國軍隊。當羅馬人窮於應付漢尼拔之時，這些人都還正在高枕無憂。安提歐寇斯由五百名騎兵護送，乘船逃回小亞細亞。

但是沒有人認為事情會就此結束。安提歐寇斯在領土之外吃了敗仗，而在亞洲，也就是安提歐寇斯的領土內，須以會戰來解決。

羅馬軍第一次跨入亞洲。而對手是希臘諸國中最大、最強的敘利亞，才交戰一次就敗下陣來。羅馬打出手中的王牌，第二年，西元前一九〇年的敘利亞戰線，西比奧．亞非利加努斯決定投入。

想在亞洲雪恥的安提歐寇斯，以擁有最大領土的塞流卡斯王朝國王的身份，正在集結八萬大軍，羅馬得知了這個消息，心想如果由漢尼拔直接指揮這支軍隊，對三萬士兵的羅馬軍而言，這可是不妙。因此不得不拿出王牌。

西比奧．亞非利加努斯在西元前一九四年時第二次出任執政官。在第二次布尼克戰役後，羅馬認為緊急狀態已經結束，因此有十年沒有再選出執政官，回復到過去的制度。羅馬是採用少數領導制的國家，稱為寡頭政治。這種制度為了防止權力集中在一個人身上，因此由少數幾個人組成領導階層，靈活運用。對抗漢尼拔陷入苦戰的那個時代，許多事情都不得不暫時忽略，幸好事情都已過去。

在西比奧無法擔任執政官的羅馬元老院，再次沿用於第二次布尼克戰役之中對待法比烏斯的方法，那時法比烏斯無法每年連任執政官，只好改採選出法比烏斯的兒子為執政官的方式，讓法比烏斯同行擔任參謀，而實質上是讓法比烏斯負責總指揮的角色。

西比奧的情形則是由哥哥魯奇斯出任執政官，西比奧自己擔任參謀。但是平庸的魯奇斯很難當選執政官，因此公開宣布由偉大的弟弟同行出來競選，後來公民大會才選出魯奇斯擔任執政官，那一年同時被選上執政官的是雷力吾斯，他是跟隨西比奧從西班牙到扎馬的副將，也是西比奧的左右手。在那個時期，西比奧的確在元老院及公民大會擁有相當的影響力。

四十五歲的西比奧．亞非利加努斯正式擔任哥哥執政官魯奇斯的參謀，從羅馬出發。經阿庇亞大道南下，到港口布林迪西，僅率領一萬三千名步兵及五百名騎兵，橫跨希臘後，與前一年在泰爾摩皮連戰勝安提歐寇斯的羅馬軍會合。此外，過去的部下知道西比奧要出兵，便在沿途等待自願加入，共有二千名。另外再加上五十艘軍艦。

後世的我們深受好萊塢拍攝歷史電影的影響，說到羅馬軍就以為是由羅馬人組成，打仗的也只有他們。雖說羅馬人一向是不讓其他民族加入他們的軍隊，也沒有其他民族與他們一起打仗。總指揮權掌握在羅馬人的手裡，羅馬公民兵也一直是擔任主戰力的角色等等都是事實；但就像是義大利境內在中義有伊特魯里亞人、南義有希臘人、非洲有努米底亞人、希臘有馬其頓以外的希臘人等，事實上，羅馬軍是一支多國部隊。

首先，負有兵役義務的羅馬公民權所有者，也就是十七歲到六十歲的羅馬公民，在當時人數不到三十萬，兵役也算是一種公民的直接稅，而不課稅的無產階級，無須負擔兵役。從十七歲到四十五歲為現役的兵役負擔者，但大家是公民兵，也不可能年年服兵役，因此羅馬必須妥善運用這批士兵。

第二個理由，透過打擊共同的敵人，希望同盟國國民的心中也產生與羅馬命運共同體的意識。

此外，維護治安、建設街道及殖民城市等「基礎建設」，讓生活水準提高。羅馬人知道這些對羅馬來說都是最好的防衛。

因此，羅馬人喜好同盟國關係勝於屬省關係。因為屬省不能以提供兵力來取代徵收租稅，而同盟國雖無租金或進貢年金，但可提供參戰的兵力。現在學者所稱的「穩健的帝國主義」，除了符合西比奧的個性外，也切合這個時代羅馬的需要。

事實上，要遠征到東方大國敘利亞，如果在附近沒有同盟者，幾乎是不可能成功的。加盟羅馬軍與敘利亞王作戰的軍隊，包括「羅馬聯盟」加盟國的士兵，以及馬其頓王菲力普、婆高蒙、羅德斯島等。遠征的軍糧補給方面，在希臘時由馬其頓提供，進入亞洲以後由婆高蒙提供。

到了希臘之後，西比奧並未仗著軍事的威力鎮壓，與敘利亞王對決之前，希望避免兵力的損失。因此他使用外交的手腕，而扎馬戰勝者的名聲在此時也發揮了作用。

首先是安撫阿耶多利亞人。當敘利亞王在泰爾摩皮連落敗逃回亞洲後，這支希臘民族便在希臘孤立無援。而且他們住在希臘中部一帶，要到亞洲去，除非經由海路，不然一定會經過這一帶。西比奧選擇拉攏而非武力攻擊。

但是阿耶多利亞人的罪狀累累，如果就此和談，恐怕落得其他同盟國的口實。西比奧於是以談判的理由，雙方先同意六個月的休戰期。由阿耶多利亞人派遣代表到羅馬進行和談的談判工作。對西比奧來說，確保與義大利間的補給線安全為首要任務。

另一方面，也須與馬其頓王確立穩固的關係。

剛開始先派遣手下的年輕武將格拉古前去，他是第二次布尼克戰役時率領奴隸軍團、英勇善戰的格拉古的兒子。當馬其頓方面同意有關提供軍糧及武器的事務後，西比奧自己到馬其頓首都培拉訪問馬其頓王，表達感謝之意。

菲力普和西比奧兩個人幾乎是同輩，雙方超越國王與名將的身份，兩人感情甚篤。西比奧雖然到了這個年紀，仍不失年輕人的赤子之心，不拘小節。使得個性較為內斂的菲力普也能向西比奧敞開心胸。西比奧在進入亞洲前，得到了最安全的後援。

與敘利亞王安提歐寇斯之間的戰爭，由於中間夾著愛琴海，自然就從確保海路的海戰開始。

那一年的夏天，羅馬艦隊與羅德斯島的海軍會合，開始攻擊敘利亞艦隊。指揮敘利亞艦隊的當然就是漢尼拔，雙方投入將近一百艘的軍艦。

但漢尼拔並不擅長海上作戰，敘利亞艦隊吃了敗仗。之後又發生一次海戰，結果還是羅馬勝利。但漢尼拔並未指揮第二次海戰，由於海戰的失利，造成敘利亞王安提歐寇斯失去了愛琴海的制海權，這為羅馬軍開了一條通往亞洲的大道。

西比奧橫跨海列斯龐特海峽進入小亞細亞，當羅馬軍開始南下時，敘利亞王派來求和的使者抵達。由於在黑海沿岸的俾斯尼亞王拒絕參戰，安提歐寇斯也不想單獨對抗羅馬。事實上，西比奧曾事先寫信給俾斯尼亞王，說服他不向敘利亞靠攏，這是西比奧的外交戰成果。

敘利亞王使者所提出的和談條件如下：

一、如同之前從希臘撤退一樣，敘利亞王安提歐寇斯放棄小亞細亞地區中與羅馬有同盟關係的希臘城市，並撤離軍隊。

二、賠償羅馬軍隊一半的戰費。

執政官魯奇斯擔任羅馬軍作戰會議議長的職務，他認為這樣的條件不夠充分，因此羅馬方面再提出和談的條件。

一、無論是否與羅馬保有同盟關係，敘利亞都應該放棄占領所有愛琴海地區及小亞細亞西岸的希臘城市。

二、為了在以上這些城市及敘利亞之間設置中立地帶，敘利亞軍須從陶羅斯 (Taurus) 山脈以西的小亞細亞撤離軍隊。

三、敘利亞王是開啟戰火者，須負擔全部的戰爭費用。

敘利亞的使節表示無法接受如此的條件，要求依照國王的指示，與西比奧個別談話。西比奧躺在病床上，無法出席作戰會議。

使節向西比奧轉達國王的話，之前在海戰中被敘利亞俘虜的西比奧兒子，將無條件予以釋放，但是希望西比奧能發揮他的影響力放寬和談條件，事成之後將會送上一筆龐大金額的謝禮。

西比奧對釋放兒子一事表示感謝，但不願收禮。只要兒子能平安回來，就是最好的禮物，他同時以朋友的身份向敘利亞王提出忠告，他認為敘利亞王應接受羅馬方面提出的條件和談，對敘利亞王而言，這會比在戰場上一決勝負來得有利。但這一席話安提歐寇斯聽不進去。

羅馬軍再次南下，敘利亞軍也開始朝西北方向移動。兩軍相遇的戰場是從小亞細亞西岸的愛菲索斯進入內陸，在馬格內西亞 (Magnesia) 平原決戰。

漢尼拔與西比奧似乎將再度在戰場上見面。事實上，馬格內西亞會戰是一場很無聊的戰爭，兩位名將也沒有再次交戰。

西比奧因病未能參戰，漢尼拔被敘利亞王安提歐寇斯調離戰線之外，其中的原因一方面是因為安提歐寇斯沒有肚量大膽採用漢尼拔；另一方面，漢尼拔也不是個可聽人使喚的人。

此外，羅馬軍首次在東方展開的會戰，軍隊的規模並不恰當。敘利亞軍以馬其頓傭兵為主力，加上在敘利亞召集的士兵，共有六萬名，外加五十四頭大象。

而羅馬軍方面，以羅馬的重裝步兵為主戰力，來自亞該亞同盟的希臘兵、婆高蒙兵、羅德斯兵、努米底亞騎兵等，加起來共三萬四千名兵，另外從努米底亞運來十六頭大象。

雖然羅馬只有二分之一的兵力，但獲得最後的勝利。兩軍都是由二流的戰術家指揮，因此在戰術方面沒什麼看頭，但是羅馬方面的將官見機行動的戰法，是羅馬獲得壓倒性勝利的主要因素。一位將官指揮二千人左右的軍隊，將西比奧式的戰術發揮得淋漓盡致。

這與馬其頓王菲力普的會戰相似，因亞歷山大大帝而出名的馬其頓重裝步兵，到這個時期仍然十分強大。只是馬其頓的重裝步兵須正面迎敵才能發揮威力，整好隊伍，持著長槍，好像一隻巨大的針鼠，正面來的攻擊將一一被針鼠刺死。但他們不善於應付從側面或背後來的攻擊。這點被羅馬的年輕指揮官識破，使得巨大的針鼠沒有機會用針，而被擊垮。

戰敗的敘利亞軍，步兵及騎兵加起來有三萬三千名戰死，而羅馬軍方面的損失不過是三百二十四人而已。

敘利亞王安提歐寇斯逃至內陸的薩爾地斯，塞流卡斯王朝的安提歐寇斯手下無兵，便成不了國王，更沒談條件的能力。只能派出使節表示要無條件投降，而接見使節的是大病初癒的西比奧。西比奧向使節這麼說：

「我們羅馬人只相信神給我們的東西是存在的，無論神給羅馬人的是幸或不幸，都不能以我們的力量去左右它的結果。因此有好結果不必驕傲，有壞結果也不必絕望。如果你要證實我們羅馬人的這種性向，最好就是去問貴陣營中的漢尼拔。」

羅馬軍經過海列斯龐特進入亞洲以後，羅馬軍與敘利亞軍在同一時期嘗試與對方接觸，展開和談的事情。但在敘利亞王拒絕後破裂，開始會戰，演變成今天的結果。雙方的關係從平等的地位變成今天的勝敗兩方。羅馬人仍想以之前相同的條件與敘利亞王和談，也就是敘利亞成為羅馬的同盟國，自治獨立權受到完全承認，而羅馬軍全部從敘利亞撤退。但是，

「第一，敘利亞軍也須從歐洲撤離。

第二，亞洲方面，以小亞細亞的陶羅斯山為界，敘利亞約定不得入侵西北邊。

第三，支付一萬五千羅馬幣作為賠償金。（作者註：此處的羅馬幣為艾吾波耶亞(Euboea)

的羅馬幣，價值只有阿提卡(Attica)地方羅馬幣的三分之二，故這筆金額相當於迦太基所支付的一萬羅馬幣賠償金。）

一萬五千羅馬幣中，有五百羅馬幣立即支付、兩千五百羅馬幣在羅馬的元老院及公民大會認可這項和談後支付，剩下的一萬二千羅馬幣則分十二年支付。

第四，另支付四百羅馬幣給婆高蒙。

第五，由羅馬挑選二十位敘利亞子弟，到羅馬當人質，作為兩國和約的履約保證。

第六，將目前在敘利亞王保護之下威脅羅馬的人物——漢尼拔及三位阿耶多利亞指揮官，引渡至羅馬。」

西比奧說完這些條件後同時表示，只要成為羅馬的同盟國，今後羅馬必會負起保障敘利亞王及其王國的安全。

敘利亞王安提歐寇斯全盤接受，不過漢尼拔在被引渡至羅馬之前逃亡，剛開始逃到克里特島(Crete)，西比奧知道以後，也沒有派人追擊。

之後的漢尼拔覺得留在克里特島並不安全，沒多久又向黑海沿岸的俾斯尼亞(Bithynia)王求救，而羅馬勢力擴展到這裡則是六年以後的事了。

在西元前二六四年展開的第一次布尼克戰役與西元前二一八年至前二〇二年間的第二次布尼克戰役，羅馬打敗西地中海的強國迦太基，並陸續在西元前一九七年打敗馬其頓，西元前一九〇年打敗敘利亞，成功降服兩個東地中海的強國。最後剩下的只有埃及，但當時埃及內部軟弱，在布尼克戰役時已變成羅馬的友邦。

地中海世界的霸權已是羅馬的囊中物，首都羅馬超越了「羅馬聯盟」盟主首都的地位，一躍成為「世界的首都」。如果哪裡發生什麼問題，該地王國及城市的代表就會到這個地中海世界的首都來陳情。霸權者除了有勢力外，更有裁定者的權威。

從戰術家的角度來看，西比奧還差漢尼拔一截，但以政治家的角度看的話，西比奧略勝一籌。

我在《羅馬人的故事》第I冊中曾談到"Patroness"與"Clientage"，保護者與被保護者的關係維繫了羅馬社會的穩固根基。保護者有時又扮演被保護者的角色，顯示了現實的羅馬人也有軟性的人際關係。

西元前二〇一年到前一八七年之間，西比奧在元老院內的影響力不容置疑，這個時期西比奧所思考的對外關係，正是這種保護者與被保護者的關係。

保護者是羅馬這個霸權國家，被保護者是承認羅馬霸權、在旗下享受自治的同盟國。羅馬的責任就是保護「被保護者」。

羅馬人社會中，維繫關係的基本要素是「信義」，而羅馬與同盟諸國關係也是如此，並非以搾取或是利用來建立。後世的歷史研究學者中，特別是對於統治意識較為敏感的英國學者都認為羅馬這個時期的對外政策是採「穩健的帝國主義」路線。

但是這個穩健的帝國主義路線也有弱點，也就是「保護者」與「被保護者」雙方必須站在同樣的立場角度。

保護者會這麼說，被保護者雖然在政治、外交、軍事、自由上受到限制，但會保障他們的秩序與安全。

而被保護者則會提出反對意見說，不自由毋寧死。

距離西比奧的時代已經過了二千二百年，但人類對這兩種看法仍爭論不休，沒有結論。

但是，「穩健的帝國主義」面對想法相反的「被保護者」，使得羅馬人內部產生變化，這也凸顯了這一路線的主倡者——西比奧．亞非利加努斯的失策。

## 西比奧審判

一個人擁有優異的業績與有力的地位，不可能不遭他人嫉妒的。但嫉妒不會立即以彈劾或是中傷的形式來顯現，嫉妒只會帶來隱性的機會，讓敵人有機會一點一點看到缺點，因為醜聞是無法搖撼強者的。

西比奧擁有「非洲征服者」的尊稱，長年獨占元老院的「首席」地位，又是羅馬的最高王牌，在眾目睽睽之下，他健康情形的惡化就是他的弱點。

西元前一八七年，打敗敘利亞凱旋回國的西比奧，被兩位護民官告發。事實上，剛開始護民官指名的是西比奧的哥哥魯奇斯，告發的理由是敘利亞王安提歐寇斯當時支付了五百泰連羅馬幣卻去向不明，因為西比奧只是參謀，因此對敘利亞戰線的羅馬軍最高指揮官魯奇斯提出告發。

但是當哥哥魯奇斯被傳喚至被告席時，西比奧就已經知道他們真正的目標是自己。對於告發者而言，五百泰連羅馬幣怎麼用的其實一點也不重要，他們真正的目的是希望打倒西比奧。因為事關盜用公款問題，元老院內的西比奧不得不沉默下來，而以大家關心的焦點作為告發的理由，這種打擊政敵的戰術，實在不怎麼高明。

自尊心特別強烈的西比奧，在健康情況不佳、忍耐力衰退的情形下，按捺不住心中的憤怒。

當天，元老院傳喚證人，西比奧跟著手中拿著軍團帳簿的哥哥，一起到元老院。當哥哥正在說明款項的來龍去脈時，西比奧打斷哥哥的話，搶走厚厚的帳簿，當場撕破丟棄，並對著元老院議場的人們說：

「告發我普布里斯．柯爾涅留斯．西比奧的起訴理由，我認為不應由羅馬公民來傾聽。如果西比奧不存在的話，今天這個告發人可能根本沒有這個自由或是肉體可以做告發。」

戰史家立德爾・哈特 (Liddel-Hart) 指出，西比奧的這個舉動在政治上是非常不妥，但很具有人性。

西比奧作為一個共和羅馬的公民，並不特別要求擁有賦予王位一般的待遇。在西比奧主導的時期，雖有原住民請他當國王，但被他一口回絕，他只求對他的祖國貢獻一己之力。而隱瞞五百泰連羅馬幣的去向，也不致使他就此失去現有的地位。

扎馬會戰已經是十五年前的事了，羅馬人也早已將這個會戰淡忘了。西比奧雖然才四十八歲，但是病容使他看起來老態龍鍾，他的這番話更讓人覺得他桀傲不遜。

第二天，元老院議場進行審判西比奧，被告西比奧站在前面，兩位護民官提出告訴。那天在場的人，都是過去反西比奧派的領袖，在兩位護民官後面操控。其中在場的包括馬庫斯・波爾修斯・加圖 (Marcus Porcius Cato)，也就是歷史上有名的大加圖 (Cato the Elder)。

提出控訴的兩位護民官對西比奧的彈劾可溯及西元前二〇五年，也就是十七年前在西西里的冬營時期。

這時候的西比奧正以執政官的身份在西西里忙著準備遠征非洲的事情。某一天，傳來消息，說南義的羅庫力很可能會向據有卡拉布里亞地方的漢尼拔叛變，西比奧立即率領三千名士兵趕到羅庫力，與內部反漢尼拔陣營的市民共同作戰，成功收復了羅庫力。

但西比奧的這個舉動超越了執政官的職權範圍，在當時，法比烏斯等提出批評的人不少。

雖然如此，隨著扎馬會戰的勝利，西比奧輝煌的戰績讓人們忘卻了這些指責。西比奧被讚譽為救國英雄，即使有越權的行為，但羅庫力也算是戰略上的收穫，因此也沒有人會掛在嘴邊。告發者重提十七年前的往事，護民官接著說：

「西比奧的兒子被敘利亞方面俘虜，敘利亞王願意無條件釋放，這必定有內情，真的是無條件釋放嗎？

此外，安提歐寇斯有什麼事情，一定找西比奧直接商談，在敘利亞戰線上，西比奧不過是個參謀的角色，但卻跳過總司令官魯奇斯，就好像決定戰爭或和平的不是羅馬的公民大會，而是任由他一人長袖善舞，這不是獨裁者是什麼？

西比奧獨善其身的言行，已經在西班牙、高盧、西西里、非洲等地備受矚目，如今在希臘和敘利亞依然故我。

西比奧為什麼參加敘利亞戰線？他是想向東方所有的國王與子民顯示，霸權國家羅馬的主人只有他一人，是他一個人撐起整個羅馬的。他想向其他國家的人民誇耀，地中海世界的霸主羅馬是由西比奧所領導，這是他參加戰爭的主要原因。他想告訴大家，只要他一說話，羅馬元老院就照著他的意思作成決議，只要他一眨眼，就可以讓羅馬公民上戰場。」

兩位護民官沒有提出證據的論述，說是控訴，不如說是發表一場彈劾的演說。審判的第一天就此結束，被告的答辯延至第二天。

第一天護民官在論述時，西比奧完全不插嘴，只是沉默地聽著。第二天，護民官提早到達議場，等待被告。當天的元老院議場也擠了滿坑滿谷的人來聆聽西比奧如何回答，但西比奧並未提出辯解。

遲到進入議場的西比奧有大批的友人及支援者簇擁同行，站在議場的人不約而同讓出一條通道，讓西比奧走向護民官。走到護民官席前的西比奧，轉身環視議場一周，議場內鴉雀無聲，大家都靜靜等待西比奧的發言。病情似乎沒有奪走他的聲音。

「護民官、各位羅馬市民，十五年前的今天，我在非洲的扎馬打敗漢尼拔的迦太基軍，獲得勝利。在這個值得紀念的日子，我想暫時拋開爭論與挑撥，全體一致感謝神明。我現在要到卡匹杜里諾山丘去，向朱比特神（Jupitor，眾神之神）、朱諾女神（Juno，婚姻之神）及密涅瓦女神（Minerva，智慧、技術、工藝、發明之神）表達感謝，賜予我及全體羅馬市民力量，保衛祖國羅馬的自由與安全。各位如果願意的話，請跟我一起去，和我一起感謝神明，因為各位都是明智之人，破例讓當年十七歲的我充分發揮。」

說完之後，西比奧隨即離開議場，跟在他後面的不止是他的朋友及支援者。西比奧的話喚醒了羅馬人，元老院議員從座位上站起來，旁聽的市民也跟著走出去，甚至書記也把筆放下，跟著西比奧走。整個議場只剩下兩位護民官及加圖。

到卡匹杜里諾山丘一路上的山坡，由西比奧帶頭，後面跟著長串的人群。

那一天，髮禿細瘦的西比奧受到廣大市民的愛戴，與第二次布尼克戰役結束後凱旋歸國的勝利喝采相較之下，現在是充滿榮譽的敬愛之意。歷史學家李維斯曾記載過這一段。他還說：

「這一天是西比奧光輝燦爛的最後一天。」

之後，西比奧離開羅馬，他住在往拿坡里沿海的立德爾諾，那裡有一座以前蓋的別墅。即使法院傳喚，他也不加理睬。

審判當天，哥哥魯奇斯代表西比奧出席，希望以健康為由，認可西比奧的缺席。但是護民官的態度十分強硬。

「元老院及各位諸君：今天你們都親眼目睹西比奧的自大傲慢，當初他擔任執政官時，就看不起各位，到今天他已是一介平民，想法還是沒有改變。不接受傳喚就是輕視元老院及公民，西比奧是共和羅馬的恥辱。」

護民官要求議員們再次決議傳喚西比奧，並採取強制執行的手段。

此時，年輕的議員格拉古要求發言。大家都以為格拉古會批評西比奧，因為在坎尼戰後的羅馬艱困時期，那位率領奴隸軍團與法比烏斯、馬爾喀斯共同戰鬥的武將，就是他的父親。對抗漢尼拔的不止西比奧一人，還有好多位羅馬武將。但是第二次布尼克戰役後，羅馬勝利的光環由西比奧一人獨占，也讓這些人覺得十分苦悶。格拉古當然也被認為是其中一員。

但是此時格拉古所說的話出乎大家的意料之外，他認為元老院議員不應再對西比奧如此追究。

「為保衛神明庇祐的祖國作出偉大貢獻的人物，登上羅馬共和國最高地位的人物，大家最感謝、敬愛的人物，現在卻要他坐在被告席，被迫聽這些批評、彈劾與謾罵。這樣的舉動，除了汙衊西比奧的名譽，也玷汙了我們羅馬公民的名譽。」

格拉古的話打動了元老院議員的心，決定停止對西比奧的彈劾。

這一年到西元前一八三年為止的四年間，西比奧在立德爾諾的別墅度過。加圖成功排除政敵西比奧，不讓他接近羅馬一步。

西比奧將女兒柯爾妮許配給這位年輕、敢為他辯護的格拉古。他們所生的兩個兒子提伯留斯 (Tiberius) 及蓋烏斯 (Gaius)，將成為我在《羅馬人的故事》第III冊中的主角。以根本改革羅馬社會為目標的格拉古兄弟，正是名將西比奧的孫兒。

西元前一八三年，西比奧．亞非利加努斯在立德爾諾的別墅過世，享年五十二歲。

很巧的是，漢尼拔也在同一年於距離義大利及迦太基很遠的黑海沿岸俾斯尼亞過世。急於求功的一位羅馬軍隊長要求俾斯尼亞王引渡漢尼拔，漢尼拔知道以後便仰藥自殺。絕代戰術家享年六十四歲。

西比奧這位漢尼拔最優秀的弟子，同時也是漢尼拔最大的敵人，拒絕葬在西比奧歷代祖先於阿庇亞大道邊的陵墓，因為墓園位於羅馬境內。西比奧的遺言是這麼說的：

「不知感恩的祖國，是不會讓你擁有我的骨頭。」

西比奧與漢尼拔就這樣離開了人生的舞臺，曾歷經第二次布尼克戰役的羅馬人，除了身強體壯的加圖活到八十四歲以外，其餘都凋零了。羅馬也進入了另一個嶄新的時代。

讓西比奧失勢的五百羅馬幣去向問題，以及哥哥魯奇斯在馬格內西亞會戰後軍隊內部大肆揮霍的疑雲，一直到西比奧死後二年才真相大白，洗刷西比奧的冤情。

雖然如此，彈劾西比奧的主謀加圖仍持續打擊西比奧。馬庫斯·波爾修斯·加圖當時在羅馬被稱為「新進者」，是一位從地方的平民階級躍升首都政界的成功人物。他年輕的時候是一個農民，被當地大地主的貴族華雷利烏斯·弗拉克斯相中，引領至中央政界。這位學識豐富、能說善道的年輕人，成為華雷利烏斯家族的說客，與西比奧所屬的柯爾涅留斯家族爭奪主導權。

比西比奧小一歲的加圖，由於華雷利烏斯家族的協助，政治生涯十分順遂。西元前二〇五年獲選為審計官的加圖，到西西里視察準備出征非洲的西比奧陣營，告發西比奧任由軍隊士兵揮霍用金。但是沒多久，西比奧遠征非洲打贏扎馬會戰，成為救國英雄，加圖的告發也就無疾而終。處女作是往後著作的基礎，這個原理不只可以運用在作家身上；對政治家加圖而言，這是他日後彈劾有力人士的重要武器。

他在戰場上的業績不比其他武將遜色，但與西比奧相較又是小巫見大巫。加圖的「戰績」主要是在元老院的議場上累積的，也就是他在議場上的辯論。

他的演說技巧不僅超群，而且他辯論的對象不像西比奧那樣是外國的士兵或外國領袖，他的對象是羅馬的元老院議員、公民大會上的公民等。而讓這些人把話聽進去的方法有兩種。

第一，攻擊別人，特別是攻擊有力人士。

第二，配合羅馬人喜歡驚喜及幽默的個性，演說必須充滿幽默感。

在第二次布尼克戰役脫穎而出的羅馬，針對戰爭期間所訂定的「奢侈禁止法」提出是否解禁的討論。奢侈禁止法剝奪了女人享受的樂趣，反對解除法令的加圖在演說中，開場白就說：

「身為地中海世界霸主的羅馬人，不曉得還有另一個妻子霸主在身旁。」

這句話引得整個議場哄堂大笑。

另外還有一個例子，一位元老院議員因為在別人面前與妻子動作親暱而遭到告發，認為他不適合擔任元老院議員一職。加圖十分贊同，其他議員則反問加圖，難道你和你的妻子都不親吻的嗎？加圖如此回答：

「我們會親吻，但只在打雷的時候親吻，所以我很喜歡打雷。」

大家又是笑成一團。結果變成議員們喜歡聽加圖演說，但不見得把票投給他。但是難得他不摻雜幽默的兩項控訴，不僅讓西比奧失勢，也使迦太基真的滅亡。

相對於西比奧能說很好的希臘語，擁有深厚的希臘文化教養，並以喜愛希臘而聞名，加圖則是出了名的討厭希臘。

他對希臘文化流入羅馬，損及羅馬人天生的剛毅堅強，感到非常氣憤。雖然如此，在他擔任財務官時，搭建了羅馬人第一座希臘式會議廳建築。他認為建築的模式可以採用希臘式建築，但不得引進希臘文明的精神。此外，他認為羅馬人不需要希臘的哲學、美術及詩文，也主張移居至羅馬的希臘人，除了希臘語教師以外，其他領域一概不能接受。

但是他強烈的主張正與時代的主流相反，無論是希臘人或是非洲出生的奴隸，知識份子都以西比奧集團為主流的標竿，大大地影響羅馬的下一個世代。雖然加圖成功地讓西比奧失勢，但並未逆轉時代的潮流。

不過我認為在反西比奧的陣營中，這個男人是唯一的堅定信念者，他的確非常擔心這股西比奧的羅馬新思潮。

第一，他認為西比奧所代表的傾慕希臘文化，將有害羅馬的將來。

第二，他相信西比奧所引發的個人主義及英雄主義風潮，將不利於羅馬的共和政體。排除王政、以少數領導者合議作為運作機制的寡頭政體，認為個人的抬頭將導致王政的開始，十分危險。即使西比奧本身不這麼想，但光是他的存在，就隱含了這樣的危險。加圖自始至終重視羅馬的共和政體，即使自己不能躋身核心圈內，依然相當執著。歷史上常有從核心外熱情支持體制的例子，加圖也是其中一個。他堅信以三百位菁英組成元老院的羅馬共和體制，是最有效的政體，他甚至將維護此一體制視為自己的天命。

此外，加圖反西比奧的第三個理由是，華雷利烏斯家族反對第二次布尼克戰役後元老院的對外路線；換句話說，他們反對西比奧所推動的「穩健的帝國主義」路線。

我們可從羅馬與迦太基、馬其頓、敘利亞等國的和約中，看出其中包含下列的幾項要素。

第一，戰敗國承認羅馬的霸權，成為羅馬的同盟國。而對外發動戰爭也必須事先取得羅馬的同意。

第二，把戰敗國的軍備降至自衛能力的水準。

第三，完全承認戰敗國的國內自治，且戰敗國國民無須繳稅給羅馬。

因此戰敗國仍然是一個獨立國家，並非就此成為羅馬的屬省，而羅馬在締約的同時撤軍。

但是這個「穩健的帝國主義」路線並非適用於每個敗給羅馬的國家，即使是在西比奧的勢力尚不明朗時期，這種方式也僅用於迦太基、希臘（包括馬其頓）及敘利亞而已。

對曾經幫助漢尼拔的北義高盧人，以及迦太基勢力撤退後的西班牙，羅馬採取另一種的帝國主義。高盧人及西班牙人在受到羅馬武力鎮壓以後，並未獲得獨立自治的待遇。這些地方被羅馬編為屬省，由羅馬派遣總督前往治理，每年必須繳交收入的一成作為租稅。而羅馬也在這些地方開始鋪設道路網絡，進行「基礎建設」及防衛的工作，也就是「羅馬化」。

羅馬人對地中海東、西兩邊的敗者，為什麼採取不同的處置方式呢？

研究學者如此認為：高盧人和西班牙原住民原本都是蠻族，所以羅馬無須客氣，而迦太基、希臘、敘利亞等地的居民，當時的文明甚至比羅馬人更為進步。因此羅馬不敢對這些文明之民有所侵犯。

就是這個理由吧！我們再次回顧希臘人占多數的西西里屬省化過程，再看看之後羅馬史的演進，實在想不出還有其他理由了。

況且北義的高盧人及西班牙原住民，都是分裂為多個部族的狀態。與西西里上的希臘人，多個城市間互相較勁的情形有異曲同工之妙；換句話說，交涉的對象不止一個。

如果交涉的對象不明確，則很難締結外交關係。在波河附近的義大利北部，高盧民族並未統一成為一個國家，而西班牙在迦太基離去之後也是相同的情形。如果要將這些地方收在旗下，只能採取「屬省化」這個手段；換句話說，就是「嚴格的帝國主義」。在西比奧影響下的羅馬元老院，會對地中海的東、西邊採取不同的方式，也就是這個道理。

但是「穩健的帝國主義」，因為不准該國常駐軍隊，只要對方不願接受，很容易就會失敗。加圖反對西比奧作法的真正理由是，當失敗時，羅馬必須付出更大的代價。加圖不能忘懷的是，由於第一次布尼克戰役後締結寬厚條件的和約，導致二十年後敵人又出其不意的開打第二次布尼克戰役。漢尼拔攻入義大利的那一年，加圖正好十六歲。

同一年代的西比奧，因為迦太基人殺父弒叔的不共戴天之仇，使得他的個性傾向於展望未來。相反的，加圖則是屬於以古鑑今的類型。

從各種角度觀察，似乎可將這兩個人的對立歸咎於宿命吧！

個人對西比奧比較有好感，但不幸的是，在西比奧死後四年，加圖憂心的情形果然出現。當初承認羅馬霸權、容許羅馬走「穩健的帝國主義」路線的馬其頓王菲力普，於西元前一七九年去世。繼承王位的是長子佩魯修斯，他反羅馬的情結十分明顯。

羅馬從東方得知馬其頓軍增強的消息，新王佩魯修斯開始煽動希臘的各城市反叛羅馬，戰雲又開始在希臘上空聚集。

第八章

# 馬其頓滅亡

（西元前一七九年～前一六七年）

從馬其頓王菲力普敗給羅馬的西元前一九七年起，直到他在西元前一七九年過世的十八年之間，我們似乎可以很明確地揣摩到菲力普的心中醞釀著兩種想法，搖擺不定。具有敏銳觀察力的他，體認到馬其頓王國的存亡繫於新興國羅馬的霸權。而另一方面，他對接受這個殘酷的事實，懷有強烈的反抗意識。

亞歷山大死後，帝國由諸位將軍瓜分，各自建立自己的王朝，一百二十年來，對這些希臘諸國來說，世界就是自己所居住的東地中海世界，地中海的西方稱不上是世界。雖然有強國迦太基，但都比不上東方的馬其頓、敘利亞、埃及來得重要。

在羅、迦兩國間的第一次及第二次布尼克戰役，都看不到他們介入希臘諸國的行動。在坎尼大敗的羅馬，瀕臨空前的危機，馬其頓曾提出願意與漢尼拔一起戰鬥。馬其頓把目標放在亞德里亞海東岸的伊利利亞地方，因為這是唯一與羅馬有直接接觸的國家。布尼克戰役的四十年，正是毀滅新興羅馬的最佳時機，但大國敘利亞、埃及等都接受羅馬要求維持中立的請求，甚至完全沒有任何交換條件。在他們的眼中，只看到地中海的西方。亞歷山大的後繼者，只在彼此之間結成姻親或發動戰爭，就這樣過了一百二十年。當有所警覺的時候，羅馬已悄悄地茁壯長大。

經過這一百二十年，希臘各城市間已不可能聯合組成對抗羅馬的統一戰線。

西元前一九七年，馬其頓軍敗給羅馬軍，當時羅馬軍還包括馬其頓以外的希臘人及婆高蒙，而敘利亞則是堅守中立。

西元前一九〇年，敘利亞軍敗給羅馬軍，當時的羅馬軍還包括阿耶多利亞、斯巴達以外的希臘人及馬其頓王國。此外還有婆高蒙、羅德斯加入羅馬軍攻擊敘利亞的行列。與羅馬擁有同盟關係的埃及，經常受到敘利亞的侵擾，非常期盼敘利亞王的敗北。希臘歷史學家波力比維斯也是同一時代的人，他曾寫下這些話：

「希臘民族不應該繼續與希臘人爭執，我們希臘人要團結，不可忽視在地中海西方展開的戰爭。

羅馬與迦太基之間的戰爭，與我們希臘人司空見慣的戰爭大不相同，雖然是一場地方戰，但規模之大不容小覷。羅馬在羅、迦兩國戰爭中脫穎而出，成為一個擁有軍隊的國家，就像一部高效率且精巧無比的戰爭機器。我們應該體認到這部戰爭機器遲早會開到地中海的東方來。

我們希臘人自己人之間互相爭奪決定戰爭或和平，結果只會使這個決定的權力從希臘人手中拱手讓人。在希臘人當中，沒有一位擁有這個權力。」

所謂自己決定戰爭或是和平的權力，其實就是指自立與獨立。與波力比維斯屬於同一個時代的馬其頓王菲力普應該也有相同的體認吧！

菲力普敗給羅馬，承認羅馬霸權，與羅馬結為同盟關係之時，他正值四十歲。這位四十歲的男人在往後的十八年當中，不曾反叛過羅馬。菲力普盡可能避免把這個獨立自主的權力從自己的手中讓給別人，他的一舉一動都十分謹慎。

雖然波力比維斯是希臘人，他只不過是代表亞該亞同盟加盟都市阿爾卡迪亞的一位有力人士。另一方面，菲力普的馬其頓王國是希臘世界的強國之一，他並非體認到現實的狀況，而只是生為王者的誇耀罷了。這可能也是他在四十歲之後的十八年，一直屈居於羅馬之下，使他心境複雜的原因吧！

菲力普的第二個兒子迪梅多利吾斯是正妻所生，菲力普很喜歡他的才能和個性，甚至曾經考慮不將王位傳給妾所生的長子佩魯修斯。

迪梅多利吾斯結束在羅馬當人質的期間，返回祖國。羅馬人所策畫的人質，與公費留學生的性質相近，這位年輕的王子被放在羅馬有力人士的家中，接受教育，成了個百分之百的羅馬支持者。父親看到這樣的兒子，心情更是複雜。長子佩魯修斯因為庶出的身份，懷著幾許不安，這點也深深地烙印在菲力普的心中。

佩魯修斯向父王咬耳朵，說迪梅多利吾斯與羅馬締結密約，要把馬其頓賣給羅馬。國王雖有幾分懷疑，但還是相信了。被判叛亂罪的年輕王子，連辯駁的機會都沒有就被處以毒殺的刑罰。

之後沒多久，查出迪梅多利吾斯的罪名毫無根據，才為他好好祭拜。殺了愛子的馬其頓菲力普五世，感到十分後悔，身心俱疲，不久便去世了，得年五十八。

繼任王位的佩魯修斯遺傳了父親自傲的個性，但卻沒學到父親敏銳的觀察力。娶進敘利亞王安提歐寇斯的女兒，把妹妹嫁給俾斯尼亞王，這方面倒是很像典型希臘君主的作風。佩魯修斯開始公然增強馬其頓王國的軍備，並向羅馬方面傳話說，這是為了防止北邊克爾特族入侵。羅馬提高警覺，但採取靜觀其變的態度。五年不到的時間，馬其頓王國的軍事力量，已強大到不止對抗北方蠻族的程度了。

再次增強軍備的馬其頓，目標首先指向東邊國土連接的婆高蒙王國。婆高蒙立即派遣使者向羅馬求援，但羅馬仍想以外交手段來解決。打著視察團名號的特使，一波波送往馬其頓，但言詞閃爍的佩魯修斯始終不願給予確定的答覆。此時，婆高蒙派出王弟前往羅馬，要求羅馬以軍事介入，阻止馬其頓的侵略行為。在這個期間，佩魯修斯開始對希臘各城市的不滿份子下手。

羅馬眼看戰爭勢在必行，便開始聯繫組成對抗馬其頓戰線。派遣使節到希臘、亞洲各國，結果得到熱烈的回響。希臘地區方面，包括中部的阿耶多利亞同盟各城市、雅典、亞該亞同盟各城市，都表明站在羅馬這一邊。婆高蒙王國、羅德斯島，連王妃的娘家敘利亞都表態支持羅馬。羅馬第二次以軍事介入希臘，行動顯得格外慎重。

連妹婿都表示維持中立，佩魯修斯於是被孤立起來。然而馬其頓是一個物產富饒的國家，馬其頓重裝步兵的英名仍在，集合東方全境的傭兵，馬其頓的戰力將近五萬。

另一方面，採取多國部隊形式的羅馬軍，戰力超過三萬。羅馬並非沒有能力派出更多的兵力，而是不想這麼做。馬其頓王國並非直接攻擊羅馬，西元前一七一年的軍事介入，不像西元前一九七年第一次的軍事介入，上次是為了「教訓」馬其頓在第二次布尼克戰役時支援漢尼拔。羅馬在西元前一七一年登陸希臘時的戰鬥狀況，似乎都在試探對方，充分反映了羅馬的這種想法。到了第二年，也一直是對峙或小型消極會戰的形式。羅馬每年派出不同的執政官，戰鬥意志薄弱，更助長佩魯修斯之勢。佩魯修斯殺了四千名羅馬兵，羅馬軍戰敗。

至此，我們再借用歷史學家波力比維斯的話來描述：

「挑戰者面對眾人認為絕對不可能戰勝的冠軍，以敢鬥英勇的表現，跌破觀眾的眼鏡後，觀眾轉而瘋狂的支援挑戰者，斥責與批評集中在冠軍身上。」

希臘各城市開始對馬其頓展現善意，波力比維斯擔任騎士團長的亞該亞同盟，雖與羅馬軍約定共同對抗佩魯修斯，但到了緊要關頭卻緊縮兵力的提供。其餘的希臘人似乎也忘了反馬其頓情結，開始對羅馬軍冷眼相待。

羅馬知道不能再坐以待斃，但在西元前一七〇年及前一六九年這二年，羅馬都沒有妥適處理。

在羅馬，由執政官率領兩個或兩個以上的軍團，承平時期，皆恪守這個原則。執政官是由一年一度的公民大會選出，不一定能選出適任者。這時期，羅馬的一般公民對為何要出兵希臘一事抱持著疑問。

但是，元老院體認到希臘的戰況已到了不容隨便預測的地步，元老院一致認為必須盡早決斷。於是決定由艾米里斯．保羅出任候選西元前一六八年度的執政官。

艾米里斯．保羅年六十二，曾在希臘、敘利亞、西班牙等戰場上累積豐富的經驗及輝煌的戰果。他是坎尼會戰戰死的執政官艾米里斯．保羅的兒子，姊姊嫁給名將西比奧．亞非利加努斯，所以他也是名將西比奧的妻舅。

艾米里斯家族與柯爾涅留斯家族同是羅馬貴族，愛好希臘文化的程度，不亞於西比奧。連兩個兒子的家庭教師，從希臘語到雕刻家都指定要希臘人。雖然是名門貴族，但經濟狀況並不富裕，為了兩個兒子的將來，把他們寄放在別人家當養子。一個在法比烏斯家，另一個在西比奧家。

成為西比奧家養子的那個兒子，後來在第三次布尼克戰役迦太基滅亡之際，擔任羅馬軍的總司令官。因此這個兒子以兩家的姓氏為名，稱為西比奧．艾米里亞努斯。在羅馬，有個愛好希臘文化者為中心的沙龍，有「西比奧圈」之稱，歷史學家波力比維斯也是常客，他們公認這位西比奧．艾米里亞努斯是西比奧的繼承人。

西元前一六八年，艾米里斯·保羅獲選為執政官，擔任對抗佩魯修斯的羅馬軍總司令官。當他知道自己被選為執政官時，對公民大會提出要求。

「之所以選我出來，表示對抗佩魯修斯的戰線需要武將，因此除了戰術以外，直屬將官的人選必須由我來挑選。」

這雖然違反慣例，但公民大會同意。所以他依照自己的意思，調整身邊的副官，包括他的大兒子（在法比烏斯家當養子）、小兒子（在西比奧家當養子）、女婿加圖、名將西比奧的女婿西比奧·那西卡。羅馬人的「士官學校」等於設在實際的戰場。

收拾希臘戰況的任務，交由這個六十二歲的武將全權處理。他首先從徹底蒐集情報著手，在他從羅馬出發之前，已經十分熟悉希臘全土的地勢、氣候、希臘各城市的動向以及民意所趨。

率領馬其頓軍的佩魯修斯正值三十出頭，年輕英俊，彷彿亞歷山大再世，他三年前與羅馬軍交手時，早已擄獲了希臘的民心。艾米里斯·保羅面對佩魯修斯這個對手，知道自己必須採取快、狠、準的攻勢，而介入的時間拉得愈長，對介入者愈是不利。

西元前一六八年六月，艾米里斯率軍從布林迪西出港，經科孚島(Corfu)，從希臘西岸登陸。一路橫越希臘的中部，直指馬其頓。由於他們希望趁敵人還在馬其頓山區時捕獲他們，因此羅馬軍一直都是急行軍的狀態。當羅馬執政官登陸希臘的消息傳至佩魯修斯耳中時，艾米里斯已率軍出現在佩魯修斯宿營的皮秋那平原。

關於對陣的兩軍兵力狀況，馬其頓方面是四萬四千名，羅馬方面加上前一年已派遣的軍隊，總共只有三萬名。佩魯修斯知道這個差距後，毫不猶豫地決定與羅馬軍展開會戰。

會戰的前一天晚上，正逢月蝕。年輕時曾擔任占卜官的艾米里斯很清楚這種現象，事先告知軍隊的弟兄們，從傍晚的六點到晚上九點，不必擔心月亮缺了一塊。然而馬其頓方面看到月蝕無不感到驚奇，認為這是凶兆，士兵的士氣在會戰前就先低落下來。

第二天早晨，兩軍在皮秋那平原開戰，一小時後便分出勝負，從兩軍投入戰力的規模簡直讓人不敢相信。主因除了馬其頓軍因為月蝕凶兆而士氣受到打擊外，羅馬軍在艾米里斯的戰術指揮下，副官依照命令行動，徹底包圍、粉碎、毀壞馬其頓軍。

西元前一六八年艾米里斯對付佩魯修斯的戰法，正與西元前一九七年弗拉米尼烏斯對戰菲力普時的戰法一模一樣。也就是說，這是西比奧的戰法，同時也是漢尼拔的戰法。再追溯到更早一點，這就是菲力普及佩魯修斯的祖先——亞歷山大所創始的戰法。

這也是顯示希臘諸國長期停滯不前的一個例證。這次的敗北，與其說是敗給敵人，不如說是輸給自己。

皮秋那會戰結果造成馬其頓軍戰死二萬五千名，遭俘虜六千名。另一方面，羅馬軍的戰死者不到一百人，就像同一時代的波力比維斯所寫的，漢尼拔之後的羅馬軍是一部效率精良的戰爭機器。

敗將佩魯修斯逃回祖國首都培拉，但居民們當著他的面把城門關上，不願打開，他沒辦法只好逃到薩摩特拉凱島(Samothrace)，但被自己人出賣，遭到追蹤而至的羅馬兵俘虜。馬其頓最後一位國王被送到羅馬。艾米里斯．保羅在凱旋式之後，與家人一起在義大利的小城市阿爾巴(Alba)安享晚年。這裡也是努米底亞王錫芳齊隱居之地。羅馬決定了希臘三大王國之一馬其頓的滅亡命運。羅馬的「帝國主義」愈來愈嚴苛了。

此時，羅馬尚無計畫對希臘採行屬省的直轄統治。與馬其頓站在一邊的七十多個城鎮，遭到懲罰性掠奪，一部份居民變成奴隸。包括波力比維斯在內的希臘高官，被視為危險人物，送至羅馬，寄放在羅馬境內有力人士的家中，過著人質生活，而波力比維斯被寄放在艾米里斯家中。

馬其頓的滅亡僅是王朝的部份，領土被分割為四部份，自治權受到承認，也可擁有自衛的軍力。原本繳給國王的租稅分為兩半，一半繳給羅馬，另一半留作自治國的國內費用。而礦山的收入方面，二分之一繳給羅馬，另外二分之一馬其頓人自己留著用。羅馬消滅了與羅馬霸權不合的王朝，但尊重馬其頓人的自治權利。

角度不同，感覺也就不一樣。羅馬對馬其頓的處置看來十分寬大，但從馬其頓人的角度，等於是把沒有的東西送給他們。

馬其頓人和其他的希臘人不同，沒有城市國家城邦(Polis)的傳統，他們所知道的是國王統治的方式，並非是公民自治。

羅馬希望早日結束介入的行動，再次確認馬其頓以外的希臘各城市的自治權後，不到三個月的時間，全軍便從希臘撤退。由於亞德里亞海制海權的關係，在波羅尼亞 (Polonia) 設置軍事基地外，其餘未設置任何海軍基地。

羅馬甚至未在希臘鋪設羅馬式的街道，並不是因為希臘已有高速公路一般的街道存在，而是因為羅馬沒有移動軍隊到希臘的必要。簡單來說，當時的羅馬人沒有想到將來會有需要再到希臘進行軍事介入。

但是讓羅馬人想到的卻是希臘人自己，而波力比維斯也是這麼認為。

第九章

# 迦太基滅亡

（西元前一四九年～前一四六年）

從後世往前回顧歷史的人，最容易犯的錯誤，就是把從頭到尾的歷史現象，當作是一個必然的趨勢。

然而，幾乎所有的歷史現象都不是這麼順利地進行。也許是歷經不斷的嘗試錯誤，因為遲疑而暫停下來；也許是由於一個偶然而改變方向等等幾經波折。但是在後世的我們看來，一切都是那麼理所當然。

原本只想給個教訓，但卻把王國滅亡，我們已經在〈馬其頓滅亡〉中敘述過這樣的例子。不過馬其頓王國是自食惡果，不值得同情。但是迦太基人的遭遇，實在令人惋惜。第二次布尼克戰役敗給羅馬後的五十年來，迦太基人在羅馬霸權之下，過著和平的日子。

羅馬人所稱的「漢尼拔戰爭」（也就是第二次布尼克戰役）結束後，迦太基繼續以獨立的自治國家存在，雖然沒有變成屬省，但也淪為二流的國家。

軍備上降低為弱國的水準，與他國的交戰權也須經過羅馬同意才能行使。

迦太基喪失了西班牙、西西里、薩丁尼亞等海外的領土，經濟的基礎僅靠非洲本土上的農業經營來維持，礦山的開採也成了昔日的夢想，更談不上發展工業。而羅馬擁有的礦山包括義大利托斯卡那地方、西班牙，加上馬其頓，擁有絕對的優勢發展工業。

通商貿易已不復往昔，農產品當中能夠交易的物資有限，而南義及西西里的希臘人又以羅馬同盟國的地位，成為強勁的競爭對手。

但是從羅馬人將農業經營的書譯成拉丁文的情形來看，迦太基的農業生產力依舊很高。也許從現在的角度很難想像，古代的北非土地富饒，耕地廣大，加上迦太基人有效率地經營，這裡很適合發展農業，生產力自然提高。

在此，個人認為導致迦太基滅亡的第三次布尼克戰役，主要是因為羅馬嫉妒迦太基的經濟力而引發的。

在「漢尼拔戰爭」失敗的迦太基，的確只剩下經濟方面能夠發展；但在羅馬的壓制下，迦太基戰後五十年間所發展出來的成績，實在稱不上是經濟大國。

當元老院看到從迦太基帶回的無花果，不禁對他們生產豐饒果實的能力嘖嘖稱奇。而加圖認為迦太基這個具有強大生產力的國家僅有三天海路行程的距離，主張應該將它毀滅，以絕後患。加圖直接向人們的視覺提出訴求，讓人很容易接受這樣的建議。

經濟發展的迦太基，即使經濟力沒有好到讓羅馬擔心，但是「漢尼拔戰爭」的這項前科還是令羅馬耿耿於懷。

只要是具有經濟力的國家，募集傭兵就不困難。況且誰也無法斷言迦太基不會再出現第二個「漢尼拔」。

受限於過去壓迫的觀念無法轉變為自由的人與能夠拋開過去的人，這兩者當中的不同，我們已經在前面介紹西比奧・亞非利加努斯和加圖時說明過。當時西比奧已經去世，加圖正是八十歲。

加圖反迦太基的運動顯得十分執著。即使當他發表其他主題的演說時，在結尾一定不忘加上這一句：

「所以，我認為應該滅亡迦太基。」

但是羅馬元老院全體議員卻反對加圖的想法，所以加圖才需要不斷地鼓吹上面的那一句話。西比奧·亞非利加努斯失勢去世之後，反而在元老院內有許多人提倡西比奧所主張的「穩健的帝國主義」路線，其中代表性人物是西比奧的女婿——西比奧·那西卡。他在戰場及政界是一流的人物，為了對抗加圖，在演說的結尾也會加上：

「所以，我認為迦太基應該繼續存在。」

羅馬內部這種巧妙的平衡，終於因為迦太基的行動而遭到破壞。

迦太基在第二次布尼克戰役後，成為羅馬的「被保護者」，同是羅馬「被保護者」的努米底亞王國開始擴展勢力範圍，這個舉動困擾著迦太基。

迦太基及努米底亞雖然一樣是承認羅馬霸權的同盟國，但在羅馬人眼中卻不被同等地看待。努米底亞的馬西尼沙王曾與西比奧・亞非利加努斯並肩作戰，於扎馬打敗漢尼拔。

此外，努米底亞曾提供兵力給羅馬軍，在希臘戰線及敘利亞戰線上，都看得到努米底亞兵的身影；而迦太基方面僅提供過小麥，而且不被羅馬接受，羅馬最後以付款的方式買入。當時，迦太基使節曾在羅馬元老院說過以下這一段話：

「我們迦太基人曾經與你們羅馬人以及馬其頓王菲力普、敘利亞王安提歐寇斯、馬其頓王佩魯修斯等三位國王戰鬥過。」

這句話在元老院內引來哄堂大笑，從議席的一角傳出：

「連血都沒有流，還說什麼！」

同樣是在羅馬霸權下生存的「被保護者」，努米底亞與迦太基的地位竟有如此的天壤之別。斯特雷波（Strabo）著有關於地中海世界歷史地理的書，根據他的說法，當時的努米底亞王國，「在馬西尼沙的領導下，從遊牧民族變為農耕民族」，成為一個強國。由此可見，迦太基人對努米底亞人的憂心是一個現實的問題。

正為努米底亞勢力入侵而煩惱的迦太基，決定招募傭兵。沒有多久，就集結了六萬名傭兵。

羅馬方面當然馬上知道了這個消息，以加圖為首席的調查團來到迦太基，但迦太基政府立即向羅馬提出努米底亞侵略主義的野心。剛開始時，加圖並未理會迦太基的主張；後來羅馬在第二年又派遣另一支調查團，此次的首席是西比奧·那西卡。

西比奧·那西卡成功地使努米底亞軍撤回努米底亞境內，而且多數人相信這將為迦太基解除危機。歷史學家波力比維斯也認為不會再發生什麼事了，準備從布林迪西回到祖國雅典。

擅長於經濟卻不懂政治的迦太基人，將西比奧·那西卡達成的妥協方案，視為羅馬的軟弱。當時國內仍留有六萬名傭兵，這支迦太基傭兵軍隊突破了努米底亞國境，直逼首都九十公里外。

羅馬的元老院知道這個消息後勃然大怒，在「漢尼拔戰爭」結束後所締結的和約中，言明迦太基未經羅馬同意，不得與他國交戰。進攻努米底亞的行動，明顯違反了條約。

以加圖為首的對迦太基強硬派，發言力與日俱增；西比奧·那西卡所主導的穩健派只得閉嘴，羅馬決定組成四個軍團派往迦太基。

迦太基政府很快就了解他們的用意。正好在這段期間，進攻到努米底亞境內的迦太基傭兵，吃了努米底亞軍的敗仗。迦太基政府開始緊張，知道自己理虧違反條約，於是決定派遣使者到羅馬，約定要解散傭兵軍並將指揮官處以死刑，想要平息羅馬元老院的憤怒。元老院相信他們的諾言，把原本要派遣的軍隊改為調查團。

調查團的任務是到當地去勘察迦太基是否履行承諾，然而迎接羅馬調查團的迦太基政府，卻以逐步的方式履行約定，調查團帶回羅馬的報告，只是徒增元老院對迦太基的不信任。

住在迦太基第二大城市尤蒂卡等城市的居民，甚至比住在首都迦太基的居民更早察覺到，持續目前的狀態將會招致更大的危險。這些城市於是派代表到羅馬，表明如果當羅、迦兩國發生戰爭時，將會站在羅馬這邊。

之後，羅馬元老院由「對迦太基強硬派」主導。西元前一四九年，兩位執政官的任職地點都指派在非洲，這等於是做出宣戰的告示。

動盪不安的迦太基緊急派出五名特使到羅馬，希望能說明狀況。但羅馬的元老院只是將執政官已從羅馬出發的消息告知五位特使，宣戰的理由是迦太基未經羅馬同意便對羅馬的同盟國——努米底亞作出敵對的行動，五位特使拿出必死的決心，提出無條件全面投降的條件，並交換三百位人質作為保證。元老院接受了這項提議，對前往非洲的兩位執政官，下達指令賦予他們與迦太基談判的權力。

迦太基政府迎接這五位歸國的特使，這一次迦太基很快地履行承諾，送出三百位人質到「柯爾涅留斯陣地」，這裡是半個世紀前西比奧．亞非利加努斯登陸非洲時所建設的進攻迦太基基地，執政官先把這三百人送到西西里，接著對迦太基政府提出種種要求，避免發生戰爭。

羅馬要迦太基交出所有攻城的武器及器具，這意味著掏空迦太基的防備設施。迦太基答應下來，交出二千個弓器及二十萬人份的盔甲，送到「柯爾涅留斯陣地」。兩位執政官表示滿意，並建議迦太基政府組成三十位有力公民的代表團送到羅馬，以便接受日後的指令，迦太基政府都遵示照辦。

但是迦太基運氣不好，希臘正好在那個時期對羅馬人的態度強硬起來。以馬其頓為中心的希臘，先王佩魯修斯的庶子菲力普成為希臘人反羅馬的領袖，事實上他是偽裝的。西元前二世紀的希臘人，雖然具有強烈的自由獨立意識，但是他們的政治能力與伯里克里斯 (Pericles) 的死一起消失，淪落成為一個非政治的民族。柏拉圖 (Plato) 曾有的絕望，逐漸成為事實。希臘人沒多久便傾向反羅馬的菲力普，在公開的場合也作如此表示。

「歡迎羅馬人到希臘，但這只是當作朋友的想法，而非作為主人的想法。」

當羅馬軍進攻非洲時，獲得滿堂喝采。羅馬施力於迦太基，這正是希臘人在羅馬霸權下扳回局勢的好機會。希臘的波力比維斯也曾寫道：「希臘人乘虛而入」。

與西比奧．亞非利加努斯或弗拉米尼烏斯時代相比，羅馬人對希臘人的觀感已有改變。在這五十年間，羅馬人對伯里克里斯時代直逼文化巔峰的希臘文明，仍然懷抱著尊敬；但對西元前二世紀的希臘人，開始有了輕蔑的想法。

西元前二世紀的希臘人與伯里克里斯時代一樣，提倡自由獨立的精神不變，但當自由與獨立實現之後，不是要依賴他國，就是要乘人之危。

羅馬人喜愛希臘人創作的藝術品及建築，學習文學與歷史，他們並不強迫希臘人學習拉丁文，反而自己搶著學習希臘文。但希臘人想要依賴他國或乘人之危的想法，令羅馬人不齒。西元前二世紀的希臘人不同於西元前五世紀的伯里克里斯時代，已經失去了創造美術、建築、文學的新時代作品。

西元前一四八年，羅馬決定派遣軍隊，第三度介入希臘。戰勝漢尼拔之後，羅馬人屢戰屢勝，建立起以軍事力量致勝的自信，因為非政治性的希臘人已經刺激了羅馬。

羅馬人對希臘人的動向感到焦躁之時，訪問羅馬的迦太基代表們時運不佳。焦躁的羅馬人開始願意接受加圖所提倡的「強硬對抗迦太基路線」。

羅馬向來寬大對待其他民族的方式，竟產生相反的結果，這令羅馬的領導階層感到惶惶不安，開始想到要改變作法。再加上在軍事方面的自信，空氣中充滿了將對迦太基發出最後強硬通告的火藥味。

為避免與羅馬發生戰爭，三十位迦太基代表銜命前往羅馬。元老院卻以最後通牒的方式，提出以下的要求。

毀滅首都迦太基，全部的居民遷徙到離海岸線十羅馬哩（約十五公里）外的內陸地區。

其中一位代表曾提出反駁，認為如此一來等於判迦太基死刑。但元老院的態度不變，三十位代表只好接受，其中幾位代表在返國的路上逃亡。

包括波力比維斯在內的多數人，都希望避免發生第三次布尼克戰役。波力比維斯正從布林迪西乘船返回希臘。

身為好友的西比奧．艾米里亞努斯緊急派遣使者追回波力比維斯，波力比維斯下船與使者一起到西比奧．艾米里亞努斯準備出兵的奧斯提亞港，再折回阿庇亞大道。

勉強接受羅馬無理要求的代表們回到祖國，迦太基民眾不滿領導階層的無能，反羅馬的勢力逐漸形成。即使事實上有迫人就範的形勢，但領導階層的軟弱態度引發了平民百姓的國家民族意識，接受羅馬命令的代表，被指為叛徒，死於瘋狂憤怒的民眾手中。

首都迦太基一下子變成了武器製造工廠，為了準備守城，有效協調從近郊運送糧食，一度被通緝的對羅馬強硬派人士呼籲傭兵歸隊，甚至要女人剪斷頭髮作為石製弓器的繩索之用。同時，消除貧富差距，以從軍為條件，釋放囚犯及奴隸。雖然因為預測船可能會沉沒而逃出的人們，使人口比平時還少，但當時首都迦太基仍留有六萬人。其中使用於防衛戰的兵力，約有二萬名。

羅馬與迦太基進入最後倒數階段。

這個「最後倒數階段」果真不可避免嗎？我現在依然存疑。因為羅馬元老院向三十位迦太基特使發出的最後通告——破壞首都迦太基，全部的居民遷徙到離海岸線十羅馬哩外的內陸地區——事實上只有後代的歷史學家認為這是一項嚴苛的要求，古代的史家並不這麼覺得。

李維斯的《羅馬史》敘述這個時代的部份在中世紀時已經消失，因此我們不知道他如何看待這段歷史。但是同一時代著有《歷史》一書的作者波力比維斯認為羅馬最後的通牒不是違反道義的行為，狄奧多魯斯（Diodorus Siculus）及阿庇亞努斯（Appianus）曾參考過當時所有的史料，他們以強硬來形容這一段，但並未評為嚴苛。而那位最後向羅馬抗命的迦太基特使，認為這等於判了迦太基死刑的說法，顯然被後代的歷史研究者完全接受。

羅馬元老院逼迫迦太基政府將首都迦太基的全部居民撤離，遷徙到新的都市。如果不照辦，將發動戰爭。但元老院並未指定在何處建設新都市，只是要求在離海岸線十羅馬哩遠處的內陸地區，至於選定地點的工作，則交由迦太基自己決定。

在此，我針對當時地中海世界著名都市的離海距離作了一番調查。

西西里上的敘拉古、巴勒摩，南義的塔蘭托，迦太基人在西班牙建設的都市——卡塔赫那、加地斯，埃及的亞歷山卓，小亞細亞的愛菲索斯等，都與迦太基一樣是臨海的海港都市，而迦太基國的第二大都市尤蒂卡在現代雖是內陸都市，但在古代是臨海的都市。

敘利亞首都安提阿（Antioch）位於溯河二十二公里而上的位置，而且當時的大船不能航行，以通商產業都市而繁榮的雅典也沒有靠海，與外港皮留斯（Pileus）相距八公里。雅典與皮留斯間沒有河川連結，藉由鐵密斯多格雷斯（Tehmistocles）修築的道路，將雅典的物資運到皮留斯，在這裡裝船。

羅馬位於臺伯河畔，也沒有臨海。羅馬到羅馬外港奧斯提亞之間的聯繫，雖是沿著臺伯河，但盡量取直線距離的道路，有二十二公里的距離。臺伯河也是大船不能通航的河川。當然也不是強要在撒哈拉沙漠中建設都市，甚至遷移都市至此。只要是離海岸線十五公里的地方都可以。古代的北非是一塊綠地，河川也多。即使沒有河川流經，可將約從雅典到皮留斯二倍的距離，變為鐵密斯多格雷斯所設計的走廊形式。羅馬的元老院內，仍有西比奧這個主張縱容迦太基勢力的一派。而加圖率領的「毀滅迦太基」派認為無論是用川船或是步行，如果海就在眼前，跋涉二十二公里也是有可能的。

另一方面，對迦太基人而言，如果離家一步就應該是在船上，因此即使只有十五公里的距離，幾乎等同於「和死一樣」。

民族間的紛爭或是摩擦，經常就像這樣，是源自於價值觀的不同。在羅馬人看來不過是遷徙到離海十五公里的內陸，卻引起迦太基人極大的反感，決定與羅馬霸權正面挑戰。

西元前二世紀中葉的迦太基人似乎仍不能轉換觀點。他們認定首都迦太基地處天然要塞之地，因此覺得絕對不能更動呢？也或許是擁有泱泱大國歷史的民族，不容如此苟延殘喘下去呢？

## 迦太基城毀滅

迦太基城所在位置的半島，突出於突尼斯灣西側，形成天然的要塞。三方有海包圍，北側有山，要從東側進攻幾乎是不可能。西側又有高十四公尺寬十公尺的三層城牆保護，也不可能從這個方向攻入。

攻擊這個城市的唯一途徑就是從海港這邊進攻，這也是海港都市迦太基的正面大門。西元前一四七年起，西比奧．艾米里亞努斯擔任總指揮集中火力攻擊這裡。自從對迦太基發下戰帖，共花了二年的準備時間，可見羅馬的總司令官是屬於謹慎行事的類型。而且開戰當初，羅馬方面尚未準備妥當，更何況攻打像迦太基這樣的大城市，花個幾年是很正常的事。但是在希臘發生的事件，促使迦太基的攻防戰提早結束。

決定第三度以軍事介入希臘的羅馬，在不到一年的時間，成功鎮壓馬其頓王庶子所率領的反叛軍。到這步田地，羅馬也不會想到要尊重馬其頓人的獨立。舊馬其頓王國分裂為四個自治國，賦予自治權，降為羅馬的屬省。

雖然如此，羅馬仍繼續尊重其他希臘各城市的獨立與自治。但在希臘人眼裡看來，羅馬的這種態度並非出自於一個強者的寬容，而是自知不如希臘文化。在這個時期，羅馬元老院議員訪問希臘城市國家科林斯，發生科林斯市民並未禮遇迎接的事件。這事提醒了羅馬人，寬容主義是有界線的。

羅馬緊急派遣軍隊到科林斯，徹底破壞科林斯，不僅搜刮美術品送回羅馬，而且將全部居民無論男女老幼一律賣為奴隸。羅馬幾乎是翻遍每一寸土地，市街被破壞殆盡，羅馬對科林斯的破壞，給了桀傲不遜的希臘人一個殺雞儆猴的示範。

無視於羅馬人所給的三天期限，堅持到最後一刻的城市，被羅馬人完全摧毀，城市的居民都變成奴隸。

但是像這樣掠奪城市，還是建國以來空前第一次。僅次於雅典、斯巴達的第三重要城市科林斯，被羅馬人摧毀，也澆了希臘人一大盆冷水。雖然不致於像舊馬其頓一樣變成羅馬的屬省，但希臘從此以後便安分地在羅馬的霸權之下生存。把自由與獨立擺第一的希臘人，卻失去了自由與獨立，然而換來了秩序與安定。

西元前一四六年，羅馬人從「穩健的帝國主義」方針轉變為「嚴格的帝國主義」，同一年，迦太基也到了迎接壽終正寢的最後階段。

迦太基人追求的既不是自由，也不是獨立，而僅是求得安全，實在可悲。同一時代的歷史學家波力比維斯曾說，希臘失去獨立，希臘人當然有責任；但是迦太基的滅亡實在是非戰之罪。

如果真要說迦太基人有罪的話，大概就是堅持到最後一刻仍然拒絕接受羅馬的招降，只好選擇與自己的城市一起滅亡。羅馬兵指揮俘虜並排站在城牆上，在羅馬軍面前一個一個射殺，可見迦太基人「寧為玉碎，不願瓦全」的想法，到最後關頭仍要自己來決定自己的命運。

羅馬軍總司令官西比奧·艾米里亞努斯利用西元前一四七年到前一四六年間冬季的休戰

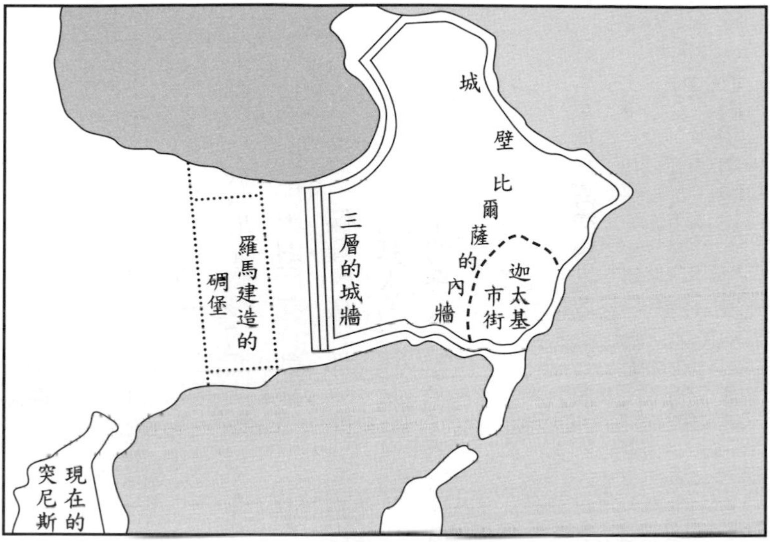


迦太基首都

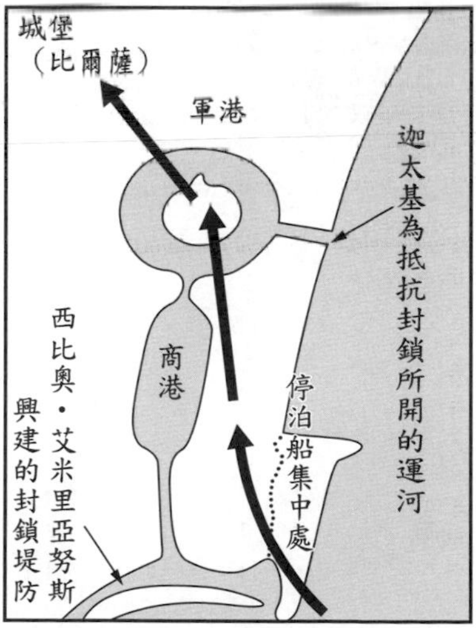


迦太基市街略圖
（➡是羅馬軍進攻路線）

期，派使者到羅馬元老院，請示將如何處置迦太基首都。

從海港這邊進攻迦太基的準備已全部完畢，羅馬軍建築堤防，全面封鎖連結海上與港灣間運河的入口。迦太基開了另一條運河，但附近的海面上經常有羅馬的船隻往來巡邏，根本起不了作用。陸地這邊的城牆，早已有多處損毀。守城策略邁入第三年，貯存在市區內的糧食大概快要見底。不是做最後的掙扎，就是和談。

結束第二次布尼克戰役的西比奧．亞非利加努斯，他的養孫西比奧．艾米里亞努斯當年正好三十八歲。戰場上的所有行動都由這位最高司令官做主，他與養祖父西比奧．亞非利加努斯及生父艾米里斯．保羅一樣，都以開放的胸襟接受不同的文化及民族，這位羅馬武將正猶豫著由他一個人決定迦太基人的命運是否有所不妥。

西元前一四六年的春天，元老院的聖旨抵達。決定將迦太基處以與科林斯相同的待遇——「摧毀」。

羅馬軍從靠海這邊進攻，防衛的迦太基軍在環繞外港的倉庫及造船廠點火。在大火中展開戰爭，在每一間房子及每一條道路搜查敵人的蹤跡，持續了六天六夜。

七天後，迦太基市街完全被征服，神殿及神像也被燒燬。有不少迦太基人縱身入燃燒中的神殿，他們認為與其當奴隸不如選擇一死。拒絕招降的市民決定了城堡陷落之後的命運。成為奴隸的迦太基市民，包括孩童在內高達五萬人。

歷史學家波力比維斯因為與總司令官西比奧．艾米里亞努斯的關係親密，當迦太基城毀滅時，他人也在現場，自然也就對這一段過程詳加描述。但是很可惜的，他的著作《歷史》一書在中世紀時剩下不到三分之二。迦太基毀滅的場景只剩下片段，所以引用西元前二世紀希臘歷史學家阿庇亞努斯的著作代替，他曾參考過波力比維斯的作品。

「西比奧．艾米里亞努斯一直目不轉睛地看著眼前的迦太基，這個城市自建國以來，歷經七百年繁榮興盛的歲月，就此毀滅，化為一堆瓦礫。」

七百年的漫長歲月中，迦太基統治廣大的土地及眾多的島嶼，締造出強大的帝國，擁有龐大數量的武器、軍事、大象及財富。

比起過去的帝國，迦太基顯得更有勇氣與氣魄。在曾經屈居於羅馬要求之下，繳出所有的武器及軍艦，但是三年後準備反制羅馬的攻擊。而今卻完全地被破壞、毀滅，將要從地表上消失。

依照西比奧．艾米里亞努斯的說法（根據波力比維斯的轉述），想到敵人如此的命運，不禁潸然淚下。

雖然身為勝者，卻忍不住作如此想。人、城市、國家、帝國等等，一併走上毀滅的命運，的確很令人感傷。特洛伊、亞述、波斯以及二十年前的馬其頓，都向世人說明了勝者必衰的道理。

也許是有意識，也許是無意識，羅馬的勝將說出了荷馬敘事詩中特洛伊總司令官赫克特(Hector)的一句話：

「總有一天，特洛伊、國王及所有跟隨他的戰士終將滅亡。」

站在他背後的波力比維斯問羅馬勝將為何說這句話，西比奧・艾米里亞努斯轉向波力比維斯，握著這位他的希臘好友的手說道：

「波力比維斯，曾經繁盛一時的帝國，今天卻滅亡了。我們正躬逢其時，但是我的胸中並無勝利的喜悅，反而哀傷著有一天羅馬也會步上同樣的後塵。」

毀滅後的迦太基，城牆、神殿、房屋、市場等建築物一一遭到破壞，僅剩土石的地面被犁鏟平。羅馬人在這個神明詛咒的地方，撒鹽驅邪。

在這塊草木不生、未聞人煙的不毛之地上，凱撒曾下令將它建設為殖民地，但因凱撒被暗殺而使計畫中輟，直到奧古斯都大帝(Augustus)時，才有人類再度住在這裡，但這也是一百年以後的事。目前殘存的迦太基遺蹟，是羅馬時代所遺留下來的，迦太基人時代留下的東西甚少。

羅馬自西元前七五三年建國以來，歷經六百年的歲月，雖然曾當過敗者，卻也從未在地面上消失。西元前一四六年，科林斯、迦太基接連發生不幸的遭遇，在迦太基消滅的十三年後，西班牙的努曼提亞 (Numantia) 也遭到一樣的命運，當時羅馬的總司令官也是西比奧・艾米里亞努斯。

多位現代的研究學者認為，這三個都市的破壞是蠻橫行為所致，如果我也如此認為，將會非常輕鬆，不必再深究。

然而，如果真是蠻橫行為的結果，將會是怎樣的光景呢？

針對科林斯的毀滅及科林斯公民的奴隸化，你問一百個人會有一百種意見，這是夢想家希臘人的答案。後來雖然還有雅典、斯巴達等自治城市，但從這兩個城市開始，整個希臘變成承認羅馬霸權，享受和平與秩序。希臘也抵擋不住「基礎建設」的浪潮，這是希臘人始料未及的。布林迪西位於阿庇亞大道的終點，隔海相望的希臘這邊則開始鋪設伊尼茲亞大道，展開了希臘的「羅馬化」行動。

那麼，西班牙努曼提亞的破壞，是不是單純的蠻橫行為？

西班牙的原住民是一個任誰都很難征服的民族，即使是在漢尼拔家族統治的殖民地時代，他們屢次叛亂，讓迦太基人傷透腦筋。西班牙人與希臘人不同，並不是個愛幻想的民族。險惡的地形，培養了他們不願馴服的性格。

直到奧古斯都大帝時代，憑藉不斷送進的武力鎮壓以及羅馬人移民進駐的開墾，才完全平定西班牙。有「羅馬化」模範生之稱的高盧（現在的法國）人，在這方面也與西班牙人截然不同。

西元前一三三年，徹底破壞努曼提亞並將居民變成奴隸，算是第一波的平定行動。被鎮壓的西班牙，從「基礎建設」開始「羅馬化」。修築的道路以羅馬為起點，橫跨現在的南法，一直延伸到西班牙。象徵「羅馬化」的羅馬式街道，也就是當時的高速公路，在這個時期擴張連結希臘、義大利、法國、西班牙等地。馬基維利曾說過，以嚴格的對待方式，應該可以在短時間內完成。

迦太基的滅亡似乎也和這兩個例子一樣，必須以「惡」來對待。

但是對消滅迦太基一事，個人認為羅馬採取了不必要的蠻橫。羅馬囿於傳統根深蒂固的觀念，是一項愚蠢的行為。

滅亡迦太基對羅馬來說唯一的好處，就是不必再和像漢尼拔這樣的人物苦鬥。這在當時的羅馬人心中，是一份不容忽視的情感。但是為什麼是在五十年後才發生呢？主因在於古代的非洲是個富饒之地，迦太基又是非洲物產的集散地，所以不敢和羅馬霸權唱反調，直到羅馬攻入，迦太基才作絕地反擊。

隨著迦太基的滅亡，羅馬立即要面對新的問題。努米底亞（現在的阿爾及利亞）日益強大，必須加以遏阻。

西比奧．那西卡始終主張迦太基應繼續存在，但並非寬容，這是顧慮到努米底亞王國的策略。他的現實主義路線之所以會輸給加圖的強硬路線，不是因為來自迦太基人的挑釁，而是災難重重的希臘人挑釁的結果。

假使西比奧．艾米里亞努斯長壽而加圖早死，同時希臘又沒有發生騷動的話，歷史將全盤改觀嗎？我想會吧！特別是百年之後，羅馬人致力於「基礎建設」重建迦太基。在羅馬存續期間，迦太基仍是非洲少數幾個重要的城市，現在仍可看到大規模水管的遺蹟，也就更堅定我這樣的想法。

於西元前一四六年被羅馬消滅的迦太基領土，由駐在尤蒂卡的總督統治，成為羅馬的屬省。這個地方已經不叫迦太基，成為羅馬屬省的舊迦太基，稱呼變成「屬省亞非利加」。

# 「我們的海」

迦太基成為屬省，西班牙成為屬省，希臘在事實上也成為屬省的同時，婆高蒙王在沒有後繼者的情況下，留下「死後將王國託付給羅馬」的遺囑後去世。婆高蒙所在的小亞細亞西岸一帶，也成為羅馬的屬省。所以羅馬占領土地之廣，使得羅馬成為地中海世界中屹立不搖的霸權國家。對羅馬人而言，地中海已變成「我們的海」。

這一切都肇始於西元前二六四年開打的第一次布尼克戰役。如果羅馬與迦太基之間的戰役在第一次就結束，就不會有羅馬人所稱「漢尼拔戰爭」的第二次布尼克戰役，更遑論羅馬人能在短短的一百三十年之間完成稱霸地中海的偉業。

從羅馬在「漢尼拔戰爭」降服迦太基，成為西地中海的霸主後算起，羅馬耗費不到七十年的時間，就稱霸整個地中海。連波力比維斯都覺得詫異，可見當時大多數人都是這麼想的。

這全都是從漢尼拔開始的，本書所介紹的一百三十年，光是歷時十六年的第二次布尼克戰役，就占了三分之二的篇幅。歷史學家李維斯在《歷史》一書中，也是詳盡地述說「漢尼拔戰爭」，足以證明這個戰爭對羅馬人影響的深遠。迦太基的滅亡以及羅馬人稱霸地中海，可算是「漢尼拔戰爭」的連鎖效應吧！

以毀滅羅馬作為終身志願的漢尼拔，比任何一個人、任何一個國家，都更奮力地去挑戰強大的羅馬。也因為漢尼拔的引退，羅馬才能在短時間內將地中海收為「我們的海」。

但是成功是必須付出代價的，羅馬人也不例外。《羅馬人的故事》第III冊將述說羅馬人成為霸者之後的各種行徑。

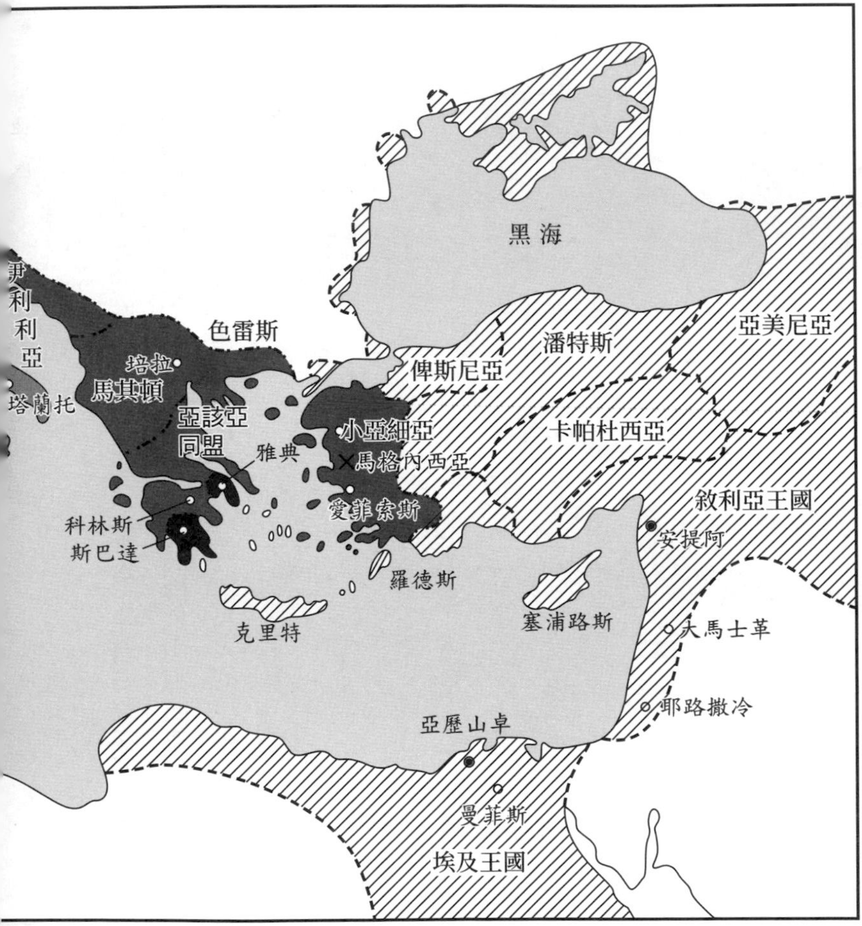
黑海
色雷斯
潘特斯
亞美尼亞
培拉
馬其頓
俾斯尼亞
塔蘭托
亞該亞
同盟
小亞細亞
卡帕杜西亞
雅典
馬格內西亞
愛菲索斯
敘利亞王國
安提阿
科林斯
斯巴達
羅德斯
克里特
塞浦路斯
大馬士革
耶路撒冷
亞歷山卓
曼菲斯
埃及王國

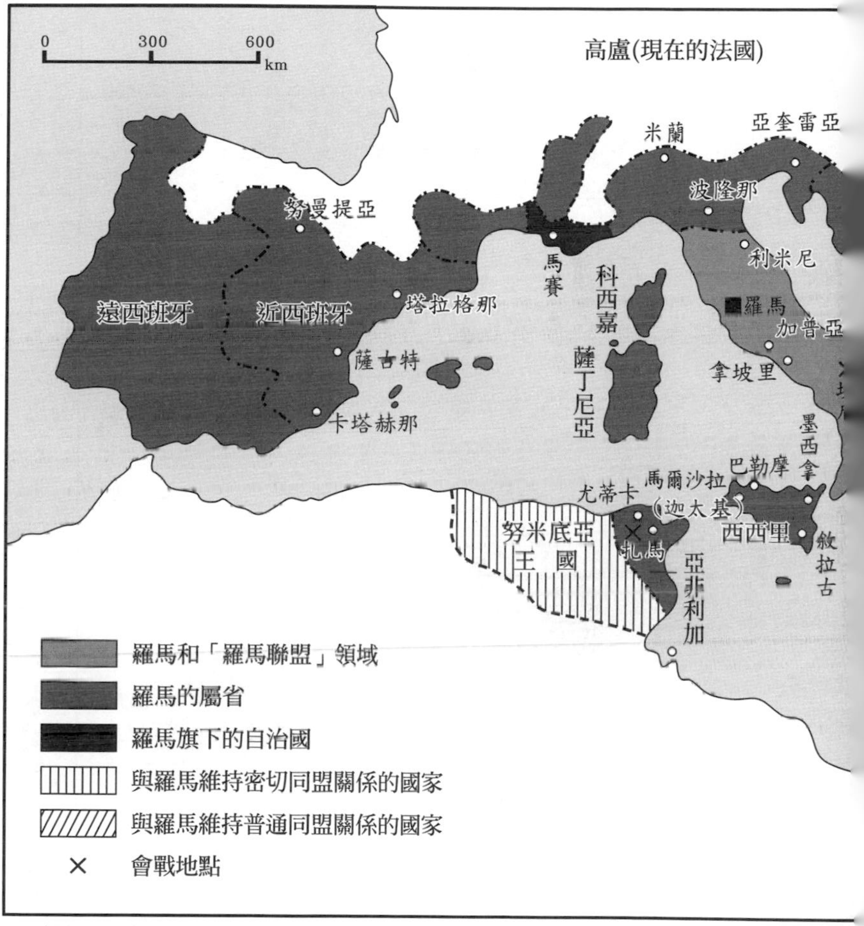


西元前 130 年前後的地中海世界

# 大事年表

| 年代（西元前） | 羅馬 | 迦太基 | 希臘、馬其頓 | 東方 | 中國 | 日本 |
|---|---|---|---|---|---|---|
| 二五〇 | 第一次布尼克戰役（二六四～二四一）<br>與敘拉古結盟（二六三）<br>米拉澤海岸海戰（二六〇）<br>巴勒摩海岸海戰（二五七）<br>利加他海岸海戰（二五六）<br>赫馬角海岸海戰（二五五） | 迦太基軍登陸西西里（二六三）<br>漢米卡成為司令官（二四七）<br>漢尼拔出生（二四七） | | 敘利亞王國阿育王即位（二六八）<br>伊朗、帕提亞王國（二四七） | | 彌生時代 |

| |
|---|
| |
| 戰爭結束<br>西西里成為屬地(二四一)<br>改革稅制、選舉制、軍制(二四一)<br>進攻伊利利亞(二二九)<br>高盧軍進攻並加以擊退(二二二) |
| 鎮壓漢米卡及迦太基反叛軍，遷徙到西班牙(二三八)<br>「國內發展派」與「對外發展派」抗爭(二三七～二三〇)<br>漢米卡戰死、女婿漢席多巴爾成為將軍(二二九)<br>在西班牙建設卡塔赫那(二二八)<br>漢尼拔就任總督(二二一) |
| |
| 安提歐寇斯三世就任敘利亞王(二二三) |
| 秦始皇統一天下(二二一) |
| |

| |
|---|
| |
| 第二次布尼克戰役（二一八～二〇一）<br>提西諾、特烈比亞會戰（二一八）<br>特連吉梅諾會戰（二一七）<br>坎尼會戰，羅馬軍大敗（二一六）<br>漢尼拔攻打南義各城市（二一三）<br>敘拉古成為羅馬的屬省（二一一）<br>收復塔蘭托（二〇九）<br>西比奧攻打卡塔赫那（二〇九）<br>別庫拉會戰（二〇八） |
| 漢尼拔越過阿爾卑斯山，進攻義大利（二一八）<br>敘拉古與馬其頓結盟（二一五）<br>在西班牙的羅馬軍落敗（二一一）<br>漢席多拔從西班牙出發，越過阿爾卑斯山到義大利（二〇八） |
| 希臘同盟戰爭（二二〇～二一七）<br>馬其頓王菲力普五世與迦太基結盟（二一五） |
| 埃及托勒密王朝與羅馬結盟（二一四） |
| |
| |

| |
|---|
| 二〇〇 |
| 梅他吾隆會戰（二〇七）<br>艾利帕會戰、西比奧鎮壓西班牙（二〇六）<br>西比奧成為執政官（二〇五）<br>扎馬會戰、西比奧擊敗漢尼拔（二〇二）<br>戰爭結束羅馬握有西地中海霸權（二〇一）<br>第二次馬其頓戰爭，羅馬勝利（一九七） |
| 漢席多拔戰死（二〇七）<br>馬構涅從傑農華登陸（二〇五）<br>漢尼拔回到迦太基（二〇三）<br>與羅馬和談達成協議（二〇二） |
| 馬其頓開始南下（二〇〇）<br>羅馬將領弗拉米尼烏斯宣告希臘各城市獲得自由（一九六） |
| 努米底亞王國與羅馬結盟（二〇三） |
| 漢朝建立（二〇二） |
| |

| |
|---|
| |
| 敘利亞戰爭開始（一九一）<br>馬格內西亞會戰，擊敗敘利亞軍（一九〇）<br>審判西比奧（一八七）<br>西比奧逝世（一八三）<br>第三次馬其頓戰爭馬其頓被擊敗，分割為四個自治國（一七一～一六八） |
| 漢尼拔逃亡至敘利亞（一九五）<br>漢尼拔逃亡至俾斯尼亞（一九〇）<br>漢尼拔自殺（一八三） |
| |
| 努米底亞王馬西尼沙開始攻擊迦太基（一九五）<br>敘利亞安提歐寇斯三世與西比奧會談（一九三）<br>敘利亞敗給羅馬軍，喪失制海權（一九〇）<br>敘利亞敗給羅馬，和談（一九〇）<br>菲力普王逝世，佩魯修斯繼承王位（一七九）<br>馬其頓王朝滅亡（一六八） |
| |
| |

| |
|---|
| 一五〇 |
| 第三次布尼克戰役（一四九）<br>亞該亞同盟國的中心地科林斯遭到破壞（一四六）<br>迦太基被毀滅，戰爭結束（一四六） |
| 迦太基準備與羅馬作戰（一四九）<br>迦太基滅亡（一四六）成為羅馬的屬省，稱為「屬省亞非利加」 |
| 馬其頓成為羅馬屬省（一四六） |
| 迦太基傭兵進攻努米底亞（一五〇） |
| 吳、楚七國之亂（一五四）<br>武帝即位（一四一） |
| |

# 參考文獻

不少人認為歷史是勝者為自己所寫的，也許在沒什麼影響力的小國家，或是嚴密監控言論自由的警察國家會發生這種情形。但除此之外的國家或民族，不可能這麼簡單就可以操控歷史的。

如果說所敘述的含有某種傾向，那是有可能發生。但是傾向與子虛烏有的謊言完全是兩回事。

羅馬曾經是勝者，在西羅馬帝國滅亡前的一千二百年，羅馬人除在初期以外，一直是個雙語的民族。在羅馬時代，勝者的語言——拉丁文及敗者的語言——希臘文居於完全平等的地位。無論是敗者希臘人、猶太人或是東方人，以希臘文寫作發表的文章，連勝者羅馬人都是讀者。一般羅馬家庭的子弟，也以希臘文作為必修科目。

敘事詩人荷馬、哲學家柏拉圖、亞里斯多得、三大悲劇作家作品、亞里斯多芬尼斯(Aristophanes)的喜劇、歷史學家希羅多德(Herodotus)、修西狄底斯(Thucydides)、贊諾芬(Xenophanes)等人以希臘文出版的作品，直到古羅馬後期才有拉丁文的譯本出版。這並非羅馬人不關心這些人的作品，而是懂得欣賞這些作品的羅馬人，他們的知識水準都已具備閱讀希臘文的能力。在古代，翻譯的數量與關心的程度並沒有成比例的關係。

如同書中所述，古代的希臘文相當於現在的英文，從羅塞塔石以及漢尼拔所遺留的碑文就可獲得證明。羅馬人中也有不少以希臘文著書者，第二次布尼克戰役中擔任羅馬方面的記錄員法比烏斯・彼德 (Fabius Pictor)，並非以他的母語拉丁文，而是以希臘文記錄創作。之後，如馬庫斯・奧雷留斯 (Marcus Aurelius) 皇帝，也選擇希臘文書寫記錄。

扎馬會戰前一夜，漢尼拔與西比奧曾舉行會談，由於是正式的場合，應透過翻譯對談，而傳譯官使用的語言應該是希臘文。因為西比奧精通希臘文，漢尼拔也懂得希臘文，雖然透過翻譯會談，但雙方可確保溝通的意思無誤。兩人在羅德斯島的談話是屬於私人性質，無須透過翻譯，此時所使用的語言一定是希臘文吧！至於凱撒與克麗奧佩脫拉 (Cleopetra) 之間的枕邊細語，大概也是希臘文。

由於世上還有不少學者有能力可以檢驗歷史敘述的正確性，因此歷史敘述很難完全依照勝者的意思來寫。

雖然古代的印刷技術尚未成熟，但已有類似出版社的機構存在。當然還無法印刷，而以人工書寫，一字一句地寫出來，造價當然就昂貴。帝政時代時已有圖書館，但讀者人數不多。也就因為讀者人數少，讀者都頗具深度。

歷史敘述的工作，首先必須蒐集史料，其次整理史料，再以達意的文章敘述出來，讀者才能理解，這是一項工程浩大而且繁雜的工作。因為是一項辛苦的工作，所以從事的人也就不多。

拉丁文的格言中有一句話：「說出的話隨風而逝，寫下的東西留下痕跡」(Verba Volant, Scripta Manent)。歷史學家塞勒斯特 (Gaius Sallustius Crispus) 曾說：「寫下東西是很困難的」(Arduum Res Gestas Scribere)。這麼辛苦，誰還要從事寫歷史的工作？事實上，在書寫之前的階段，就已經產生歷史敘述，因此不容第三者任意懷疑。

後世所寫的歷史書、研究書，包含許多知識，只是知識的歷史容易停留在平面的掌握。如果要有立體的掌握，必須加入原始的史料，也就是閱讀同一個時代或相近年代的史料。讀了之後不僅會有立體的心得，也可得到最樸實的第一手資料。品嘗這甘醇的風味後，一定會像筆者一樣，想傳達給更多的人知道。

嘗試要寫歷史（故事）的人，在整理統合史料的階段，就會感覺到必須訴諸豐富的想像力。但同時，如果太過依賴想像力，將是自掘墳墓。只要不是在寫小說，掌握歷史的真相或是有所偏離永遠是個兩難的問題。

寫歷史是一項不斷切割、連結歷史的工程，以自己全部的知能與存在作為賭注放手一搏，還是會有不足之處。故意寫得迂迴曲折，才更是「寫」(Arduum) 的困難之處，因為想凸顯出個人的風格。人的個性透過他所書寫的來表現，更勝於容貌所散發出來的印象。

下列的參考史料，包括第 I 冊末中所列的作品。

## 後世的歷史書、研究書

ACQUARO E., *Cartagine: un impero sul Meditenaneo*, Roma, 1978.

AFRICA T. W., *The Immense Majesty: A History of Rome and the Roman Empire*, New York, 1974.

ARNOLD T., *The Second Punic War*, London, 1886.

ASHBY TH., *The Roman Campagna in Classical Times*, London, 1927.

BAILEY C. ed., *The Legacy of Rome*, Oxford, 1924.

BALSDON J. P. V. D., *Life and Leisure in Ancient Rome*, Londra, 1969.

Id., *Roman Women*, Londra, 1962.

Id. ed., *The Romans*, Londra, 1965.

BELLINI A., *La battaglia romano-punica del Ticino*, Torino, 1922.

BELOCH G., *Le monarchie ellenistiche e la repubblica romana*, Bari, 1933.

BONNER S. F., *Education in Ancient Rome*, Londra, 1977.

BORCH H. C., *Roman Society: A Social, Economic and Cultural History*, Lexington (Mass.), 1977.

BOSSI G., "La guerra annibalica in Italia da Canne al Metauro," in: *Studi e Document di Storia e Diritto, XII*, 1891.

BRAUER G. C., *The Age of the Soldier-Emperors*, Park-Ridge, 1975.

BRISSON J. P., *Carthage ou Rome*, Parigi, 1973.

CARCOPINO J., *La loi de Hiéron et les Romains*, Paris, 1914.

CASSON ST., *Macedonia, Thrace and Illyria*, Oxford, 1926.

CAVEN B., *The Punic Wars*, Londra, 1980.

CHRIST K. ed, *Hannibal*, Darmstadt, 1974.

CIACERI E., *Storia della Magna Grecia*, Milano, 1932.

CIACERI E., *Scipione Africano e l'idea imperiale di Roma*, Napoli, 1940.

CLARKE M. L., *The Roman Mind*, Londra, 1956.

CLEMENTE G., *Guida alla storia romana*, Milano, 1978.

CLERC M., *Massalia*, 2 vol I., Marseille, 1927–1929.

COLIN G., *Rome et la Gréce de 206 à 146 avant Jésus-Christ*, Paris, 1905.

CORRADI G., *Le strade romane dell'Italia occidentale*, Torino, 1939.

CRAWFORD M. H., *The Roman Republic*, Londra, 1978.

DE MARTINO F., *Storia della costituzione romāna*, 2ª ed., Napoli, 1972–1975.

Id., *Storia economica di Roma antica*, Firenze, 1979.

DE NUNZIO U., *Su la topografia di Cartagine punica*, Roma, 1907.

DE RUGGIERO E., *Le colonie dei Romani*, Roma, 1907.

DODGE T. A., *Hannibal*, Boston, 1891.

DOREY T. A. e DUDLEY D. R., *Rome Against Carthage*, Londra, 1971.

EARL D., *The Moral and Political Tradition of Rome*, Londra, 1967.

EHRENBERG V., *Karthago*, Leipzig, 1927.

FELICIANI N., "La seconda guerra punica nella Spagna (211–208 A.C.) Dalla disfatta dei due Scipioni alla partenza di Asdrubale Barca alla volta d'Italia," in: *Studi e Documenti di Storia e Diritto, XXV*, 1904.

FERRABINO A., *La dissoluzione della libertà nella Grecia antica*, Padova, 1929.

FERRABINO A., *L'Italia romana*, Milano, 1934.

FINLEY M. I., *The Ancient Economy*, Londra, 1973.

FRACCARO P., *Catone il Censore in Tito Livio,* nel volume *Studi Liviani* a cura dell' *Istituto di Studi Romani*, Roma, 1934; dello stesso: *Biografia di Catone*, in: *Memorie dell'Accad. Virgiliana, III*, 1910.

FRANK T., "Placentia and the battle of the Trebbia," pubblicato in: *Journal of Roman Studies, IX*, 1919.

GIANNELLI G., *Roma nell'età delle Guerre Puniche*, Bologna, 1938.

GRIMAL P., *La civilisation romaine*, Parigi, 1960.

GROAG E., *Hannibal als Politiker*, Wien, 1929.

GSELL S., *Etendue de la domination Carthaginoise en Afrique*, Orientalisten-Kongress, Algeri, 1905.

GSELL S., *Histoire ancienne de l'Afrique du nord*, Paris, 1913–1928.

HARRIS W. V., *War and Imperialism in the Republican Rome 327–70 B.C.*, Oxford, 1979.

HENNEBERT E. M., *Histoire d'Hannibal*, Paris, 1870–1891.

HEURGON J., *Il Mediterraneo occidentale dalla preistoria a Roma arcaica*, Bari, 1972.

HOLM A., *Storia della Sicilia nell'Antichità*, Torino, 1901.

JULLIAN C., *Histoire de la Gaule*, Paris, 1908.

KROMAYER J., VEITH G., *Antike Schlachtfelder: Bausteine zu einer antiken Kriegsgeschichte*, 5 vol., Berlin, 1903–1931.

LEVI M., *La politica imperiale romana*, Torino, 1936.

LIDDELL HART H. B., *A Greater Man, Napoleon's: Scipio Africanus*, Boston (UK.), 1926.

MACDONALD A. H., "Scipio Africanus and Roman politics in the second century B.C.," in: *Journal of Roman Studies, XXVIII*, 1938.

MANSFIELD H., *Studies on Scipio Africanus*, Baltimora, John Hopkins Press, 1933.

MARTELLI G., *Annibale nell'Umbria e la battaglia di Assisi*, Perugia, 1924.

MEYER E., "Hannibal und Scipio," in: *Meister der Politik*, Stuttgart-Berlin, 1923.

MOMIGLIANO A., *Annibale politico*, 1931.

*Monografia storica dei porti dell'antichità nella penisola italiana*, pubblicata a cura del Ministero Della Marina, Roma, 1905.

MORRIS W., *Hannibal Soldier, Statesman, Patriot and the Crisis of the Struggle between Carthage and Rome*, New York, 1897.

MOSCATI S., *I Cartaginesi in Italia*, Milano, 1977.

NICCOLINI G., "La cronologia della prima guerra punica," in: *Studistor. per l'antichità class, VI*, Pavia, 1913.

PACE B., "Le fortificazioni di Cartagine," in: *Atti del II Congresso di studi romani*, Roma, 1930.

PACE B. e LANTIER R., "Ricerche cartaginesi," in: *Mon. antichi a cura Accademia Lincei*, 1925.

PAIS E., *Dalle guerre puniche a Cesare Augusto*, vol. II, Roma, 1918.

PAIS E., *Storia di Roma durante le Guerre Puniche*, Torino, 1935.

PAIS E., *Storia di Roma durante le grandi conquiste mediterranee*, Torino, 1931.

PAIS E., *Storia della Sardegna e della Corsica durante il dominio romano*, Roma, 1923.

PAIS E., *Storia della colonizzazione di Roma Antica, I*, Roma, 1923; dello stesso: *Serie cronologica delle colonie romane e latine*, in: *Memorie della R. Accademia dei Lincei*, 1924, 1925.

PARETI L., "Contributi per la storia della guerra Annibalica," in: *Riv. di Filologia* Classica, 1912.

PEDROLI U., *Roma e la Gallia Cisalpina*, Torino, 1893.

ROULAND N., *Clientela: essai sur l'influence des rapports de clientèle sur la vie politique romaine*, Aix-Marseille (diss.), 1977.

SALMON E. T., "Last latin colony," in: *Classical Quarterly*, 1933.

SCHEMANN L., *De legionum per alterum bellum Punicum historia*, Roma, 1875.

SCULLARD H., *Scipio Africanus in the Second Punic War*, Cambridge, Cambridge University Press, 1930.

SHERWIN-WHITE A. N., *The Roman Citizenship*, 2ª ed., Oxford, 1973.

SILVA P., *Il Mediterraneo dall'unità di Roma a l'Impero Italiano*, 5ª ed., Milano, 1941.

VIANELLO N., "Quando e perchè i Romani occuparono la Sardegna," in: *Rivista di Storia Antica, VIII*, 1904.

WATSON G., *The Roman Soldier*, Londra, 1969.

ZANCAN L., “Le cause della terza guerra punica,” in: *Atti del R, Istit. Veneto*, 95, 1935–1936.

羅馬人的故事系列 Vol.1

# 戰火打造的輝煌

羅馬人的故事I——羅馬不是一天造成的
羅馬人的故事II——漢尼拔戰記
羅馬人的故事III——勝者的迷思
羅馬人的故事IV——凱撒時代（盧比孔之前）
羅馬人的故事V——凱撒時代（盧比孔之後）

國家圖書館出版品預行編目資料

羅馬人的故事II：漢尼拔戰記／塩野七生著;張惠君譯.——修訂二版一刷.——臺北市：三民，2022
面；　公分.——(羅馬人的故事系列)
參考書目：面

ISBN 978-957-14-7249-2（平裝）
1. 歷史 2. 羅馬帝國

740.222　　110011797

羅馬人的故事

# 羅馬人的故事 II——漢尼拔戰記

著作人｜塩野七生
譯者｜張惠君

發行人｜劉振強
出版者｜三民書局股份有限公司
地址｜臺北市復興北路 386 號 (復北門市)
臺北市重慶南路一段 61 號 (重南門市)
電話｜(02)25006600
網址｜三民網路書店 https://www.sanmin.com.tw

出版日期｜初版一刷 1998 年 7 月
初版七刷 2021 年 1 月
修訂二版一刷 2022 年 8 月
書籍編號｜S740130
ISBN｜978-957-14-7249-2

Rôma-jin no Monogatari 2. Hannibaru Senki


三民書局